跨文化视角下
大学英语教学
创新研究

陈春燕 ◎ 著

郑州大学出版社

图书在版编目(CIP)数据

跨文化视角下大学英语教学创新研究 / 陈春燕著. -- 郑州：郑州大学出版社，2024.7. -- ISBN 978-7-5773-0458-8

Ⅰ. H319.3

中国国家版本馆 CIP 数据核字第 20246EW339 号

跨文化视角下大学英语教学创新研究
KUAWENHUA SHIJIAO XIA DAXUE YINGYU JIAOXUE CHUANGXIN YANJIU

策划编辑	郜　毅	封面设计	王　微
责任编辑	郜　静	版式设计	苏永生
责任校对	张若冰	责任监制	李瑞卿

出版发行	郑州大学出版社	地　　址	郑州市大学路40号(450052)
出版人	孙保营	网　　址	http://www.zzup.cn
经　销	全国新华书店	发行电话	0371-66966070
印　刷	郑州宁昌印务有限公司		
开　本	710 mm×1 010 mm　1 / 16		
印　张	22	字　数	328 千字
版　次	2024 年 7 月第 1 版	印　次	2024 年 7 月第 1 次印刷
书　号	ISBN 978-7-5773-0458-8	定　价	88.00 元

本书如有印装质量问题，请与本社联系调换。

前言

随着经济全球化的发展，跨文化交际也愈加重要，高校英语教师在教学过程中，对学生的跨文化意识进行培养，对学生综合素质的提高非常重要。跨文化交际背景下做好大学英语教学改革也符合教育发展和学生综合素质提高的要求，这便要求教师必须分析当前大学英语教学中存在的问题和不足，不断地更新教学理念，将多重文化成分融入教学中去，给学生营造更多的跨文化实践机会，为大学英语教学改革更好地进行奠定基础。

本书是一本研究跨文化视角下的大学英语教学创新的学术专著，主要从跨文化交际理论、大学英语教学与跨文化交际、大学英语教学跨文化交际能力的培养、跨文化视角下大学英语词汇与语法教学、跨文化视角下大学英语听力与口语教学、跨文化视角下大学英语阅读与写作教学、跨文化视角下大学英语教学的创新等方面进行阐述。总体来说，本书体系完整，内容充实，系统性强，做到了理论与实践紧密结合，对读者而言，不失为一本有价值的参考书。

在本书的策划和写作过程中，著者参阅了国内外有关的大量文献和资料，从其中得到启示，同时也得到了有关领导、同事、朋友及学生的大力支持与帮助，在此致以衷心的感谢。本书的选材和写作还有一些不尽如人意的地方，加上学识水平和时间所限，书中难免存在缺点，敬请同行专家及读者指正，以便进一步完善提高。

著者
2024 年 1 月

目录

第一章　跨文化交际理论 …… 1

第一节　跨文化交际的界定 …… 1

第二节　跨文化交际的基本原则、特征与模式 …… 18

第三节　跨文化交际的主要理论 …… 21

第二章　大学英语教学与跨文化交际 …… 36

第一节　大学英语教学的理论基础 …… 36

第二节　大学英语教学的构成因素 …… 51

第三节　大学英语教学开展的原则 …… 61

第四节　跨文化交际与大学英语教学的融合 …… 72

第三章　大学英语教学跨文化交际能力的培养 …… 88

第一节　跨文化意识与跨文化交际能力的培养 …… 88

第二节　跨文化交际能力培养体系的构建 …… 108

第四章　跨文化视角下大学英语词汇与语法教学 …… 130

第一节　跨文化视角下大学英语词汇教学 …… 130

第二节　跨文化视角下大学英语语法教学 …… 148

第五章　跨文化视角下大学英语听力与口语教学 …… 163

第一节　跨文化视角下大学英语听力教学 …… 163

第二节　跨文化视角下大学英语口语教学 …… 182

第六章 跨文化视角下大学英语阅读与写作教学 …… 203
第一节 跨文化视角下大学英语阅读教学 …… 203
第二节 跨文化视角下大学英语写作教学 …… 222

第七章 跨文化视角下大学英语教师的发展 …… 233
第一节 跨文化视角下大学英语教师的角色定位 …… 233
第二节 跨文化视角下大学英语教师的素质要求 …… 241
第三节 跨文化视角下大学英语教师的发展途径 …… 247

第八章 跨文化视角下大学英语教学的创新 …… 260
第一节 跨文化思维的构建与"渗透式"交际模式的创新 …… 260
第二节 大学英语跨文化体系构建的创新与发展 …… 274
第三节 跨文化视角下的大学英语网络技术教学 …… 284

第九章 跨文化视角下大学英语教学的改革与发展 …… 300
第一节 跨文化视角下大学英语教学的改革 …… 300
第二节 跨文化视角下大学英语教学方法的创新 …… 309
第三节 跨文化视角下大学英语教学的发展趋势 …… 327

参考文献 …… 343

第一章

跨文化交际理论

第一节 跨文化交际的界定

一、跨文化交际的内涵

"跨文化交际"一词是由美国人类学家爱德华·霍尔(Edward Hall)提出的,常用 Cross-cultural Communication 或者 Intercultural Communication 这两个意思相近的词来表达,即指代的是一些长期旅居国外的美国人与当地人之间展开的交际。但是,随着跨文化交际的深入,其定义变得更为广泛,指的是不同文化背景下的人们之间展开的交际活动。

现如今,一般认为跨文化交际是来自不同文化背景下的人们,通过语言、信号等形式实现信息之间的沟通,展开思想层面的交流。实际上,这一概念明确界定了跨文化交际,并且从这一定义中可以归纳出如下几点。

(一)文化背景不同

在跨文化交际过程中,交际双方所处的文化背景是不同的。所谓文化背景的不同其实是一个比较复杂的概念,主要可以从如下两点来理解:一是不同文化圈导致的文化差异;二是在同一文化圈内,不同文化导致的文化差异。一般来说,人们眼中的跨文化交际都是从上述第一点来说的,即不同文化圈导致的文化差异,如中西方之间的文化差异就是典型的代表。在当前的跨文化交际中,由于文化背景存在明显的差异,很多交际失误不可避免地会出现,这种失误主要体现在中西方国家之间。换句话说,虽然中国与印度、日本等国家也存在某些文化背景的差异,但是由于都属于东方文化圈,因此差异还是比较小的;但是由于欧美国家属于西方文化圈,所以中国与欧美国家的差异就会更大一些,在交际的时候难度也会更大。

(二)使用同一种语言

在跨文化交际过程中,交际双方往往需要使用同一种语言展开交流,这样才能让彼此听懂,如果双方使用的语言不一致,那么双方的交际将很难维持。但需要注意的是,虽然交际双方的文化背景不同,但是仍旧需要运用一种语言展开交际,这就说明该种语言属于交际一方后天习得的。例如,当中国商人与美国商人展开交际的时候,他们可以使用英语,也可以使用汉语,这样就需要交际双方对所使用的语言有清楚的了解,也避免了翻译时出现问题,双方直接进行交际即可。

(三)直接的言语交际

在跨文化交际的过程中,双方展开的是直接的言语交际。当前,国内跨文化交际的重点主要在外语教学中。在当前的外语教学中,翻译是教学重点,这样培养出的学生主要是为了应对不同文化背景下的人与人之间的交流。换句话说,不同文化背景下人们的交流需要通过翻译展开。

二、跨文化交际的要素

跨文化交际的过程是一个信息编码与解码的过程。这一过程是非常复杂的,同时会受到多种因素的影响和制约,其中主要包含两大因素:一是言语交际因素;二是非言语交际因素。

(一)言语交际因素

语言是人们进行交际的重要因素之一。语言跨越了人们的心理、社会等层面,与之相关的领域也有很多。对语言进行研究不仅是语言学的任务,也是心理学、社会学等学科的任务和内容。因此,语言与交际关系的研究具有明显的跨学科性。

人具有很多特征,如可以制作工具、可以直立行走、具有灵巧的双手等,但是最能将人的本质特征反映出来的是人类的语言。动物也可以通过各种符号进行信息的传递,如海豚、蜜蜂等都可以传递信息,但是它们所传递的信息只能表达简单的意思,它们的"语言"是不具备语法规则的,也不具有语用的规则。

人们往往通过语言对外部世界进行认识与理解。语言具有分类功能,通过分类,人们可以对事物有清晰的了解与把握。人们的词汇量越丰富,他们对外部世界的认识就越清晰、越精细。

1. 言语调节

语言并不是一个简单的交流工具,语言不仅是文化的载体,还是个人和群体特征的表现与象征。一般来说,能否说该群体的语言是判断这个人是否属于该群体的标志。同样,说同一种语言或者同一种方言的人,就可以很自然地认为他们都接受了同样一种文化,他们在交流时也会使用该群体文化下的行为规范、价值观念、交际风格,因此也会让彼此感到非常轻松。正因为所说的语言体现出发话人的身份,而且人们习惯于与和自己说同样语言的人进行交流,因此学外语的热潮无论在国内还是国外都很高,人们都想得到更多群体的认同。不仅如此,语言还标志着一个民族的文化独立与主权,对一个民族而言是非常重要的。统一的语言是民族、群体间的黏合剂,有助于促进民族的团结。更为有趣的一点是,人们对其他民族语言的兴趣,往往会令其产生爱屋及乌的想法,对说这种语言的外国人会不自觉地流露出亲近之情。

语言具有的这种个人身份与凝聚力预示着言语调节的必然性。所谓言语调节,又可以称为"交际调节",即人们出于某种动机,对自己的语言与非语言行为进行调整,以求与交际对象建构所期望的社会距离。一般而言,发话人为了适应交际对象的接受能力,往往会迎合交际对象的需要与特点,对自己语言的停顿、语速、语音等进行适当的调整。

常见的言语调节有妈妈言语、教师言语等,就是妈妈、教师等为了适应孩子或者学生的认知与知识水平而形成的一种简化语言。这属于一种趋同调节的现象,有助于更好地进行交流,达到更好的交流效果。与趋同调节相对应的是趋异调节,其主要目的是维持自己文化的鲜明特征与自尊,对自己的言语与非语言行为不做任何的调整,甚至夸大交际对象的行为,这种现象的产生正是由于语言作为文化独立的象征以及个人身份而造成的。或者说,趋异调节的产生可能是因为发话人不喜欢交际对象,或者为了让对方感受未经雕饰或者原汁原味的语言。总之,无论是趋同调节还是趋异调节,都反映出了发话人希望得到交际对象的认同。通过趋同调节,我们希望更好地接近对方;通过趋异调节,我们希望维持自身文化特征。因此,理想的做法应该做到二者的结合,不仅要体现出自己向往与对方进行交际的愿望,还要保证一种健康的群体认同感。

需要指出的是,在影响言语调节的多个因素中,民族语言活力有着非常重要的影响作用。所谓民族语言活力,即某一语言的社会经济地位,以及说这种语言的地区分布情况与人数等。如果一种语言的活力大,那么对社会的影响力也就较大,具有较广的普及率,政府与教育机构也会大力支持,人们也会更加青睐。这是因为人们会将说这种语言的人与语言本身的活力相关联,认为这些人会具有较高的声望,所以愿意被这样的群体接受与认同。

在跨文化交际中,言语调节理论证明了跨文化交际与其他交际一样,不仅是为了交流信息与意义,更是一个个人的身份协商与社会交往的过程。来自不同文化的交际双方在使用中介语进行交流时,还需要注意彼此的身份与语言水平,进行恰当的调节。

2. 交际风格

在言语交际中,交际风格是非常重要的层面。著名学者威廉·古迪孔斯特(William B. Gudykunst)论述了四种不同的交际风格,即直接与间接的交际风格、详尽与简洁的交际风格、以个人为中心与以环境为中心的交际风格、情感型与工具型的交际风格。

第一,在表达意图、欲望等的时候,有人会开门见山,有人却拐弯抹角;有人直截了当,有人却委婉含蓄。美国文化更注重精确,英语的运用在很大程度上与这一点相符。从词汇程度上来说,美国人常使用 certainly, absolutely 等意义明确的词汇。从语法、句法上来说,英语句子一般要求主谓宾齐全,结构完整,并且使用很多现实语法规则与虚拟语法规则。从篇章结构上来说,英语往往包含三个部分:导言、主体与结论,每一部分具有明确的中心思想,第一句往往是全段的主题句,使用连词进行连接,保证语义的连贯。与之相对的是中国、日本的语言,常用"可能""或许""大概"这些词,篇章结构较为松散,但是汉语篇章往往形散神不散,给人回味无穷的韵味。

英汉语言的差异,受个人主义与集体主义的影响,导致英国人、美国人与中国人交际风格的差异。中国文化强调和谐性与一致性,因此在传达情感与态度以及对他人进行评论时,往往比较委婉,喜欢通过暗示的手法来传达,这样做是为了避免难堪。如果交际双方都是中国人,双方就会理解,但是如果交际对象为英国人或美国人,就会让对方误解。因此,从英国人和美国人的价值观标准上来说,坦率地表达自己的想法是诚实的表现,他们习惯明确地告知对方自己的想法,因此直接与间接的交际风格会出现碰撞。

第二,不同的交际风格有量的区别,即在交流时应该是言简意赅还是详细具体,或者是介于二者间的交际风格。威廉·古迪孔斯特在对其他学者的研究结果进行研究的基础上指出,中东的很多国家都属于详尽的交际风格,北欧和美国基本上属于不多不少的交际风格,中国、日本等亚洲国家属于简洁的交际风格。这是因为阿拉伯语言本身具有夸张的特点,这使得阿拉伯人在交际中往往会使用夸张的语言来表达自己的思想和决心。

第三,威廉·古迪孔斯特提出了以个人为中心和以环境为中心的交际风格。以个人为中心的交际风格是采用一些语言手段,对个体身份加以强化;以环境为中心的交际风格是运用语言手段,对角色身份进行强化。这两种交际风格的差别在于,以环境为中心的交际风格是运用语言来反映社会等级顺序,将这种不对等的角色地位加以彰显;以个人为中心的交际风格是运用语言将平等的社会秩序加以反映,对对等的角色关系加以彰显。

第四,中西方交际风格的差异还体现在情感型与工具型的区别上。情感型的交际风格是以信息接收者作为导向,要求接收者具备一定的技能,对信息发出者的意图要善于猜测与领会,要能明白发话人的弦外之音。另外,发话人在信息发送的过程中,要观察对方的反应,及时改变自己的发话方式与内容。因此,这样的言语交际基本上是发话人与听话人之间信息与交际关系的协商过程。相比之下,工具型的交际风格是以信息发出者作为导向,根据明确的言语交际来实现交际的目标,发话人明确地阐释自己的意图,听话人就很容易理解发话人的言外之意,因此与情感型的交际风格相比,听话人的负担要轻很多。可见,工具型的交际风格是一种较为实用的交际风格。

上述四种交际风格是相互关联与渗透的,它们是基于不同的文化价值观而建立起来的,其中影响力最大的是集体主义与个人主义的差异,其在社会的各个领域都得以贯穿,并在很大程度上决定了中西方文化的不同。

3. 言语行为

英国语言学家约翰·朗肖·奥斯汀(John Langshaw Austin)的言语行为理论首次将语言研究从传统的句法研究层面分离开来。奥斯汀从语言实际情况出发,分析语言的真正意义。言语行为理论主要是为了回答语言是如何用之于"行",而不是用之于"指"的问题,体现了"言"则"行"的语言观。奥斯汀首先对这两类话语进行了区分:表述句(言有所述)和施为句(言有所为)。在之后的研究中,奥斯汀发现两种分类有些不成熟,还不够完善,并且缺乏可以区别两类话语的语言特征。于是,奥斯汀提出了"言语行为三分说",即一个人在说话时,在很多情况下,会同时实施三种行为:以言指事行为、以言行事行为和以言成事行为。

(1)表述句和施为句。

表述句。以言指事、判断句子真假是表述句的目的。通常,表述句是用于陈述、报道或者描述某个事件或者事物的。例如:

桂林山水甲天下。

He plays basketball every Sunday.

在以上两个例子中,第一个是描述某个事件或事物的话语;第二个是报道某一事件或事物的话语。两个句子都表达了一个或真或假的命题。换句话说,不论它们所表达的意思是真还是假,它们所表达的命题均存在。但是,在特定的语境中,表述句可能被认为是"隐性施为句"。

施为句。以言行事是施为句的目的。判断句子的真假并不是施为句表达的重点。施为句可以分为显性施为句和隐性施为句。其中,显性施为句指含有施为动词的语句,而隐性施为句则指不含有施为动词的语句。例如:

I promise I'll pay you in five days.

I'll pay you in five days.

这两个句子均属于承诺句。它们的不同点是:第一个句子通过动词"promise"实现了显性承诺;而第二个句子在缺少显性施为动词的情况下实施了"隐性承诺"。

总结来说,施为句主要有如下几个特点:①主语是发话者。②谓语用一般现在时第一人称单数。③说话过程包含非言语行为的实施。④句子为肯定句式。

隐性施为句的上述特征并不明显,但能通过添加显性特征内容进行验证。例如:

学院成立庆典现在正式开始!

通过添加显性施为动词,可以转换成显性施为句"(我)(宣布)学院成立庆典现在正式开始!"。

通常,显性施为句与隐性施为句所实施的行为与效果是相同的。

(2)言语行为三分法。

由于表述句与施为句区分的不严格,很难坚持"施事话语"和"表述话语"之间的严格区分,于是奥斯汀提出了言语行为三分说:以言指事行为、以言行事行为和以言成事行为。指"话语"这一行为本身即以言指事行为;指"话语"实际实施的行为即以言行事行为;指"话语"所产生的后果或者取得的效果即以言成事行为。换句话说,发话者通过言语的表达,流露出真实的交际意图,一旦其真实意图被领会,就可能带来某种变化、效果或者影响等。

言语行为的特点是发话者通过说某句话或某些话,执行某个或某些行为,如陈述、道歉、命令、建议、提问和祝贺等行为。并且,这些行为的实现还可能给听者带来一些后果。因此,奥斯汀指出,发话者在说任何一句话的同时应完成三种行为:以言指事行为、以言行事行为和以言成事行为。例如:

我保证星期六带你去博物馆。

发话者发出"我保证星期六带你去博物馆"这一语言行为本身就是以言指事行为。以言指事本身并不构成言语交际,而是在实施以言指事行为的同时,包含了以言行事行为,即许下了一个诺言保证,甚至是以言成事行为,因为听话者相信发话者会兑现诺言,促使话语交际活动的成功。

4. 会话分析

要想了解会话含义,首先需要弄清楚什么是含义。从狭义上说,有人认为含义就是"会话含义",但是从广义角度上说,含义是各种隐含意义的总称。含义分为规约含义与会话含义。英国语言哲学家保罗·格莱斯(Herbert Paul Grice)认为,规约含义是对话语含义与某一特定结构间关系进行的强调,其往往基于话语的推导特性产生。

提到会话含义,就必然提到合作原则,合作原则是对会话含义最好的解释。合作原则包括四条准则:①量准则,指在交际中,发话者所提供的信息应该与交际所需相符,不多不少。②质准则,指保证话语的真实性。③关系准则,指发话者所提供的信息必须与交际内容相关。④方式准则,指发话者所讲的话要清楚明白。

会话含义主要包含一般会话含义与特殊会话含义两类。一般会话含义指发话者在遵守合作原则中的某项准则的基础上,其话语中所隐含的某一意义。例如:

A:I am out of money.

B:There is an ATM over there.

在 A 与 B 的对话中,A 提到自己没钱,而 B 回答了取款机的地址,表面上看没有关系,但是从语境角度来考量,可以判定出 B 的意思是让 A 去取款机取钱。

特殊会话含义指在交际过程中,交际一方明显或者有意违背了合作原则中的某项准则,从而让对方推导出具体的含义。因此,这就要求对方有一定的语用基础。

(二)非言语交际因素

言语交际是通过言语行为来展开交际的,而非言语交际是通过非言语交际行为展开交际的。非言语交际是言语交际的一种辅助手法,往往是被人们忽视的手法。但是,非言语交际在英汉交际中起着十分重要的作用,甚至有助于实现言语交际无法实现的效果。非言语交际包含多个层面,如体态语、副语言、客体语等。

对非言语交际行为,中外学者有不同的定义,有的定义比较简单,如将非言语交际定义为不通过语言来传递的信息。有的定义比较具体,如非言语交际是不用言辞进行表达的,被社会共知的人的行动与属性。这些行动和属性是由发出者有目的地发出或被看成有目的地发出,由接收者有意识地接受的过程,或者有可能进行反馈,或者非言语交际行为是在一定的环境下,那些语言因素外的对发出者与接收者有价值的其他因素。这些因素可以是人为形成的,也可以是环境形成的。

对非言语交际的范围,分类的方式有多种,一般来说主要包含如下几类。

1. 体态语

体态语又称为"身体语言",其由美国心理学家伯德惠斯特尔(Ray Birdwhistell)提出来的。在伯德惠斯特尔看来,身体各部分的器官运动、自身的动作都可以将感情态度传达出去,这些身体机能所传达的意义往往是语言不能传达的。所谓体态语,即传递交际信息的动作与表情。也可以理解为,除了正式的身体语言之外,人体任何一个部位都能传达情感的一种表现。由于人体可以做出很多复杂的动作与姿势,因此体态语的分类是非常复杂的。体态语包括眼睛动作、面部笑容、手势、腿部姿势等。

(1)眼睛动作。

眼睛是人体重要的器官,是表情达意的重要组成部分,如愤怒时往往"横眉立目",恋爱时往往"含情脉脉"等。在不同的情况下,眼睛也反映出一个人不同的心态。当一个人眼神闪烁时,他往往是犹豫不决的;当一个人瞪着他人时,他往往是非常愤怒的。

眼睛之所以有这么多的功能,主要是因为瞳孔的存在。一些学者认为,瞳孔放大或收缩,不仅与光感有关,还与个体的心理活动有着密切的关系。当人们看到喜欢的东西或者感兴趣的事物时,瞳孔一般会放大;当人们看到讨厌的东西或者不感兴趣的事物时,瞳孔一般会缩小。瞳孔的改变会无意识地将人的心理变化反映出来,因此眼睛是人类思维的"投影仪"。

既然眼睛有这么大的功能,学会读懂和利用眼语是非常重要的。例如,到朋友家做客,最好不要左顾右盼,这样会让人觉得心不在焉,甚至心术不正。

(2)面部笑容。

当不小心撞到他人时,笑一笑会表达一种歉意;当向他人表达祝贺时,笑一笑更显得真挚;当与他人第一次见面时,笑一笑会缩短彼此间的距离。可见,笑是人类表情达意不可或缺的语言之一。

笑可以分为多种,有大笑、狂笑、微笑、冷笑,也有轻蔑的笑、自嘲的笑、高兴的笑、阴险的笑等。当然,笑也分真假,真笑的表现一般有两点:一是嘴唇迅速咧开,二是在笑的间隔中会闭一下眼睛。如果笑的时间过长,嘴巴开得缓慢,或者眼睛闭的时间较长,会让人觉得这样的笑容缺乏诚意,显得非常虚假和做作。

笑也有一些"信号"。例如:①突然中止的笑。如果笑容突然中止,往往有着警告和拒绝的意思。这种笑会让人觉得不安,希望对方尽快结束话题。②爽朗的笑。这是一种真诚的笑,一般会露出牙齿、发出声音,这种笑会让对方觉得你是一个很好相处的人,很容易信任与亲近你。③见面笑。这种笑是指脸上挂着微笑,这种微笑具有礼节性,可以使人感到和蔼可亲。无论是见到长辈、上级,还是小辈、下属,这种笑都是最为恰当的笑。但需要指出的一点是,在笑的过程中要更为谨慎,并不是一见面就哈哈大笑,这会让人感觉莫名其妙,它是一种谨慎的、收敛的笑。④掩嘴而笑。这种笑是指用手帕、手等遮住嘴的笑。这种笑常见于女性,显得较为优雅,能将女性的魅力彰显出来。

另外,由于文化背景的差异,不同国家的人对笑的礼仪也存在差异。在大多数国家,笑代表一种友好,但是在沙特阿拉伯地区的某一少数民族,笑是一种不友好的表现,甚至是侮辱的表现,往往会受到惩罚。

(3)手势。

手是人体的重要部分,在表达情意的层面作用很大。大约在人类创造了有声语言时,手势也就诞生了。手是人们传递情感行之有效的工具之一。一般情况下,手势可能传达的意思有很多,高兴的时候可能手舞足蹈,紧张的时候可能手忙脚乱。当一个人挥动手臂时，往往是表达告别之意，当一个人挥动拳头时，往往是表达威胁之意。

握手这样一个日常生活中的普遍的动作，也能将一个人的个性表达出来。第一种类型是大力士型，这类人在与他人握手时非常用力，这类人往往愿意用体力来标榜自己，性格比较鲁莽。第二种类型是保守型，这类人在与他人握手时手臂往往伸得不长，这类人的性格较为保守，遇到事情时往往容易犹豫。第三种类型是懒散型，这类人与他人握手时，一般手掌无力，这类人的性格比较悲观懒散。第四种类型是敷衍型，这类人与他人握手是为了例行公事，仅仅将手指头伸给对方，给人一种不可信赖的感觉，这类人做事往往比较草率。还有一种是标准的握手方式，即与他人握手时力度适中，自然坦诚，不流露出任何矫揉造作之嫌。

(4)腿部姿势。

在舞会、晚会等场合，人们往往会有抖腿、别腿等腿部动作，这些动作虽然没有意义，但是也是他们在传达某种信息。因此，腿在人们的表情达意过程中有着非常重要的作用。对腿部动作的了解是人们了解内心世界的一种有效途径。比如：当你坐着等待他人到来时，往往腿部会不自觉地抖动，以表达紧张和焦虑之情；当心中想拒绝别人或者心中存在不安的情绪时，双腿往往会交叉。

2. 副语言

一般来说，副语言又可以称为"伴随语言""类语言"，最初是由美国语言学家乔治·特拉格（George Trager）提出的。他在对文化与交际的过程进行研究时，搜集整理了一大批心理学与语言学的素材，并进行了归纳与综合，提出了一些适用于不同情境的语音修饰成分。在特拉格看来，这些修饰成分可以自成系统，是伴随着正常交际的语言的，因此被称为"副语言"。具体来说，副语言包含以下几个要素：

(1)音型，指的是发话人的语音物理特征与生理特征，这些特征使人们可以识别发话人的年龄、语气等。

(2)音质,指的是发话人声音的背景特点,包含音域、音速、节奏等。例如,如果一个人说话吞吞吐吐,没有任何的音调改变,他说他喜欢某件东西,其实意味着他并不喜欢。

(3)发声,主要包含哭声、笑声、伴随音、叹息声等。

上述三类是副语言的最初内涵,之后又产生了停顿、沉默与话轮转换等内容。

3. 客体语

所谓客体语,是指与人体相关的服饰、相貌、气味等,在人际交往中也有着非常重要的作用。从交际角度来看,这些层面可以传达非言语信息,可以将一个人的特征或者文化特征彰显出来,因此客体语是一种非常重要的媒介手段。

(1)相貌。无论是西方文化还是东方文化,人们对自己的相貌都非常看重。但是,在各国文化中,相貌评判的标准却存在差异。例如,汤加人认为肥胖的人更美,缅甸人认为妇女脖子长更美,美国人认为苗条的女子更美,日本人认为娇小的女子更美等。

(2)饰品。人们身上佩戴的饰品本身并没有什么意义,但是出现在不同的场合,就是一种媒介和象征。例如,戒指戴在无名指上代表已婚。一般来说,佩戴耳环是妇女在交际场合的一种习惯。当然,少数的男青年也会佩戴耳环,以显时尚。

三、跨文化意识与跨文化交际能力

在跨文化交际中,跨文化意识与跨文化交际能力的认知和培养是非常重要的,对这两项内容的了解,有助于更好地指导跨文化交际实践。

(一)跨文化意识

意识对人类的行为起着引领作用,在人们的跨文化交际中,具备跨文化意识,才能按照交际规则,对对方的行为有恰当的理解,顺利展开交际。由于中西方文化存在明显的差异性,个体与个体之间也存在差异,因此交际必然会遇到很多障碍。跨文化意识对世界的多样化、不同文化形式是承认的,并主张应该保持平等的姿态展开交流。可见,对跨文化意识的了解,有助于当代社会与人的和谐发展。

在跨文化交际中,跨文化意识主要体现在认知上,即对人的思维产生作用,并且这样的认知思维对个体行动有着重要的指导意义。另外,跨文化意识还具有文化性,因此需要交际双方对自身文化的特征、他国文化的特征注重探求与了解,从而提升交际中的理解力。世界文化是平等的,交际者需要在基本的跨文化意识的支持下,对不同文化的差异有敏锐的洞察力,从而捕捉跨文化交际的问题,顺利展开跨文化交际。

跨文化意识的培养并不是一蹴而就的,是一个循序渐进的过程,具体包含对文化词汇、文学典故的学习,了解中西方的价值观念,清楚中西方的节日,熟知社交往来的规范,同时不能忽视非言语交际。在具体的实施中,跨文化意识的培养可以从四个层次着眼。

(1)旅游者心态。在跨文化意识培养的初期阶段,交际者会存在一种旅游者心态,体现为交际者就自身文化对其他文化进行观察与审视,对他国文化事物的认识仅存在于表面,因此对不同文化事物间的联系并不了解。在这一层次,交际者很容易受到文化优越感、文化偏见的影响。

(2)文化休克。当跨文化交际者对不同文化进行接触时,由于其对异域文化不了解,并且不能与新的文化形式相适应,因此会在交际中出现误解,甚至会出现冲突,由于文化的冲突和不适应而产生的焦虑状态,称为"文化休克"。当他们经历了交际困难之后,会产生逆反心理,甚至对异国文化进行对抗,这就是一种文化休克的表现。

(3)理性分析与愿意适应。经过文化休克之后,交际者对跨文化意识有所提升,同时交际逐渐变得更为频繁,因此交际者不得不接受新的文化环境,并对其展开理性的分析,实际上,交际者是从主观层面对新的文化形式进行适应。

(4)主动了解和自觉适应。交际者主动对新的文化形式进行了解与自觉适应,并能挖掘其文化事物产生的原因,这是对不同文化价值观与社会状况的分析与察觉,也是主观上的一种改变。

(二)交际能力与跨文化交际能力

1.交际能力

交际能力的概念是在20世纪70年代被提出来的,这个概念认为在交际中仅仅具有语言能力是不够的,还要具备交际能力。也就是说,人的语言行为不仅要达到语法上的正确,还要达到语用上的得体。交际能力的概念被引入第二语言教学领域之后,许多学者从教学的角度具体阐述了交际能力的含义。

交际能力包括四个方面:①语法能力,即了解如何正确使用词汇、句型和语法规则的能力;②社会语言能力,即了解如何根据场合、时间和对象得体地使用语言的能力;③话语能力,即了解如何解释更大的语境以及如何组织更长的句子并使之成为有机整体的能力;④策略能力,即了解如何运用语言和非语言策略识别和弥补交际中出现的障碍的能力。

交际能力已成为第二语言教学的主要培养目标,这一点也成为交际语言教学法的理论依据。交际能力这一培养目标的确立改变了以往第二语言教学过于重视语言形式和语言准确性的弊端,使语言教学更加重视语言的功能、语境和表达的得体性,特别是更加关注语言背后的文化规则,使文化教学成为语言教学的重要组成部分。

然而,在21世纪以全球化和多元化为特征的第二语言教学环境中,培养交际能力这一教学目标受到了一些学者的质疑。一些西方学者对交际能力的培养目标以母语者为参照标准这一点提出了批评。这些学者认为世界上没有标准的母语者,因此,获得与标准的母语者相似的交际能力是一个不可行的目标;另外,一味强调以母语者为典范,就意味着外语学习者需要放弃自己的语言习惯,背离自己的文化身份,这也说明培养以母语者为典范的交际能力并不是一个理想的目标。

我国学者也指出了交际能力的局限性:"交际能力论"注重的是交际语境的不同,解决的还只是同一文化中不同语境的交际行为的问题,并不能满足第二语言教学的需要,更不能满足跨文化交际环境的要求。

2. 跨文化交际能力

20世纪90年代以后,西方的第二语言教育学者提出了跨文化人的概念,把培养跨文化交际能力当作第二语言教学的主要目标。那么,什么是跨文化交际能力?按照定义,跨文化交际能力是一种与不同文化的人有效交往的能力。跨文化交际能力涉及人们对其他人的行为和价值观的看法,以及以非价值判断的态度与他人交往的技能。跨文化交际能力包括以下要素。

(1)态度:具有好奇心和开放意识,对自己文化的深信不疑和对其他文化的不信任。

(2)知识:了解自己和对方所在的文化群体的习俗、产品以及社会交往的一般程序等方面的知识。

(3)解释和关联的技能:指能解释其他文化的文献和事件,并能联系自己文化的文献进行解释的能力。

(4)发现和交往的技能:指能获得有关一种文化及其习俗的新知识的能力,以及在实际交往中运用技能的能力。

(5)批判性的文化意识:指对自己文化和其他文化的明确标准、视角、习惯和产品的批判性评价能力。

由此可见,跨文化交际能力包括态度、知识、技能和文化意识四个部分,是一种涉及了情感、认知和行为的综合能力。在21世纪,以全球化和多元化为特征的第二语言教学环境中,培养跨文化交际能力是更理想和更符合现实要求的教学目标。

跨文化交际能力这一培养目标与交际能力培养目标并不是对立的,而是互相补充的。跨文化交际能力既包括交际能力,又不局限于交际能力,而是获得了一种新的视野。这两种培养目标各有侧重、互相补充。如果说交际能力培养目标主要关注语言方面的能力,强调的是在特定文化语境中进行得体交际的技能,那么跨文化交际能力则是一种包括了态度、知识和技能的综合能力,强调的是对文化的深刻理解和对不同文化的积极态度。

由以上可知,所谓跨文化交际能力,是指对跨文化交际过程中处理问题的能力,如文化态度问题、文化差异问题等。在具体的跨文化交际实践中,跨文化交际能力还体现在对文化运用的有效与得体上。前者主要是指对交际目标的实现,后者是指对于目的语文化的社会规范、行为模式、价值取向上的适应。

我们通过上述内容了解了跨文化交际能力的相关知识,懂得了其在跨文化交际中发挥的重要作用。下面对跨文化交际能力的培养要点进行总结。

(1)了解文化差异。人类文化具有共性,但是也具有明显的差异性。对这些差异性有所了解,才能培养自身的跨文化交际能力。在具体的交际过程中,中西方在价值观念、时间观念等层面存在差异,因此交际者需要尊重不同文化的差异,对这些差异有清晰的了解,保证交际的顺利开展。

(2)发展跨文化技能。当了解了文化差异后,还需要发展跨文化技能,具体来说可以从以下几点着眼:①扫除思维定式的障碍;②扫除民族中心主义的障碍;③能灵活处理交际情境;④深层次了解目的语文化及内部规律。

第二节　跨文化交际的基本原则、特征与模式

一、跨文化交际的基本原则

不论是母语交流还是跨文化交际，为了更有效地达到交际目的，人们在语言交流中总会遵循一定的会话原则。美国哲学家及语言学家格赖斯提出了系统的合作原则。然而，随着研究的发展，人们发现在实际的交流中，有很多语言现象违反了合作原则。

为了合理地解释这些现象，英国著名语言学家杰弗里·利奇（Geoffrey Leech）提出礼貌原则，其中共包括六项准则：策略准则、慷慨准则、赞扬准则、谦虚准则、赞同准则、同情准则。拥有相同社会文化背景、相同母语的人之间，如果不能顾及礼貌原则会心生嫌隙，在跨文化背景下进行交际，如果有人忽略了礼貌原则，跨文化交际将受到严重影响。

二、跨文化交际的特征

（一）文化的优越感

在跨文化交际中，不同文化相互碰撞，交际者在民族文化归属感和认同感的基础上，很容易形成民族优越感。文化优越感是民族文化长期浸润的结果。交际者由于适应自身文化，因此在跨文化交际初期会不适应他族文化。当跨文化交际过程出现偏差时，持有文化优越感的交际者会倾向于认为是对方的错误，同时还会在潜意识里维护本族文化。但是，跨文化交际中文化优越感的存在直接影响着交际的顺利程度。文化并无高低之分，文化优越感就是在主观上对他族文化进行评判，是一种狭隘的文化倾向。跨文化交际者应该以开放的交际心态，了解他国文化，同时适当宣传本族文化中的优秀成分。

（二）文化的无意识性

在自身文化的长期浸润下，人们会形成对本民族文化的认同感。在人们的生产生活中，文化逐渐产生，因此属于后天习得的范畴，需要和一定的文化环境相依托。除此之外，个体的成长还受到家庭、学校、社会的文化影响，从而使个体更加熟悉本民族的文化规则。长此以往，个体的行为就会有着鲜明的民族文化烙印，交际中更加倾向于本民族文化准则。在跨文化交际中，个体的行为脱离本民族文化的规约，就可能影响正常的生活。文化的无意识性需要交际者跨出自身的文化规约，使用更加客观、开放的态度对待交际对象，从而使跨文化交际向着更加顺利的方向进行。

三、跨文化交际情境下的四种基本行为模式

（一）主导模式

相对于他方文化而言，己方文化的价值观、行为规范等被视为更优的。己方文化的特征将被贯彻并在交际中占据主流地位。也就是说，当交际过程出现问题时，己方文化对问题的认知和解决方法将被视作是合理有效的，并一直被坚持，直到交际对象也按照己方的认知方式来面对和解决问题。在这种情况下，己方文化将主导交际并引导对方。

主导模式比较常见的情况主要表现为一些民族自大的思维。例如，我国古代称中原周边少数民族为蛮夷，这就是一种主导模式下的思维方式。比较极端的情况则出现在殖民地或战争沦陷区。全球化背景下，这种情况常常发生在己方文化所在地，与外国或外族企业进行商业行为期间。例如，当面临冲突时，以关系为导向的中国人趋向于冷处理，即不直接面对冲突本身，将冲突中心问题暂时"放"在一旁，而进行其他方面的处理，如采取行动加固关系或拓展关系，使冲突本身随着其他外界环境条件的转化逐渐缓和，进而消弭。而以事务为导向的德国人则倾向于就问题本身进行讨论，据理力争，直到得出结果。

(二)同化模式

同化模式是指交际中的他方文化价值观与行为规范被己方文化主动接受并融入自己的行为当中。己方文化努力适应他方文化,甚至不惜牺牲或舍弃自己的文化特性,不停地模仿并靠近强势的他方文化,批判自己文化的不足。这种模式的积极之处在于可以尽量减少文化休克的出现,最大限度地降低适应他方文化的阻力。

同化模式可能导致的负面结果是"崇洋媚外"。例如,现在有些舆论在谈及国情时必谈欧美,这些都是同化模式作用的结果。同化模式一般发生在交际初期,如留学生刚到目标语国家时,全方面接触到他方文化,会在心理和生理上竭力适应目标语国家的文化,其消极之处是会导致己方文化特性的缺失。

(三)异化模式

异化模式是指交际双方的文化特性都被视作是有意义并有效率的,但很多因素无法兼容。因此,在交际中持续导向矛盾,由于不可能融合,双方的行为准则在两种交际文化中不断摇摆,导致交际无法顺利进行。这种模式大多发生在交际的初始阶段,会导致交际双方的不确定性,伤害合作热情,不利于伙伴关系建设和团队联系。

异化模式可能导致一种"尊敬的漠视",即对他方文化也持肯定态度,认为他方文化与己方文化同样优秀,但对于接触他方文化的兴趣水平较低。西方谚语"土耳其人住在土耳其,罗马人住在罗马,英国人住在英国",就是这种思维模式的体现。异化模式本身就是一种消极的思维模式,带有这种思维模式。首先会导致交际好奇心和热情的缺乏,其次会使交际双方在交际中耐心不足,致使交际失败。

(四)融合模式

融合模式是指提取两种文化中重要的因素,使其重新融合成一个新的文化整体。这个新的文化整体包含两种文化,但并不倾向于其中的任何一种,而是在其基础上形成新的定义和新的组织形式,对交际双方都有规范意义。

跨文化交际融合模式包括:①沟通适应模式,即在不同文化间沟通时,个体会调整自己的沟通风格以适应对方的文化习惯。②文化维度理论。根据霍夫斯泰德的文化维度理论,不同文化在权力距离、不确定性规避、个人主义与集体主义、男性化与女性化以及长期导向与短期导向等方面存在差异。③文化适应策略,包括分离、边缘化、融合和同化等策略,个体可以根据自己的需求和环境选择不同的适应策略。④跨文化能力发展,即通过教育和培训提高个体的跨文化意识、知识、技能和态度。⑤文化智商(CQ),即个体在跨文化环境中有效工作和沟通的能力,包括认知、元认知、情感和动机等方面。⑥跨文化敏感性,即对不同文化差异的敏感度和理解力,以及在交流中展现出的尊重和适应性。⑦桥梁建设者角色,即在跨文化交流中充当中介,帮助不同文化背景的人建立联系和理解。⑧文化适应性交际策略,包括语言适应、非语言适应、社交策略等,以促进不同文化间的有效沟通。⑨文化自觉,即意识到自己的文化身份和偏见,并学会从其他文化的角度思考问题。⑩多元文化主义,即在社会和组织层面上,鼓励和庆祝文化多样性,促进不同文化间的平等和尊重。

第三节 跨文化交际的主要理论

(一)言语代码理论

言语代码理论是由美国学者格里·菲利普森(Gerry Philipsen)提出来的。所谓言语代码理论,即基于文化层面,对交际中的不同代码进行分析和探究。菲利普森提出了五个前提假设来解释言语代码的基础:①每一种文化都有特定的言语代码。②言语代码包含能体现文化差异的心理学体系、社会学体系及语言风格。③言语的意义依靠听者和说者双方使用的言语代码对交际行为进行创造和解释。④言语代码的细则、使用规则以及前提与言语相融合,伴随着言语的始终。⑤对共享的言语代码的巧妙使用是进行预测、解释和根据交际行为的可理解性、审慎性及道德标准对语篇形式控制的必要条件。

菲利普森等人总结出言语代码理论,并对这一理论进行了实证研究,强调对交际产生影响的文化与代码。在菲利普森等人看来,人们运用文化与代码的目的是使得自己与他人的交谈有意义,人们的文化与代码会对他们的行为产生影响,并且言语代码的"修辞力度"的大小取决于人们如何合法、连贯地使用言语代码。

有学者对言语代码理论提出了质疑,指出言语代码理论的内容相当宽泛,而且并没有关注道德伦理与价值观念等内容。另外,对人们如何看待与感受他们日常所见的情境,菲利普森也没有进行研究和探讨。但不可否认,菲利普森提出的很多观点对深入研究交际有着重要意义,人们也都表示接受与认可。

(二)跨文化调适理论

跨文化调适理论主要研究个体在跨文化环境中的适应过程。这一理论涉及多种不同的模型和理论框架,旨在解释人们如何在新文化中定位自己、如何应对文化变迁,以及他们采取的跨文化策略。

跨文化调适理论有以下几个前提假设:①调适属于一种普遍、自然的现象。②跨文化调适并不是需要具体分析的变量,而是个体在面对新环境时整体产生的进化过程。③跨文化调适产生于交际活动中。④调适是一种对所有生命体系来讲都自然而普遍的现象,交际是适应的方式。

自20世纪初以来,对跨文化调适理论的研究就在不断深入,并且效果显著。这些学术上的观点间接为跨文化调适理论的诞生奠定了基础,但是也为后来的研究带来了某些不方便。

　　跨文化调适研究主要采用群体研究方法和个人研究方法。这两种方法都有不足之处。美国俄克拉荷马大学传播学系教授金荣渊（YOUNG YUN KIM）提出了一套新的跨文化调适理论，归纳出一套系统、全面、综合的理论。她从全球化语境中文化交流的发展以及当下跨文化适应研究存在的不足入手，阐述构建综合理论的必要性。她借鉴系统论的原理创建了交际与跨文化适应的调适理论，为文化差异造成各种压力促使交际者做出自我调整，经历调整与转化后，他们不断成长，能够从容应对不同的文化场景，最终成为超越自我的跨文化人。金荣渊的理论被广泛运用于跨文化交际研究，以其简明的概念框架、严谨的逻辑和坚实的实证基础而备受学界推崇。

　　跨文化调适现象的存在是客观的。理解了跨文化调适现象的客观性，下面要面对的是进行怎样的改变。通过培养在新文化中的交际能力，我们的适应性会相应地有所提高；反之，适应性会减弱。如果我们一直坚持进行成功调适的目标，那么一些微妙的下意识的改变将会出现，从而加速我们在知觉与情感方面的成熟，并且对人们的生活状况有更深入的认识与了解。

（三）跨文化关系理论

　　跨文化关系理论涉及不同文化背景下人们如何相互交流、理解、适应和影响的理论。这些理论试图解释和预测跨文化交流中的行为模式和沟通结果。

　　(1)文化适应理论：该理论关注个体在新文化环境中的适应过程，包括四种适应策略：整合、同化、分离和边缘化。

　　(2)不确定性减少理论：这一理论认为，个体在跨文化交流中努力减少不确定性，通过建立共同的理解和预期来促进有效沟通。

　　(3)面子协商理论：侧重于如何在跨文化交流中维护自己和他人的"面子"，即社会认可和尊严。

　　(4)文化身份理论：探讨个体如何在不同文化中形成和表达自己的身

份,以及文化身份如何影响跨文化交流。

(5)归因理论:研究人们如何解释跨文化交流中的行为和事件,以及这些解释如何影响他们对文化差异的看法。

(6)跨文化交际网络理论:分析个体在跨文化交际中如何通过不同的交际网络进行互动。

(7)关联理论:虽然主要用于语言交际,但也可以应用于跨文化交际,强调信息传递的相关性和最佳效果。

(8)跨文化能力理论:涉及个体在跨文化环境中有效沟通和互动所需的知识、技能和态度。

跨文化适应的动态过程涉及"压力—适应—成长"的模型,强调跨文化适应是一个不断发展和变化的过程。本土化理论建构强调跨文化交际理论需要结合本土文化进行调整和发展,以更好地适应不同文化背景的交际需求。

1. 文化对关系发展的影响

文化对关系发展的取向具有重大的冲击。例如,文化的差异在两个人开始互动时,就扮演了重要的角色。有些文化对与陌生人的交谈比较开放,有些则相当保守。东亚文化与北美文化对沟通的看法最主要的差别在于前者以社交关系为主,后者以个人主义为主。东亚文化的这种思想倾向主要是受到儒家对仁、义、礼、智四个概念的重视。这四个概念的信仰对东亚人的沟通过程形成了与北美不同的影响。其中一项就是人际关系运作的形态。

在东亚文化影响下,人们倾向于建立如下几种关系。

(1)特殊性的关系。这种关系凸显年龄、性别、角色和地位的差异,并且鼓励彼此间的相互依赖。在特殊性关系的社会里,沟通通常受制于一组清晰的规范。

(2)长期性的关系。这种关系在开始的时候难,一旦建立就变成长期性关系的取向,衍生了礼尚往来的习惯与层级性的关系结构。

(3)明显区分我族与他族的关系。这种由包括血亲、同乡、同学、同事等关系网所建立起来的我族或内团体的结构,促使东亚人不信任他族或外团体分子。

(4)重叠的私人或公共关系。东亚人较喜欢私人性或人性化的互动环境,因此私人与公共关系之间的界限常有重叠的时候。

在北美文化影响下,人们倾向于建立如下几种关系。

(1)普遍性的关系。这种关系依照一个客观的法则行事,人际间的关系以公平与平等为依归。

(2)短期性的关系。这种关系在刚开始时容易建立,但是彼此之间不具有什么义务,因此没有所谓的"礼尚往来"的约束感。

(3)不明显区分我族与他族的关系。对认识或不认识的人一视同仁,只要双方觉得合得来,人人可以为友。因此,北美人的朋友群通常比东亚人广泛。

(4)非正式性关系。这是属于平行式的沟通与人际关系,从北美人对认不认识或不论年龄大小都喜欢用名字称呼对方可以看出来。

(5)公私分明的关系。北美人不习惯把私人与公共关系扯在一起,以防隐私、自主等个人权益受到侵犯。

2. 跨文化关系的特征

除了文化的影响之外,跨文化关系具有四个明显的特征:高度动态性、容易产生误解、焦虑感以及潜在利益。

(1)高度动态性。跨文化关系比单文化的关系建立过程更具动态性。跨文化关系的高度动态性,不仅是因为关系本身是一个互动双方经过沟通来彼此影响的过程,更是由沟通形态、价值观念、认知系统、生活饮食习惯等文化的差异所造成的。

(2)容易产生误解。由于文化的期待与刻板印象贯穿于跨文化的沟通,也因此在跨文化关系建立的过程中,扮演着重要的角色。因为每种文化都有不同的期待与刻板印象,在关系建立的过程中,也更容易产生误解。

(3)焦虑感。任何关系建立的初期,因情况的模糊性,产生某种程度的焦虑感是不可避免的。这种情况模糊性或不确定性和资讯的缺乏的情况存在于跨文化沟通的过程中,因彼此的文化差异严重,焦虑感也相对有所增强。

(4)潜在利益。跨文化关系的发展过程虽然充满着动态性高,情况不容易掌握,也更容易产生焦虑感和误解,其实也正是这些因文化差异所形成的潜在困难,给跨文化关系的建立带来了一种独特性的挑战和机会。

(四)跨文化冲突理论

在人类关系发展的过程中,冲突是一个必然存在的事实。也就是说,有人类的地方,就有冲突存在。冲突是一个无法避免的事实,是一个具有普适性的现象与概念。

1. 冲突的本质

广义而言,只要两个对象之间的需求无法相容,就可以说他们处于冲突的情境之中。不论文化差异的大小,冲突是日常生活的一部分,但是不同文化下人们对冲突这个概念在意义的认知上,还是有所差别的。例如,"冲突"一词的英文为conflict,但从中文的角度来看,把conflict翻译成"冲突",其实并不是很理想。因为中文的"冲突"的意义比英文的严重得多。中文的"冲突"的意义,已接近英文的clash,意指有暴力性或倾向的对抗。其他接近conflict意义的中文,有"分歧""纠纷""问题"和"矛盾"。

大致上"矛盾"和英文conflict的意义较为接近。不过,"矛盾"在中国也有不同的用法。从历史典故上看,矛和盾都是武器,买者自夸其矛无盾不破,又自诩其盾无矛不挡,结果在逻辑上说不通。因此,学者认为"矛盾"原意为"互反"或"逻辑的不相容",和英文的contradiction比较相近,而非conflict。

但是"矛盾"后来演变出了其他的意义。把个人、人际、团体间、组织间以及阶级间在价值观、信仰、态度、意见与意识形态上的差异,认为是"矛盾"的内涵。由此可见,文化对"冲突"意义的认定有影响。从沟通结构的角度来看,冲突在每一个沟通层次都会发生。依性质而言,冲突有虚实之分。所谓"实冲突",指因争取资源、权力或地位的真实性的对抗。这种冲突产生了"零和"的情况,也就是说,结果一定有输赢。"虚冲突"又称"诱发性冲突",原本并无真正的冲突,但是为了特殊的目的,如凝聚团体成员,刻意制造出一个假想的对手。这在政治上也经常发生,政客与政客之间或国与国之间常常会树立一个假想敌或外患来巩固或争取选票,或激发国人的爱国情操。

2. 文化对冲突的影响

文化对冲突的影响可从文化的三个方面说起:文化情境、语言差异以及思想形态。

(1)文化情境。文化价值取向区分为高情境文化和低情境文化,信息、情境和意义三个概念,均衡地与功能性结合在一起。分享的信息愈多,情境的程度愈高。因此,文化分布在高情境与低情境的连续线上。

(2)语言差异。语言和文化具有紧密关系,每一种文化都有一组制约其语言结构,包括语形、语音、语句、语义和语用等领域的规则。这些语言本身的结构,是沟通时首先遇到的问题。换句话说,若不了解一种语言的结构,就无法沟通,彼此间的误会与冲突也容易因此产生。

不过,语言结构是属于沟通的显性层次,只要经过学习的过程,通常在一段时间内就能取得了解与运用的能力。因此,语言的差异对冲突经营或解决的影响,最难以驾驭的部分乃是语言的表达方式,它代表着沟通的隐性层次,深深受制于文化深层的价值取向。

在人类开始学习说话时,语言的表达方式就慢慢地跟着发展。由于语言表达的方式反映人们对文化的信仰,在互动时,因表达方式的不同,往往会引起冲突。从文化情境可以得知,语言的表达可分为直接与间接两种方式。直接表达的方式特别重视自我表现、口头的流利、雄辩的言说和试图直接说服对方接受其观点的倾向。反之,间接表达方式的特色在于较常使用模糊性的语言和不直接说"不"或拒绝对方,以确保和谐的互动气氛。

很明显,直接表达语言是低情境文化的特征,间接表达语言的方式则代表了高情境文化的特征。在互动的过程中,人们使用直接表达方式比较容易引发冲突,而且在解决冲突时倾向于采取对抗的方法。语言的表达方式在自我表露的过程中可清楚地看出差异。

(3)思想形态。思想形态指文化成员推理的方式或解决问题的步骤。从语言的表达中很容易分辨出思想的形态差异。

3.跨文化冲突解决方法

解决跨文化冲突的方法,大致上可分为以下五种。

(1)文化支配法。这是以自我或己方文化为中心的冲突解决法,也就是"我是他非"的作风。

(2)文化顺应法。与文化支配法相反,文化顺应法是"我非他是"的利他法,如同入乡随俗一样,迁就对方。这种迁就可能是真的欣赏对方,可能是屈服于对方的势力,也可能是担心互动结果的不理想而产生的。

(3)文化妥协法。此法在局部综合了双方的需求,结果是各方都同时赢一些,但也输一些,也就是既没有全赢,也没有全输。在事情不能两全的时候,这是一个可取的折中法。

(4)文化逃避法。这是鸵鸟主义法,把头栽入泥沙里,看不见问题,就以为问题不存在了。

(5)文化综合法。同时顾及双方的需要,发展出另一套双方可以同意与互利的方法,以便适当地解决问题,这是达到双赢结果的保证。

这五个跨文化冲突解决的方法各有利弊。表面上看来,除了文化综合法之外,其他各法似乎都不可取。其实,在实际运作的情况下,并不见得如此。尤其是从策略性的角度,有时候会刻意使用非预期的方法,出奇制胜。

不过,就整体而言,文化综合法还是代表跨文化冲突解决最为理想的方法。它不仅解决了问题,而且双方都乐于接受。

文化综合的冲突解决方法是一种用以经营多元文化冲击的主要方法。它具有四项原则:①文化的异质性,信仰文化多元主义;②文化同异性,相信人们之间相似和相异的特性同时存在;③殊途同归性,不同文化方法对解决相同的问题同时有效;④文化经权性,了解自己的方法只是众多方法中的一种。

(五)跨文化谈判理论

人类沟通或关系发展的过程,无可避免地要面对各种可能的冲突。为了解决这些问题,人们随时得通过谈判来说服对方,以做出满意的决策。因此,有关系就有冲突,有冲突就有谈判的存在。可见,谈判是人类沟通互动的一个重要部分。

1. 谈判

谈判是为了圆满解决冲突常常运用的方法,它是一个人试着说服对方改变意见或行为的过程。谈判通常发生在互动双方意见不合或所需不同,但想要达到彼此能互利的情况下。

谈判是人类社会生活的重要技巧之一。不论是在人际关系的发展、团体与团体、组织与组织,或国家与国家之间,随时都必须经由谈判的过程来降低负面的冲击,或达到较满意的结果。谈判虽是人类社会生活中解决问题的重要技巧之一,但是它不见得是最好的方法。解决问题的方法种类繁多,有时因情况的需要,使用诸如协议等方法反而对己方有利。这是因为谈判本身通常是一个很费时的过程,而很多问题的解决,必须在短时间内完成。不过,由于谈判是达到双赢结果的方法,因此还是常被采用,尤其是在国际冲突中。

2. 跨文化谈判

文化具有复杂性,在从事跨文化或国际谈判时,应该特别注意四个方面:谈判者及情况、决策的形态、文化噪声以及解说和翻译。

(1)谈判者及情况。谈判者的选择标准与有利于我方的谈判的情况是谈判的基本问题。首先是选择谈判代表人的问题。

(2)决策的形态。从文化情境的角度来看,人们已经了解了高情境和低情境文化有着不同的解决问题或冲突的方法。决策既然是解决问题过程中的一环,文化必然也赋予它的成员一套决策的形态。

(3)文化噪声。文化噪声专指在沟通过程中,阻止或扭曲信息流动的各种障碍。这种障碍在跨文化谈判中主要存在于信息本身和输送的过程中,也就是语言与非语言的表达行为。口语谈判的策略包括承诺、恐吓、劝告、警告、奖赏、惩罚、规范性诉求、承诺、自我表露、质问、命令;非口语的谈判策略则包括沉默、交谈重叠、脸部直视以及触摸。

(4)解说和翻译。在跨文化谈判的过程中,常常需要依赖解说或翻译来协助双方彼此了解讨论的内容与文件用语的正确性。在跨文化沟通的过程中,翻译可能造成三项困扰:①不同语系之间常常很难找到对等的词语来翻译;②错误的翻译可能酿成巨大的悲剧;③正确可靠的翻译不容易,因此常常需要求助专业人士。在跨文化谈判中,有关翻译必须注意的事项有三点:第一,翻译过的词语,双方的主观意义十分重要;第二,一方语言的概念若不存在于对方的语系,该如何处理;第三,双方的语言是否具有难以翻译的内在推理或思考形态。

3. 跨文化谈判的过程

跨文化谈判的过程通常可以分为五个阶段:计划、建立关系、交换相关信息、说服以及让步与达成协议。

(1)计划。计划阶段指谈判双方还未碰面之前的准备阶段。好像考试一样,试前花更多时间准备的人往往是考得较满意的人。不过,计划或准备一定要有正确的方法,才能取得事半功倍的效果。跨文化谈判前的计划与准备,除了收集有关谈判的资料、与对方文化的差异,以及对方人选的背景,通常还包括预定谈判的时间、可能的抉择、共同的底线、长短期的冲击等项目。在这个阶段,有六项准则可以遵守:①确定要谈判的事物是可以谈判的;②了解赢得谈判对己方的意义是什么,同时须设定一个底线;③收集事实资料;④准备对不同文化与不同阶段的谈判策略,包括己方立场为何,是否采取强硬的谈判态度,决定初步的议价以及如何控制让步等;⑤准备自己的翻译员、律师和会计师等人员;⑥尽量多给己方一些谈判的时间。

(2)建立关系。这是双方面对面开始彼此认识,制造对谈气氛的阶段。通过打破僵局,收集对方的资讯来降低不确定感,并进一步建立良好的见面关系来达成目标。双方应该首先表现出相互尊敬与信任的态度。双方文化的相同处,会变成建立人际关系的基础;相异处则作为交换意见,以增进彼此了解的机会。这个阶段该极力遵守的原则是人与事必须截然地划分开,也就是讨论的过程,对事不对人。因此,在拒绝对方的资讯或请求时,力求让人有不是在拒绝他的感觉。

(3)交换相关信息。因为谈判的精髓在于双方能同时受益,因此,在这个阶段,谈判者应该专注在任何把己方的情况和需求表达清楚以及了解对方的情况和需求,知道情况和需求的表述,并不是所谓的立场表述。立场意指单方面在某种特殊的情况下,提出的唯一解决方案。改变立场是件难事,情况和需求则可因时、地、物、事的变化而加以调整。在这个阶段该遵守的原则是利益为先,立场其次。这项原则可使谈判具有较大的弹性空间,为自己争取最大的利益且双方可以接受的多项解决方案,而非困在立场的死巷,失去了一定的空间。

(4)说服。谈判双方交换了情况和需求的资讯后,接着就是彼此试着说服对方接受己方的条件。说服是用非暴力的手段,经由沟通与策略的使用,来影响对方的思想和行动,以达到自己目的的过程。一个成功的跨文化谈判,应该注重建立双方互惠的解决方案,而非以传统的说服方式,只试着迫使对方接受仅对己方有利的提案。对双方有利的解决方案通常建立在一定的基础上,了解彼此之间的利益取向、价值观和需求,然后分辨出双方的异同,再以互异的部分为基础,发展出双方互利的方案。说服的过程有几项准则需遵守:①适当地掌控资讯;②留意语言的使用;③给对方面子;④认知谈判停滞对双方都没有好处;⑤不受威逼。

(5)让步与达成协议。跨文化谈判的最后阶段是彼此让步,然后达成最后的协议。让步的行使应该建立在客观的标准之上,而不是使用尔虞我诈之术,欺骗或误导对方。由于不同文化对让步的看法与做法不同,因此很难找到一个统一的让步原则。唯有从了解对方文化着手,才能避免误会,最后签订谈判协议。

协议的签订,通常采用书面形式,因此文字的适当选择和翻译是否得当便成了这个部分最值得注意的问题。在翻译方面,为了确保用语和意义的正确性,一般都使用所谓的"回复翻译法"。过程是:拟订协议书后,找一个精通双方语言的人,把协议书翻译成己方或对方的语言,然后再找另外一个精通该语言的人,把协议书翻译成原先的语言。翻译回来的若与原先的语言一致,则意味着该协议书的语言表达是可靠的。

(六)跨文化认同理论

跨文化认同理论是一系列探讨个体如何在不同文化背景下形成和表达自己的身份认同的理论。跨文化认同理论对于理解和改善跨文化交流具有重要意义,能够帮助我们认识到文化认同是如何在跨文化互动中形成、变化,并影响个体的行为和交际策略。

1. 认同的种类

认同可细分为自我认同、年龄认同、性别认同、族裔认同、国家认同、区域认同等项目,但主要可归纳为三大类:文化认同、社会认同与自我认同。

文化认同指个人对他族文化或族群所具有的归属感。文化归属感是经由社会化的过程自然地产生。人从生下来之后,通常是没有选择性的,他必须学习认识与接受自己族裔的语言、风俗习惯、价值观、饮食穿着、思想举止与社会结构等文化的内涵。

2. 文化认同的形成

文化认同的形成通常会经过三个阶段：未审的文化认同期、文化认同的搜索期与文化认同的完成期。

（1）未审的文化认同期。人们在社会化的过程中，特别是在孩童阶段，把父母、亲戚朋友、社会或报纸媒体传递的讯息视为理所当然的而完全加以接受，从未感到怀疑或提出挑战。既然视自己的文化为理所当然，自然无心或没有兴趣去了解文化的差异，看任何事情都是从自己文化的角度出发。因此，在这个阶段，很容易形成盲目的文化认知，并进而变成文化刻板印象与文化偏见。我族主义或文化褊狭就是在这种情况下产生的。

（2）文化认同的搜索期。从个人成长的角度来看，当人们的年龄到了某一个阶段时，会开始思考自己与周遭事物之间的关系。这种思考可能只是在加以比较对照之后，觉得自己的文化值得接受，因此文化认同与自我认同并未受到挑战。这种思考也可能是一种批判性的思考，反省再反省，批判再批判。经过思考、比较、反省、批判的摸索过程，有可能重新审视自己与文化的认同，也可能给自己与文化的认同带来危机。这种情况在跨文化适应的过程中，尤其是在文化震荡阶段比较普遍。

（3）文化认同的完成期。在这个阶段，人们对自己与文化的认同，已经能清晰而且有信心地加以肯定与接受。一个人的心智成长到这个阶段，意味着能防止刻板印象、歧视与偏见等负面的认知症状，同时具有面对来自他人的刻板印象、歧视与偏见的能力。这一个阶段的能力为跨文化适应过程中双文化适应期的基础。在其中能学习滋养一种辨知自我多重认同与维系多种文化共存的新个性，成为"多重文化人"。多重文化人的特色是对自己的文化有适当的认同，而且世界观能跨越本土文化的局限，表现出一种包容各种不同文化的心态。

3. 文化认同的特征

文化认同建立之后,它不仅像一面镜子,映照一个人的面部特征、思想态度与行为举止,更提供给人们一个解释自己与他人行为的架构。文化认同的特征可归纳为四点:自我认知的中枢、动态性、对比性与多面性。

(1)自我认知的中枢。文化认同是一个人对自我认知的最基本的单位与控制中心,直接影响到自我认知的各个层面。由于成长在同一文化内,久而久之对该文化的一切便习以为然。当环境改变时,尤其是与不同团体或文化的人们互动时,文化认同的组成要素会活跃起来。这个时候很可能导致多种认同同时活动起来。

(2)动态性。由于文化本身就具有动态性,人既是文化的产物,对文化的认同必然也具动态性。随着个人与经验的增长,文化的认同也在随时变迁,在同一文化内,这种变迁常常是在无意识的情况下进行的,在不同文化的情况下,因彼此的差异性明显,文化认同的变化更在有意识的情况下,甚至在心理冲突的情况下发生。文化认同的变迁可能带来正面的结果,也可能导致扭曲的结果。跨文化适应最后达到的双文化或多文化认同,可说是正面的结果。文化认同的变迁,在不同情境会有不同的鲜明度,在不同的时间内也会产生不同的强度。文化认同的强度指对认同投入或投资的多寡。

(3)对比性。文化认同的建立是经由集体意识的运作来制造意义的过程,它是一种团体意识的表现。因此,社区的意识是文化认同的基础。文化认同的表现正是在这种团体或社区意识对比的情况下显现出来的。

(4)多面性。文化认同的多面性表现在认同种类的多样化与多层次的元素上。在跨文化适应的过程中,一名成功的旅居者,能在不同文化认同间优游自如。文化认同的多层次性表现在情感、认知和行为三个方面。首先,人对认同都会有感情的投入。感情的变化依情况而定,如在跨文化适应的危机期,人们会宣称自己的文化认同,以确保心理的平衡。其次,在认知方面,关系到人们对认同的理解与信仰,每个人对自己文化的认同通常具有一定程度的了解与信仰,具有不同文化认同的人们可能会有相同的信仰的时候。最后,文化认同的行为层次表现在语言与非语言的交换过程中。一个人之所以成为团体的一分子,就是经由语言与非语言的互动,达到彼此了解与互信后而形成的。因此,研究一个群体的语言与非语言的互动形态,可以了解该群体的文化认同。

第二章

大学英语教学与跨文化交际

第一节　大学英语教学的理论基础

一、语言学理论

(一)语言功能理论

英国功能语言学派的思想始于弗斯(John Rupert Firth),后来在卡特福德(John C. Catford)、韩礼德(M. A. K. Halliday)等的研究中得到进一步发展。这里重点介绍韩礼德的语言功能理论。韩礼德认为,语言是在完成其功能中不断演变的,语言的社会功能会影响到语言本身的特性。具体来说,语言功能可以分为以下三种。

1. 微观功能

韩礼德认为,微观功能是儿童在学习母语的初级阶段出现的,它包括以下七种功能。

(1)个人功能。个人功能指儿童可以运用语言来表达自己的感情、身份或观点看法。例如:

I like the toy car.

（2）规章功能。规章功能指儿童可以通过语言来控制他人的行为。例如：

Finish the task as I have told you.

（3）想象功能。想象功能指儿童可以运用语言来创造一个幻想的环境或世界。例如：

Suppose I am the king and you are the queen.

（4）启发功能。启发功能指儿童可以通过语言来认识和探索周围的世界，学习和发现问题。例如：

Tell me why.

（5）工具功能。工具功能指儿童可以通过语言来获取物质，满足其对物质的需求。例如：

I want the pen.

（6）相互关系功能。相互关系功能指儿童可以通过语言与他人进行交往。

（7）信息功能。信息功能指儿童可以通过语言向别人传递信息。信息功能是在儿童成长后期掌握的。

需要指出的是，在儿童语言中，一句话只有一种功能而不会出现多种功能。随着儿童语言逐渐向成人语言靠拢，功能范围逐渐缩减，这些微观功能就让位于宏观功能。

2. 宏观功能

相对于微观功能，宏观功能更为复杂、丰富和抽象。它是儿童由原型语言向成人语言过渡阶段出现的语言功能。宏观功能包括以下两类。

（1）实用功能。实用功能源于儿童早期微观功能中的工具功能、相互关系功能，它是指儿童将语言视为做事的工具或手段。

（2）理性功能。理性功能是由儿童早期微观功能中的个人功能、启发功能等演变而来,它是指儿童将语言视为学习知识和观察事物的途径和方法。

宏观功能是早期儿童语言功能的过渡期,它和微观功能、纯理功能存在功能上的延续性,这反映了人类语言为数不多的几种功能可被运用于多种社会场合,同时也反映了人类在运用语言的过程中创造语言的必要性。

3. 纯理功能

韩礼德的纯理功能在功能语言学派中影响很大。韩礼德认为,几乎每个句子都能体现语言的人际功能、篇章功能和概念功能,且这三种功能经常同时存在。

(1)人际功能。人际功能是指语言具有表明、建立和维持社会中人的关系的作用。通过此功能,讲话者能通过某一情境来表达自己的推断、态度,并对别人的态度、行为造成影响。

(2)篇章功能。篇章功能是指语言具有创造连贯的话语或文章的功能,这些话语和文章对语境来说是切题和恰当的。韩礼德认为,语篇是具有功能的语言。

(3)概念功能。概念功能是指人们通过语言将自己的内心世界和现实世界的经历进行表述的功能。语言的概念功能是指人们以概念的形式对其经验加以解码,并对主客观世界发生的人、事、物等因素进行表达和阐述。

在如何看待语言本质的问题上,韩礼德对语言功能的论述为研究者们提供了一个全新的视角,推进了语言学界对语言的理解。后来的交际法教学流派(又称"功能—意念教学流派")就是以韩礼德的语言功能理论为基础建立起来的。

(二)二语习得理论

20世纪70年代,美国语言教育家斯蒂芬·克拉申(Stephen D. Krashen)针对第二外语的习得提出并发展了二语习得理论。该理论是最具争议的二语学习理论之一,共包括下面五个部分。

1. 习得—学习假设

克拉申认为,"学习"和"习得"不同,它们是培养外语能力的两种途径。"学习"是学习者通过课堂学习等方式有意识地掌握语言语法规则的过程,而"习得"是学习者在无意识的状态下形成并掌握语言能力的过程,是一种类似于小孩子学习母语的过程。克拉申认为,语言学习只能监控和修正语言,却不能发展交际能力,外语应该通过习得来获取。另外,习得能够发展交际能力。

2. 自然顺序假设

克拉申认为,一种语言的语法规则或结构是按一定的、可以预知的顺序习得的,这种情况也适用于第二语言(外语)的学习。

3. 输入假设

在克拉申看来,理想的输入应具备四个特点。首先,应具有足够的输入($i+1$)。$i+1$是克拉申提出的著名公式。其中,i代表习得者现有的水平,$+1$表示语言材料应略高于习得者目前的语言水平。这意味着,只要习得者能理解输入的材料,且达到了一定的量,就意味着已经自动有了这种输入。其次,应具有可理解性。输入的语言必须可以理解,不可理解的输入对学习者不仅无用,而且还会损害学生学习的积极性。可理解性的语言输入是语言习得的必要条件。再次,应既有趣又有关联。趣味性与关联性可以增强语言习得的效果。最后,应按照非语法程序安排。在语言习得的过程中不必按语法程序安排教学活动,重要的是要有足够的可理解的输入。

按照克拉申的外语教学理论,外语教学时应尽量向学生提供可理解的语言输入,教师应使用一切手段来增加语言输入的可理解性。

4. 监察假设

克拉申认为,有意识的学得(知识或规则)能起到监察的作用。这种监察作用可以发生在写或说之前或之后。

需要指出的是,学得的监察作用必须具备以下三种条件才能发挥作用:有足够的时间、知道规则、注意语言形式。此外,这种监控作用在不同的语言交际活动(如口头表达与书面表达)中会产生不同的交际效果。

5. 情感过滤假设

"情感"指学习者的动机、需求、信心、忧虑程度以及情感状态。这些情感因素会对语言的输入起到促进或阻碍的作用,因而又被视为可调节的过滤器。

根据情感过滤假设,外语学习者的积极情感态度有助于更多地输入目的语,而消极情感态度则会过滤掉很多的目的语。因此,教师还应避免给学生施加压力,要努力创造一个轻松愉快、自由自在的学习气氛。

(三)输出假设理论

加拿大语言学家斯温(Merrill Swain)基于加拿大法语沉浸式教学结果的研究提出了输出假设理论。斯温认为,语言输入是实现语言习得的必要条件,但是除了这一必要条件还需要其他的条件,也就是说若使学习者的英语学习达到较高的水平,除了对其进行可理解的输入外,还需要考虑学习者可理解的输出。

学习者需要充分地理解并有效地运用既有的学习资源,将其准确、合理地输出。在这一过程中,学生的语言水平才得到较大程度的提升,也才能在不断输出的过程中意识到自己在语言表达方面所存在的问题。在英语教学实践中,教师应该尽可能给学生提供充足的语言表达与运用的机会,不断地培养和提高学生语言表达的准确性和流利性。斯温认为,语言输出的作用主要体现在三个方面:①检验自己所提出的假设是否正确,是否具有一定的可行性。②使学习者侧重把握语言形式。③让学习者能够有意识地进行自我反思。

斯温的输出假设理论对英语教学有一定启示。当英语教师意识到语言输出活动对语言学习的重要性之后,就会对此设计一些交际性的口头或笔头的语言实践活动来进行教学,如让学生复述、小组讨论、组织辩论等。在编写教材的过程中也会侧重添加一些实际性的语言输出活动,如角色扮演、针对某一话题发表不同意见和见解等。

(四)言语行为理论

言语行为理论是语言语用研究中的一个重要理论,最初是由英国哲学家约翰·奥斯汀(J. L. Austin)在20世纪50年代提出的。之后,美国的哲学家约翰·塞尔(J. R. Searle)对言语行为进行了深入的探讨。这里主要介绍二人的观点。

1. 奥斯汀的言语行为理论

奥斯汀将话语分为表述句和施为句两大类别。此外,他还在此基础上提出了言语行为三分说。

(1)表述句与施为句。表述句是用来描写、报道或陈述某一客观存在的事态或事实的句子。表述句可以验证,并且具有真假值。例如:

Jim is lying in bed.

如果Jim确实在床上躺着,这句话就为真,反之则为假。

施为句是用来创造一个新的事态以改变世界状况的句子。施为句不可以验证,也不具有真假值。例如:

I call the toy horse Spirit.

这个句子既无法验证,也无法判断真假。这个句子的意义在于给玩具马命名,即给客观环境带来了改变。

可见,表述句与施为句的最大区别在于表述句以言指事、以言叙事,而施为句以言行事、以言施事。

(2)言语行为三分说。奥斯汀发现了表述句与施为句两分法的不足之处并修正了自己的观点,提出了更为成熟的言语行为三分说。他将言语行为分为三个层次：①以言指事行为，即移动发音器官发出话语，并按规则将它们排列成词、句子。它是通常意义上的行为。②以言行事行为，即通过说话来实施一种行为或做事。它是表明说话人意图的行为，可将以言行事行为简称为"语力"。奥斯汀将以言行事行为分为评价行为类、施权行为类、承诺行为类、论理行为类、表态行为类五个类别。③以言成事行为，即以言取效行为，它是指说话带来的后果。需要说明的是，以言成事行为或以言取效行为只是用来指一句话产生的结果，不论结果如何都跟说话人的意图无关。

2. 塞尔的言语行为理论

塞尔的主要贡献是改进了奥斯汀对以言行事行为的分类，并提出了间接言语行为理论。

（1）塞尔对以言行事行为进行重新分类，具体分为以下五类：①承诺类。它表示说话人对未来的行为做出不同程度的承诺。此类行为的动词包括 threaten、pledge、vow、offer、undertake、guarantee、refuse、promise、commit 等。②表达类。它表达说话人的某种心理状态。此类行为的动词包括 congratulate、apologize、deplore、regret、welcome、condole、boast 等。③断言类。它表示说话人对某事做出真假判断或一定程度的表态。此类行为的动词包括 deny、state、assert、affirm、remind、inform、notify、claim 等。④宣告类。它表示说话人所表达的命题内容与客观现实之间的一致。此类行为的动词包括 nominate、name、announce、declare、appoint、bless、christen、resign 等。⑤指令类。它表示说话人不同程度地指使或命令听话人去做某事。此类行为的动词包括 request、demand、invite、order、urge、advise、propose、suggest 等。

塞尔的重新分类具有很强的科学性、直到今天仍在使用。

（2）间接言语行为理论。所谓间接言语行为，就是通过实施另一行为而间接得以实施的言语行为。例如：

Can you pass the bottle for me?

这种言语行为虽然表面上在进行"询问"，但实际上表达的是一种"请求"行为,即"请求"是通过"询问"间接实施的。

塞尔进一步将间接言语行为分为规约性间接言语行为和非规约性间接言语行为两个类别。规约性间接言语行为通常出于对听话人的礼貌,且根据话语的句法形式可立即推断出其语用用意。而非规约性间接言语行为往往比较复杂,需要更多地依靠交际双方共知的语言信息与所处的语境来进行推断。

二、心理学理论

(一)行为主义心理学

行为主义学习理论最初来源于俄国生理学家巴甫洛夫的"条件反射"概念。20世纪初,美国心理学家约翰·华生(John B. Waston)创立了行为主义学习理论。美国心理学家伯尔赫斯·弗雷德里克·斯金纳(Burrhus F. Skinner)对华生的行为主义进行了继承和发展。这里主要介绍此二人的观点理论。

1. 华生的经典行为主义理论

美国心理学家华生把有机体应付环境的一切活动称为"行为",行为的基本成分是反应,反应分为习得的反应和非习得的反应。前者包括我们的一切复杂习惯和一切条件反射,后者则指我们在条件反射和习惯方式形成之前的婴儿期所做的一切反应。他将引发有机体反应的外部和内部的变化称为"刺激",而刺激必然属于物理的或化学的变化。任何复杂的环境变化,最终总是通过物理变化或化学变化转化为刺激作用于人的身上。换句话说,刺激和反应都属于物理变化或化学变化,由此便形成刺激—反应(S—R)公式,通过刺激可以预测反应,通过反应可以推测刺激。

华生认为,学习就是以一种刺激替代另一种刺激建立条件反射的过程。在他看来,人类出生时只有几个反射和情绪反应,所有其他行为都是通过条件反射建立新的刺激—反应(S—R)连接而形成的。

华生主张心理学应该摒弃意识、意象等太多主观的东西,只研究所观察到的并能客观地加以测量的刺激和反应,无须理会其中间环节,华生称之为"黑箱作业"。他认为人类的行为都是后天习得的,环境决定了一个人的行为模式,无论是正常的行为还是病态的行为,都是经过学习而获得的,也可以通过学习而更改、增加或消除。他认为查明了环境刺激与行为反应之间的规律性关系,就能根据刺激预知反应,或根据反应推断刺激,达到预测并控制动物和人的行为的目的。华生认为,行为就是有机体用以适应环境刺激的各种躯体反应的组合,有的表现在外部,有的隐藏在内部,在他眼里人和动物没什么差异,都遵循同样的规律。

2. 斯金纳的新行为主义理论

美国心理学家斯金纳于1957年发表了《言语行为》一书,从行为主义角度对言语行为进行了系统分析。斯金纳认为,人们的言语以及言语中的各个部分都是在受到内部或外部的刺激的情况下产生的。具体来说,斯金纳提出了"操作性条件反射"的观点,这一观点强调语言学习的过程是一个不间断的操作过程,即发出动作然后得到一个结果或一个目的,这一动作就被称为"操作"。如果这一动作的结果是满意的,操作者就会重复"操作",这时"操作"便得到"强化",也称为"正向强化"。儿童的语言学习过程正是这样一个不间断的"操作"过程,使语言行为逐步形成。

斯金纳认为,在某一语言环境中,他人的声音、手势、表情和动作等都可以成为强化的手段。例如,教师可以通过表扬、肯定、满意的表示,使学生的某种言语行为得到强化。只有言语行为不断得到强化,学生才能逐渐养成语言习惯,学会使用与其语言社区相适应的语言形式。如果没有得到强化,语言习惯就不能形成,语言也就不能学习到。在学习时,只有反应"重复"出现,学习才能发生。因此,"重复"在学习中的作用是不容忽视的。

通过上述介绍可以看出,行为主义学习理论的形成主要基于以下六个

观点:

(1)语言是一种习惯,是人类所有行为的基本部分,是在外界条件的作用下逐步形成的。

(2)在语言习得和语言学习过程中,外部影响是内在行为变化的主要因素。因此,语言行为和习惯是受外部刺激的影响而发生变化,而不是受内在行为的影响。

(3)儿童习得和学习语言的过程是按照操作制约的过程进行的,即发出动作—获得结果—得到强化。这也是儿童习得语言的最基本的客观规律。

(4)学习是刺激与反应的连接,其基本公式为S—R。也就是说,有怎样的刺激,就有怎样的反应。

(5)学习过程是一种渐进的尝试—错误的反复循环—最后成功的过程。学习进程的步子要小,认识事物要由部分到整体。

(6)强化是学习成功的关键。语言行为需要正向强化才能形成并得到巩固。正向强化主要指学习上的成就感及他人的赞许和鼓励,它是帮助学习者形成语言习惯重要的外部影响因素。

当然,行为主义学习理论有很多不足之处,如它完全否认人类学习的内在心理机制,忽视了人类的主观能动性,难免会走向机械主义和环境决定论,受到认知主义等学习流派的批评。尽管如此,行为主义心理学的研究对英语教学仍有着重大影响,这些影响明显体现在实际的英语教学实践中。例如,在语言学习的初级阶段,学生的不断观察、模仿和实践就是遵循了行为主义的学习理论。在外语教学的初级阶段,反复操练被看作是语言学习的一个重要且有效的手段,并得到了广泛的应用。

(二)人本主义心理学

人本主义的学习理论起源于20世纪五六十年代在美国兴起的一种心理学思潮,被称为"心理学的第三势力"。人本主义心理学起初并不形成于对学习和学习过程的研究,而是从临床心理学家、社会工作者和心理咨询工作者等一些对人类行为的基本原理和基本假设持有相似观点的心理学家的应用研究中产生的。人本主义心理学的主要发起者是美国心理学家亚伯拉罕·马斯洛（Abraham H. Maslow），近年来影响较大的代表人物是美国心理学家卡尔·兰塞姆·罗杰斯（Carl R. Rogers）。他们认为，教育能够为学习者提供一个心理环境，这个环境充满人情味，学习者在这个环境中得到辅导并将其固有潜能充分地发挥出来。下面对他们的观点进行具体介绍。

1. 学习动机论

人本主义心理学的动机论是以马斯洛的"需求层次论"为基础的。马斯洛从人的自我实现需要出发，将人的需求从低级到高级分为五个等级：生理需求、安全需求、社交需求、尊重需求、自我实现需求。其中，自我实现需求指的是人类能把自身中的潜在东西变成现实的东西的基本倾向，是最高层次的需求。自我实现是对天赋、能力、潜力等的充分开拓和利用。这样的人能够实现自己的愿望，对他们力所能及的事总是尽力去完成。马斯洛认为，人具有"自我实现"的动机，有"自我实现"需要的人总是致力于他们认为重要的学习和工作。

以马斯洛的需求层次理论为基础，罗杰斯提出了"自我实现"的三个阶段。

（1）"映射"阶段。在这一阶段，人的自我发展是由外界要求的"映射"产生的。例如，学生说"我要努力学习，因为老师这样要求我们"。

（2）混乱阶段。当学生有一定的自我意识时，教师对学生的要求往往与学生自己的观点产生矛盾，结果造成学生无所适从，处于混乱阶段。

（3）自我实现阶段。当学生的自我意识占据主导地位并认识到了自己的价值和能力时，学生便能独立地、创造性地做出判断和决定，从而实现自己的愿望。

马斯洛还针对如何使学生具备"自我实现"的学习动机的问题提出了许多策略性的建议，主要有以下几点：①避开过去。学生在学习时，应将全部身心投入学习中,排除先前事件的影响。特别是对于差生来说,如果他们总是持有"我以前学得不好"的观念,那么他们将会停滞不前,不能取得进步。②保持积极接受的态度。所谓积极接受的态度是指学生学习时,既要全神贯注、独立思考,又要虚心接受别人的意见。马斯洛指出,当我们以非干扰和安全接纳的方式与别人相处时,就能感受到更多东西。因此,同学之间的互帮互学十分重要。③防止两种心理障碍。其一是"低俗化",即自以为看透所有世俗,不相信神圣的、美好的东西。其二是"约拿情结",这是指那种畏惧美好和神圣事物的心理障碍。

2. 学习类型论

罗杰斯将学习分为两类,即无意义学习和有意义学习。

(1)无意义学习。罗杰斯认为,无意义学习只涉及心智,它不涉及人的感情或个人意义,与完整的人无关。无意义学习类似于无意义音节的学习。学生要记住这些无意义音节是一项困难的任务,因为它们是枯燥乏味、无关紧要、很快就会忘记的东西。在罗杰斯看来,学生在课堂上学习的内容,有许多对学生来说都具有这种无意义的性质。几乎每个学生都会发现,课程中有很大一部分内容对自己是无个人意义的。

(2)有意义学习。有意义学习不仅是一种增长知识的学习,而且是一种与每个人各部分经验都融合在一起的学习,是一种使个体的行为、态度、个性以及未来选择行动方针发生重大变化的学习。例如,一个5岁小孩迁居到另一个国家,在不进行任何语言教学的情况下,让他每天与新的小伙伴们一起自由地玩耍,他在几个月内就会掌握一种新的语言,而且还会习得当地的口音。原因就在于他是以一种对自己有意义的方式去学习新语言的,所以学习速度极快。倘若请一个专门的语言教师去教他,在教学过程中使用对教师有意义的材料,那么他的学习速度将会极其缓慢,甚至停滞不前。罗杰斯认为,意义学习能将逻辑与直觉、理智与情感、概念与经验、观念与意义等结合在一起。当我们以这种方式学习时,我们就成了一个完整的人,即成了能够充分利用我们自己所有阳刚和阴柔方面的能力来学习的人。

罗杰斯认为,有意义学习包括四个要素:①学习具有个人参与的性质,即整个人的认知和情感都投入学习活动。②学习是自我发起的,学生由于内在的愿望主动去探索、发现和了解事件的意义。③学习是渗透性的,它会使学生的行为、态度乃至个性发生变化。④学习是由学生自我评价的,学生自己评估自己的学习需求、学习目标是否完成等,因为只有学生最清楚某种学习是否满足自己的需要、是否有助于获取他想要知道的东西、是否明了自己原来不甚清楚的某些方面。

3. 学习实质论

人本主义心理学指出学习的实质是形成与获得经验,学习的过程就是经验的形成与获得的过程。在人本主义心理学的基础上,人本主义学习理论则从以下四个方面来解释学习的实质。

(1)学习即"形成"。人本主义学习理论重视学习方法的学习和掌握,强调在学习过程中获得知识和经验。在实际学习过程中,很多有意义的知识或经验不是从现成的知识中学到的,而是在做的过程中获得的。学生通过参加学习活动,进行自我发现,自我评价和自我创造,从而获得有价值的、有意义的经验,获得如何进行学习的方法或经验。所以,最有用的学习是学会如何进行学习。

(2)学习即"理解"。罗杰斯认为,个人的学习不是机械的刺激和反应之间的连接的总和,而是一个心理过程,是个人对知觉的解释。具有不同经验的两个人在知觉同一事物时,往往会出现不一致的反应,这是因为两个人对知觉的解释不同,所以他们所认识的世界以及对这个世界的反应也不同,而并非所谓的连接的不同所致。因此,要了解一个学生的学习过程,关键是要了解学生对外界情境或刺激的解释,而不是只了解外界情境或外界刺激。

(3)学习即潜能的发挥。人本主义心理学家认为,人类具有学习的自然倾向或学习的内在潜能,人类的学习是一种自发的、有目的、有选择的学习过程。人本主义的学习观将学生看作是一个有目的、能够选择和塑造自己行为并从中得到满足的人。因此,教学的任务就是创设一种能够有效激发学生学习潜能的情境,以使学生的潜能得以充分发挥。罗杰斯强调教学要以学生为中心,教师的任务是帮助学生增强对自我和变化的环境的理解。此外,人本主义学习理论还强调学习过程应该是一个愉快的过程,在教学中不应将强迫、惩罚以及种种要求或约束作为促进学生学习的方法。

(4)学习是对学生有价值的学习。马斯洛和罗杰斯都强调,学习的内容应该是对学生有价值、有意义的知识或经验。罗杰斯认为,只有当学生真正地了解所学内容的用处时,学习才能成为最好的、最有效的学习。通常来说,学生感兴趣并认为是有用、有价值的经验或技能比较容易学习和保持;而那些学生认为价值小且效用不大的经验或技能通常学习起来很困难,也容易遗忘。人本主义学习观提示教师要尊重学生的兴趣和爱好,尊重学生自我实现的需要,在课程内容的设置上给学生以充分的自由,允许学生根据自己的兴趣和爱好以及自我需要来选择有关的学习内容。

(三)认知学习理论

认知学习理论是通过研究人的认知过程来探索学习规律的学习理论。认知学习理论倡导者认为,学习就是面对当前的问题情境,在内心经过积极的组织,从而形成和发展认知结构的过程,强调刺激—反应之间的联系是以意识为中介的,强调认知过程的重要性。认知学习理论的代表人物有很多,其中儿童心理学家让·皮亚杰(Jean Piaget)是杰出的一个。皮亚杰创立了日内瓦学派和信息加工心理学,即运用信息加工的观点研究人的认知活动。

皮亚杰认为,无论一个人的知识多么高深、复杂,都可以追溯到他的童年,甚至是胚胎时期。皮亚杰的理论试图以认知的社会、历史根源以及认知所依据的概念和"运算"的心理起源为依据来解释认知,尤其是科学认知。在皮亚杰看来,人出生以后如何形成认知、发展思维,受哪些因素制约,各种不同水平的智力及思维结构是如何先后出现的等问题都值得研究。因此，他的研究主要集中在两个方面：认知发展的阶段性理论和认知发展的机制。其中，认知发展的阶段性理论最具有广泛的影响意义。皮亚杰从认知图式的性质出发，将儿童的认知发展划分为以下四个阶段。

（1）感知运动阶段（0~2岁）。在这一阶段，儿童处于智力与思维萌芽的阶段，儿童主要靠感觉和动作来认识周围世界。

（2）前运算阶段（2~7岁）。在这一阶段，儿童脑海里开始有事物的表象，并且能够用词代表头脑中的表象，认知开始具备符号功能。尽管他们能够进行初级的抽象，并且能够理解初级概念以及期间概念，但是在他们的认知结构中，知觉表象仍然是占有优势的，他们的主要思维形式仍然是形象思维和直觉思维。

（3）具体运算阶段（7~11岁）。在这一阶段，儿童的思维水平有了实质的变化。他们的认知结构中有了抽象的概念，并具备了一定的逻辑推理能力。此时，借助具体事物和形象，儿童可以做出一定程度的推理。

（4）形式运算阶段（11~15岁以后）。在这一阶段，儿童逐渐摆脱了具体实际经验对推理的控制，能够做到不借助具体事物，做出符号形式的推理假设。

在影响人心理发展的因素上，皮亚杰认为成熟、练习和经验、社会性经验、平衡化是四个基本因素。

总之，认知学习理论冲破了行为主义对心理学的禁锢，对原先无法探测的大脑活动过程进行科学的抽象，简化为可以直接观察的心理模型，通过客观方法研究更加高级和复杂的认知活动，使人类对自身的认识向前推进了一大步。

第二节 大学英语教学的构成因素

一、教师

教师是教学活动的组织者,也是影响教学效果的重要变量。教师的主导作用是在与学生的交往中得以实现的。教师在教学过程中,除了要充分发挥自身的主导作用,更要注重自身素质的提高。一名合格的英语教师应该具备以下三个方面的基本素养。

(一)专业素养

教师专业方面的素养包括以下几个方面。

1. 综合教学能力

综合教学能力是指在英语教学中所需要的语言本身之外的教学能力,主要包括书写、唱歌、绘画、制作、表演等。较强的综合教学能力要求如下:能写,即书写字迹工整规范;能唱,即能够结合学生学习的进程编写、教唱学生喜爱的英文歌曲;会画,即会画简笔画,并能运用于教学中;会制作,即能够设计制作适用于教学的各种教具,包括幻灯片、录像等;善表演,即能够充分利用体态语,以丰富的表情、协调的动作表达意义或情感,做到有声有色。

2. 系统的教学理论知识

系统的教学理论知识也是英语教师必须掌握的。所谓系统的教学理论知识,是指教师除了要具备教育学、心理学理论以外,还要掌握英语教学理论知识,这主要包括现代语言知识、英语习得理论知识和英语教学法知识等。

3. 较高的语言水平

较高的语言水平是一名英语教师的基础,主要包括扎实的语言专业知识和较高的语言技能。教师不仅要具备系统的英语语音、语法知识,还要具备较大的词汇量,同时要具有良好的听、说、读、写能力。较高的语言水平是开展教学活动的基本保障,教师只有具备较高的语言水平,才能全面地掌握教材,才能向学生传授英语语言知识,培养学生的英语语言技能。

4. 英语教学的组织能力

英语教学的组织能力主要指教师动员和组织学生集体进行学习的能力。这一能力主要表现在教师有效地掌握课堂、有效地动员学生积极参加学习等方面。在有效掌握课堂方面,教师要做到以下几点:注意教材内容、自己的言语和言语表达;注意学生理解和表达的正确性,包括语音、语法、词汇及思想表达等方面的内容;注意课堂情绪和纪律;注意集中学生的注意力。做到以上几点,教师才可以使课堂教学井然有序。要想有效动员学生积极参与学习,教师需要具有一定的创造性。教师一进课堂就会进入一种创造性的境界,思维活跃,能够很容易地自由运用知识技能,从而使学生得到有力的感染,愿意全身心地投入教师引导的学习活动中。教师流利的英语口语本身就是动员学生的一种力量,教师发音要清晰、准确流利,内容易懂、明确。而且,还要能根据学生的语言水平来组织自己的语言,使用学生学习过的词汇和语法结构。

5. 传授和培养英语知识技能的能力

(1)教师要善于讲解。讲解是所有教师所必须具备的最主要、最基本的工作能力。一名合格的教师要善于将复杂的教学内容变得通俗易懂,能够深入浅出地进行讲解。为此,教师不仅要充分了解学生的心理、生理特点以及学生的英语水平,还要认真细致地做好备课,并且要根据不同的内容选择适当的讲授方法,在讲解的过程中还要做到重点突出。

(2)教师要善于示范。英语教学既要传授知识,又要培养技能。学生语言技能的训练包括发音、书写、朗读、说话,这些都需要教师进行示范,然后学生对教师的示范进行模仿。教师要将示范和讲解相结合,用示范配合讲解,或者用讲解来突出示范中的重点,做到示范正确标准。由于示范是为了让学生进行模仿,因此还要与学生的实践相结合。

(3)教师要善于提问。向学生提问是英语教学的重要手段,教师要善于使用这一手段。例如,在讲授新知识之前通过提问来复习旧知识,用提问检查与复习讲授的内容。使用提问教学手段时教师要注意两点:提出的问题要适合学生的实际水平;提问要注意调动全班学生的积极性。

(4)教师要善于引导学生进行练习。语言技能的培养需要大量的语言实践,如语音练习、语法练习、口语表达练习、听力培养练习、阅读练习、写作练习等。教师要熟悉各种练习形式的作用,并在英语课堂教学中引导学生进行各种练习活动,有效培养学生的语言技能。

(5)教师要善于纠正学生言语中的错误。学生学习英语是一个逐渐进步的学习过程,在这个过程中难免会出现错误。有些错误是学生可以自行改正的,教师对此类错误不必纠正。而对于有些必须纠正的错误,教师也应该有策略、有技巧地进行纠正。哪些错误需要纠正,哪些错误不需要纠正,在何时纠正,如何纠正,都反映着教师的教学实践素质。

6. 较强的科研能力

以往的英语教学只要求教师具备一定的语言水平和教学水平。但是随着时代的发展,教育对教师提出了新的要求,除了语言水平和教学水平外,教师还要具备较强的教育科研意识和科研能力。

一名优秀的英语教师不仅是教学的实践者,还应该是科研的参与者,是英语教学与学习规律的研究者。长期以来,我国的英语教学在很大程度上是照搬国外的英语教学理论和教学方法。这在一定程度上促进了我国英语教学的发展。但是,由于这些理论和方法大多是针对第二语言学习者提出的,而且中国的英语教学具有自己独特的语言文化背景,中国的学习者具有自己独特的生理与心理特点,因此这些理论与方法并不一定适合我国的英语教学。为了提高英语教学的效果,英语教师不应满足于借鉴国外的教学理论与方法,还应充分考虑中国的特色,结合我国的教学实践,通过融合与创新,努力探索具有中国特色的英语教学之路。为此,教师应该结合自己的教学经验和教学实践,通过不断调查研究教学实践过程,分析总结经验,改进教学,并将其中成功的经验上升为新的理论,丰富我国的英语教学实践,促进我国英语教学的发展。

(二)师德素养

师德是教师最重要的素养,也是教师从事教育教学活动的动力源泉。师德决定着教师对学生的热爱、对事业的忠诚、对教学执着的追求和对人格的塑造。同时,师德还直接影响着学生的成长。因此,英语教师必须具有坚定的理想信念,科学的世界观、人生观、价值观,忠于人民的教育事业,具有爱岗敬业的奉献精神,热爱学生。教师只有自身真正懂得奉献、秉持公正、具有责任感,才能言传身教。

(三)人格素养

人格素养是教师素养的综合体现。"学高为师,身正为范"概括了教师的职业特征和专业特征,同时也概括了对现代英语教师人格塑造的要求。一名优秀的英语教师应具有高尚的道德品行,令人愉快的个人性格,宽容、谦逊、好学的品质,正确的自我意识,良好的心理素质,幽默的语言表达,和谐的人际交往,端庄的仪表风度,崇高的审美素质,积极耐心的工作态度以及丰富的知识经验等。这些方面并不是孤立的,而是相互联系、相互影响的。

二、学生

学生是英语课堂教学的主体和中心。每个学生都是独特的个体,他们之间存在着各种差异,这些差异尤其体现在语言潜能、认知风格、学习动机、学习态度以及自身性格等方面,而且这些差异使他们理解和掌握新知识的速度和程度不尽相同。这里重点分析一下学生在各方面存在的差异。

(一)语言潜能差异

语言潜能是学习英语所需要的认知素质,或是学习英语的能力倾向,它是一种固定的天资。努力提高学生英语素质就是要培养学生的综合语言运用能力,而语言潜能正是就学生的认知素质来预测其学习英语的潜在能力。外语学习能力包括:①语音编码、解码能力,它是关于输入处理的能力。②归纳性语言学习能力,它是有关语言材料的组织和操作能力。③语法敏感性,它是从语言材料中推断语言规则的能力。④联想记忆能力,它是关于新材料的吸收和同化能力。

不同学生的语言潜能存在着差异。在教学过程中,教师应了解学生的语言潜能进而因材施教,使之针对不同的学习任务在不同场合发挥各自的长处,以收到事半功倍的效果。

(二)认知风格差异

认知风格是指人在信息加工(包括接受、储存、转化、提取和使用)过程中,表现出来的认知组织和认知功能方面的持久一贯的风格,它既包括个体知觉、记忆、思维等认知过程方面的差异,也包括个体态度、动机等人格形成和认知功能与认知能力方面的差异。不同的学习个体有不同的认知风格。应该说,不同的认知风格各有其优势和劣势,但这并不代表学生的学习成绩有差别。学生之间可以有各自偏爱的信息加工方式,在学习不同材料时也会各有所长。当学生的认知风格与教师的教学风格、学习环境中的其他因素相吻合时,其学习成绩会更好。因此,教师应了解并尊重学生不同的认知风格类型,针对不同的学习任务和学习环境因材施教,妥善引导,使自己的教学特点与学生的需要有机联系,进而取得良好的教学效果。

(三)情感因素差异

情感因素方面的差异主要涉及以下三个方面。

1. 学习动机

学习动机是指激发个体进行学习活动，维持已引起的学习活动，并使行为朝向一定的学习目标的一种内在过程或内部心理状态，是直接推动学生进行英语学习的内部动力，是影响英语学习成绩的一个关键因素。学习动机来源于学习活动，也是学习活动得以发动、维持、完成的重要条件，并由此影响学习效果。

2. 性格

性格是指一个人对现实的态度和行为方式表现出比较稳定但又可变的心理特征，是学生的重要情感因素，也是决定其英语学习成功与否的关键因素之一。人的性格大体可以分为外向型和内向型两种。有学者认为，外向型的性格有利于学生交际方面的学习，因其喜欢交际，不怕出错，能积极参与英语学习活动，并在活动中寻求更多的学习机会；而内向型的学生在发展认知型学术语言能力上更占优势，因其善于利用沉静的性格从事阅读和写作。对教师来说，研究学生性格差异的最终目的是充分了解学生的个体差异和不同的心理状态，发挥不同性格学生的优势，因材施教，以获得更理想的教学效果。

3. 态度

态度是指个体对待他人或事物的稳定的心理倾向或为达到某种目的而做出的一定努力，是影响英语学习的重要因素之一。态度包括三个方面：①情感成分，即对某一个目标的好恶程度；②认知成分，即对某一个目标的信念；③意动成分，即对某一个目标的行动意向以及实际行动。一般来说，对异文化抱有好感，向往其生活方式，渴望了解其历史、文化和社会习俗的学生，对其文化与语言会持积极的态度，这样就可以获得良好的学习效果。反之，如果对某外族文化抱有轻蔑、厌恶甚至仇视态度的学生，则很难认真了解该文化并学好语言。此外，学生对学习材料、教学活动的组织形式及对教师的态度,都会影响到他们英语学习的效果。

对学生个体差异的分析是为了使教师能够根据学生的个体差异制订教学计划,选择适合的教学材料和方法,具有重要的实践意义。

三、教学内容

教学内容是连接学生和教师之间的桥梁,也是教学实践中不可或缺的一个重要构成要素。所谓教学内容,就是指在教学活动中为实现教学目标,师生共同作用的知识、技巧、技能、思想、观点、概念、事实、问题、行为习惯等的总和。教学内容是一种特殊的知识系统,既不同于语言知识本身,也不同于日常经历;既要考虑英语学科本身的知识体系,又要考虑学生的年龄特点和实际需求等。一般来说,教学内容包括以下几个方面。

(1)语言知识。基础英语语言知识是综合英语运用能力的有机组成部分,是语言学习和语言运用的重要内容之一。没有扎实的语言知识,就不可能具有较强的语言能力。

(2)语言技能。听、说、读、写是学习和运用语言必备的四项语言基本技能,是形成综合语言运用能力的重要基础和手段。听是分辨和理解话语的能力;说是运用口语表达思想、输出信息的能力;读是辨认和理解书面语言的能力;写是运用书面语表达思想、输出信息的能力。学生通过大量听、说、读、写的专项和综合性语言实践活动,形成这四种技能的综合运用能力,为真实的语言交际奠定基础。

(3)情感态度。情感态度是指兴趣、动机、自信、意志和合作精神等影响学生学习过程和学习效果的相关因素,还有在学习过程中逐渐形成的祖国意识和国际视野。在教学中,教师应不断激发并强化学生的学习兴趣,引导他们逐渐将兴趣转化为稳定的学习动机,树立自信心,锻炼克服困难的意志,认识学习的优势与不足,乐于与他人合作,养成和谐和健康向上的品格。

(4)文化意识。在英语教学中,文化指所学语言国家的历史地理、风土人情、传统习俗、生活方式、文学艺术、行为规范、价值观念等。对学生来说,接触和了解英语国家文化有益于学生对英语的理解和使用,加深对其文化的理解与认识,有利于提高人文素养,培养世界意识。因此,教师在教学中要主动向学生渗透文化意识,根据学生的年龄特点和认知能力,传授文化知识,培养文化意识和世界意识。

(5)学习策略。学习策略是指学生为有效地学习和发展而采取的各种行动和步骤。英语学习的策略包括认知策略、调控策略、交际策略和资源策略等。培养学习策略有助于学生有效学习英语,为终身学习奠定基础。使用有效的英语学习策略,可以改进英语学习方式,提升学习效果,还可以让学生学会如何学习,从而培养学生自主的终身学习能力。因此,教师要有意识地帮助学生形成适合自己的学习策略,对自己的学习过程和效果进行监控和反思,培养学生根据学习风格不断调整学习策略的能力,引导学生观察他人的学习策略,与他人交流学习体会,尝试不同的学习策略。

教材是教学内容的重要载体。在新课程改革中,教材是重要的教育教学因素。教材是教师用来教学的材料,也是学生用来学习的材料。简单地说,教材是为教师的教和学生的学服务的,是课堂的必需要素。然而,教材是死的,学生是不断变化的,而且任何教材的编写都受编者水平和资料的限制,不可避免地会存在某些缺点和不足。如果教师一味地以完成教学任务为目的,忽略学生的反应,按部就班地使用教材,恐怕很难起到促进学习的作用。因此,在教学过程中,教师应灵活处理不同的教材,在课上或课下询问学生的感受,及时调整教学的方法和进度。

四、教学环境

任何教学活动都是在一定的教学环境中进行的,教学环境是教学活动的基本要素之一,是开展教学活动的依托。同样,英语教学也必须在现实的英语教育环境中进行,所以英语教育受制于环境这一因素。

(一)英语教学环境的构成要素

英语教学环境是指英语教学赖以进行的实际条件,即能稳定教学结构、制约教学运作、促进个体发展的教育条件和环境因素。环境因素是制约和影响英语教学活动和效果的外部条件。英语教学环境主要由以下几个要素构成:

(1)学校环境。学校是为学生提供学习场所和学习手段的最佳环境,它对英语教学的影响最为重要和直接,决定着绝大多数学生英语学习的成败。学校环境主要包括课堂教学、接触英语的频率、班级的大小、教学设施、教学资料、英语课外活动、英语教师及其他教职工对英语的态度及其英语水平、校风班风和师生人际关系等。

(2)社会环境。社会环境是影响和制约英语教学过程的重要因素,它主要指社会制度、国家的教育方针、英语教育政策、经济发展状况、科学技术水平、人文精神、社会群体对英语学习的态度以及社会对英语的需求程度等。社会环境因素是英语教学向前发展的动力,对英语教学具有重要的导向作用。

(3)个人环境。个人环境主要包括学生的家庭成员、同学、朋友的社会地位,物质生活条件,文化水平,职业特点和对英语学习的态度、经验、水平及学习方式,成员之间的关系及感情,学生的经济状况,拥有的英语学习设备等。个人环境也会对学生的英语学习产生一定程度的影响。

(二)良好的教学环境对英语教学的意义

成功的英语语言学习活动离不开其得以存在、发展、交流、应用的各种环境因素。教学环境潜在地影响着教学活动的效果,是学生学习活动赖以进行的主要环境。良好的教学环境对英语教学的意义主要表现在以下几个方面:

(1)促进教师在教学中更加努力地营造良好的英语课堂教学环境,充分利用现代化教学手段与教学资源,优化教学环境,提高学生对英语的运用能力。

(2)帮助教师正确认识环境对学生英语学习的客观影响,结合中国的英语教学实际,理性地分析、判断和选择外国的英语教学理论和教学方法。

(3)帮助教师有效地加工语言输入材料,科学地设计语言练习,创设良好的课堂英语使用环境。

(4)有利于教师在不断学习和实践中优化课堂教学环境的策略,在创设良好的英语教学环境的过程中,提高其自身的教学素质。

五、教学方法

语言教学教无定法,贵在有法。在英语教学历史上,有多种教学方法都曾经发挥过重要作用,有效地促进了英语教学的发展。例如,翻译法、直接法、自觉对比法、听说法、视听法、认知法、功能法,以及由此派生出来的口语法、全身反应法、自然法、沉默法、暗示法、交际法等。但是,实践证明,没有哪一种教学方法是最好的、最有效的,也没有哪一种方法适用于所有时期、所有地区、所有教学内容。如果一个教师在英语教学中,采用一成不变的教学方法,必然会使学生感到厌烦。而且,不同的教学方法对不同的语言知识、语言技能各有侧重,综合、灵活地运用各种教学方法,才能有效促进学生英语能力的提高,才有利于学生英语水平的全面发展。

在英语教学中,教师应该注意无论使用什么样的教学方法,都必须以学生的语言交际作为教学的出发点,尽量将教学与日常实际生活结合起来,鼓励学生有创造性地、有目的地运用已学语言材料,在新的生活场景中重新组织语句,表达自己的感情。同时,教师应力求使教学过程交际化,教材内容选自真实生活中的自然交际,适合学生的年龄,对处于不同阶段的学生采取不同的教学方法。

第三节　大学英语教学开展的原则

一、以学生为中心原则

学生是教学活动的主体与内在因素,英语教学要以学生为中心,充分发挥学生的主观能动性,提高教学效率。在英语教学中,实施学生中心原则要求教师从以下两个方面着手进行:教材分析要以学生为中心、教学方法与手段的选择要以学生为中心。

(一)教材分析要以学生为中心

分析教材时,教师应充分理解并把握教学内容,了解学生所处的不同阶段的实际情况以及学生的学习能力状况,以此作为调整教学目标与任务的依据;教师还要根据学生的需要,对教材内容和活动进行心理化处理和最优化处理,使教材与学生的经验与体验结合起来,将教材内容变成问题的链接和师生对话的中介,使教材更好地服务于教学。

(二)教学方法和手段的选择要以学生为中心

在英语教学过程中,教师应选取多样化的教学方法和手段,做到以学生为中心。直观的教学方法可以使学生直接感受和理解语言,通过视、听、说可以激发学生参与的兴趣,强化记忆。形象化教学手段可以适应学生的直觉思维特点,因此教师可选择一些利于激发学生兴趣和好奇心的媒介,如幻灯、投影、模型、录音、图片等,使他们积极地参与课堂学习,自然地感知语言,满足个人的需求。

二、循序渐进原则

英语教学的循序渐进原则主要包括以下三层含义。

（1）语言的学习应从口语开始，然后逐渐过渡到书面语。英语包括两种形式：口语和书面语，且口语早于书面语出现。与书面语相比，口语词汇通常较为常用，句子结构简单，学习起来比较容易。学生通过口语的学习可以尽快地获得交际技能，满足日常交际的需要，这样就达到了学用结合的目的。

（2）就听、说、读、写等语言技能的培养而言，教师应该首先侧重培养学生的听说能力，然后逐渐过渡到读写技能的培养上。听、说、读、写是英语的四项基本技能，应该全面发展，但是在不同的阶段，侧重点应有所不同。听说教学能使学生掌握基础的语言知识，包括语法、词汇、句子结构等，这为读写能力的培养奠定了基础。因此，在英语学习的初级阶段，教师应加强"听、说"的教学，然后再逐步向"读、写"教学过渡。

（3）英语语言知识、语言技能以及使用语言的能力的完成与提高是一个循序渐进的过程。学习英语是一个螺旋式发展的过程，需要反复的循环，但这种循环并非单一的重复，每一次重复在难度和深度上都有所提高。此外，循环往复要求教学中要做到以旧带新，从已知到未知。因此，教师应以学生已有的语言知识和已熟悉的语言技能为出发点，传授新知识，培养新的技能。

三、输入优先原则

英语教学要坚持输入优先原则。所谓输入和输出，是指学生通过听和读接触英语语言材料以及学生通过说和写来进行表达。语言输入的量越大、质量越好，语言输出的能力就越强。可见，输入是输出的基础。

输入优先原则的主要依据是美国心理学家阿尔伯特·艾利斯（Albert Ellis）在其著作《理解第二语言习得》一书中，对外语学习中对待语言输入的三个方面特点的总结和归纳：①可理解性，即对所输入语言材料的理解；②趣味性和恰当性，即学习者对所输入的语言材料要感兴趣；③足够的输入量,足够的输入量在英语教学中至关重要,但目前英语教学对此有所忽视。

基于艾利斯对语言输入三方面特点的总结,在英语教学中坚持输入优先原则,要注意以下几个方面:

(1)注重输入形式和输入内容的多样化。输入形式包括声音、图像、文字等,语言题材和体裁要内容广泛、来源多样。例如,利用在日常生活中每天都会接触的文具、衣服、道路标志、电器等就可以帮助学生在潜意识中学到许多英语。

(2)教师可以通过视、听和读等多种手段,尽可能多地让学生接触英语,多给学生可理解的语言输入。教师应该打破课内外的界限,利用声像材料的示范、贴近学生日常生活和学习、适合学生的英语水平、具有时代特色的读物等,扩大学生的语言接触面,增加学生的语言输入,以利于学生更好地学好英语。

(3)着重强调学生的理解能力,为学生提供的语言材料要切合学生的实际情况,具有可理解性与趣味性。向学生输入的材料要符合学生的现有水平,只要求学生理解,不必刻意要求学生即刻输出。从教学方法来看,这也坚持了先输入、后输出的原则。然而仅依靠语言的输入不可能掌握英语并形成综合运用英语的能力,还需要适当的口头和笔头的表达来检验和促进语言的输入。

(4)鼓励学生进行模仿。有效的模仿是模拟生活中的真实情景,注意语言结构所表达的内容。换句话说,模仿最好是让学生身临其境去使用所要模仿的语言。例如,在结对练习、小组练习的时候,让学生根据实际情况使用所学习的语言,把声音和语言的意义结合起来,学生才会在课外运用所学语言。模仿是在优先输入语言的基础上,对语言进行的有效练习和输出实践。

四、兴趣性原则

在英语教学中,教师应意识到兴趣的巨大作用,尽可能调动学生的内在动机,激发学生对英语学习的主观愿望,以获得更好的教学效果和学习效果。在英语教学中,教师可从以下几个方面入手来调动学生的学习兴趣。

(1)尊重学生的主体性,充分了解学生的特点。教师必须清楚地认识到学生是英语课堂的主体,学生通过积极主动的尝试与创造,才能获得认知和语言能力的发展,教学活动也才能达到预期的效果。教师要根据学生的心理和生理特点,遵循语言学习规律,采用多种教学方式,让学生通过体验和实践进行学习,从而形成语感,提高交流能力。

(2)改变强调死记硬背、机械操练的教学方式以及传统的英语测试方式。英语学习需要一定的死记硬背和机械操练的活动,但是如果机械性操练太多太滥,则很容易使学生降低甚至失去学习英语的兴趣。为此,教师应该以学生感兴趣的方式帮助学生获取知识,使他们在获得交际能力的同时,综合素质也得到相应提高。

(3)对教材进行深度挖掘。教师在备课过程中,应认真地研究教材,挖掘教材中学生感兴趣的内容与话题,使每节课都有让学生感兴趣的内容和活动,以最大限度地调动学生的积极性。

五、系统性原则

在英语教学过程中要遵循系统性原则,目的是使学生对所学内容能有比较系统、完整的概念,在各部分知识之间和新旧知识之间建立有机的联系,在消化所学内容时思路清晰而有层次。具体来说,系统性原则主要涉及以下几点。

(一)系统安排教学工作

英语教学工作的安排要有计划性,要求做到以下几点:

(1)教师要有计划地备课。例如,一篇课文要上八课时,在备课时要一下子备完,不能今天上两节课就备两节课的内容,要一次备好。

(2)教师的讲解要逐步深入、条理分明、前后连贯、新旧联系、突出重点,一环套一环,一课套一课,形成一个有机而系统的体系。

(3)教学的步骤和培养技能的方法应该符合掌握语言的过程。要根据课程的最终教学目的,由易到难,逐步提高要求。

(4)练习布置要具有计划性。要先进行训练性练习,然后再进行检查性练习。此外,练习的形式要具有体系性,相同的练习形式也要有不同的要求。

(5)布置家庭作业和讲课的重点应当密切结合。每次作业要有明确的目的,课内课外要通盘考虑。

(6)要经常检查学生掌握知识和技能的情况,每堂课要有一定的提问并做相应的记录,这可以对学生起到督促的作用。对于学生的平时成绩不能仅凭教师的印象来评定,因此平时对学生所做的口头、笔头作业要有记录。

(二)系统安排教学内容

英语教学内容的安排要有严密的计划和顺序。例如,低年级英语教材教学内容的安排基本上应是圆周式的,对系统不要机械地去理解。教师应该按教科书的安排特点和班级的情况合理组织讲课的内容,确定讲课的重点。当出现一个生词时,不要急于一次把这个生词的所有意义、用法全部教给学生。当教授一条新的语法规则时,不要一次向学生交代有关这条规则的全部知识,要将知识分步教给学生。教学内容的安排应该服从教学的系统。这样才能由浅入深、由易到难、由分散到系统。

(三)系统安排学生学习

教师要指导学生进行连贯的学习。学习要循序渐进,要持久连贯地学习。因此,教师在教育学生时要有恒心,经常及时地带领学生进行复习和做好功课。此外,教师还要指导学生正确处理好平时和期末的关系,将学习重点放在平时,平时训练要从难从严。坚决反对那种平时学习不努力,期末考试临时抱佛脚、突击开夜车的做法。此外,教师还要经常关心和指导学生的学习方法,并针对学生的个人特点因材施教。

六、真实性原则

(一)把握真实语言运用的目的

英语教学的最终目的是培养学生的综合语言运用能力,这种能力实际上就是一种语用能力。这里的语用目的是指教学内容体现在语用能力方面的教学目的,主要表现在:①语句的语用功能目的;②对话语篇的语用功能目的;③短文语篇的语用功能目的。

(二)采用语用真实的教学内容

在教学开始之前,教师应从语用的角度对课文进行详细全面的分析,研究语句使用的真实语境,准确把握课文中所有语句的真实语用内涵,选用语用真实的例句与练习,这样就可以在教学前就指向语用教学,从而保证学生能够获得语用真实的英语运用能力。

(三)设计组织语用真实的教学活动

对学生语用能力的培养应贯穿于整个英语教学过程,因此教师应基于语用真实的指导思想来设计教学活动,将语用能力的培养与呈现、讲解、例释、训练、巩固等课堂教学活动紧密结合起来。

(四)设计语用真实的教学检测评估方案

教学检测评估对教与学都具有重要的反拨作用。设计语用真实的教学检测评估方案,可以找出学生的语用能力存在的不足之处,从而对教学进行有针对性的调整与改进。此外,语用真实会引导学生在学习中更加自觉地把握学习内容的真实语用内涵,强化学生运用英语的自我意识。

七、课内外活动相结合原则

在教学实践中,要遵循课内与课外活动相结合原则,主要是因为二者之间存在的互补性,具体体现在以下两个方面:

第一,课外活动具有自愿性和选择性,学生可以根据自己的兴趣爱好自愿选择参加感兴趣的活动。课内活动一般是非自愿的,也是无法自由选择的,课内活动必须按照规定的教学大纲有序进行,一般具有统一的课程和课时,这样可以保证全班同学在相同的教育过程中保持相同的步调,既有利于培养学生个性的共同点,又有利于学生系统地习得语言知识。而课外活动则基本上是以学生的兴趣为主,遵循学生的自愿性进行。

第二,课外活动是真正以学生为中心,由学生独立进行和完成的教学活动,教师只是在有需要的情况下提供适当的帮助,因此课外活动更能发挥学生的主动性和独立性,更能培养学生自主学习的能力。相对而言,课堂教学活动则具有一定的局限性。尽管我们一直提倡课堂教学要以学生为中心,但实践起来并非易事,往往会遇到各种各样的实际困难。

根据我国目前大学的英语教学现状,为了更好地将课堂教学与课外活动相结合,发挥它们的互补作用,教师要在优化课堂教学的同时,加强课外活动,具体可从以下两个方面着手:

第一,激发学生在课堂活动中的主体积极性。课堂教学实际上是教师与学生以教学影响为中介的交互作用过程,这个过程能否发挥交互作用效果,很大程度上取决于学生的主体积极性。因此,如何激发学生的主体积极性就成为贯穿于英语课堂教学始终的问题。

第二,减少课堂教学时间,提高课堂教学效益。就目前我国的大学教学来看,课堂时间总量太大,课外活动时间过少是普遍现象。在苏霍姆林斯基管理的帕夫雷什学校里,只有上午是课内教学,整个下午均为课外活动,但在我国,学校教学基本上等同于课堂教学,课外活动少之又少,这对于学生的个性发展,培养学生的兴趣、爱好非常不利。学生的潜能和优势得不到发挥,学生的创造性得不到锻炼,学生的综合素质怎能有效提高呢?因此,我们提倡大学应减少课堂教学时间,增加课外活动时间总量。与此同时,要提高课堂教学的效益,即师生以最少的时间和体脑耗费取得最大的教学效果,只有在减少教学时间的同时,提高教学效益才能保证整体的教学质量。

八、合理使用母语原则

在英语教学中,教师应当提倡学生多说英语、多用英语,但这并不意味着不能使用母语。在英语课堂上可以合理使用母语,利用母语优势帮助学生理解学习过程中的难点,这对提高教学效果有利无害。合理使用母语原则,包括在英语教学中利用母语的优势和避免母语的干扰两个方面。

(一)利用母语的优势

教师在英语教学中要学会利用母语的优势,借助汉语对一些词义抽象的单词和复杂的句子加以解释。英语学习是在学生已经熟练掌握母语之后进行的学习实践,学生在英语学习之前对时间、地点以及空间等概念已经形成,已学会了表达这些概念的语言手段,况且英汉两种语言在结构和使用方面也存在许多差异,这些语言文化差异往往会成为学习英语的障碍。因此,利用母语的解释可以帮助学生更快、更好地学习和掌握英语的某些概念。适当地使用母语进行教学,有助于学生理解母语和英语之间的差异,了解英语结构和规则的特点,有助于师生之间的顺利沟通和深化对语言差异的理解和消化,从而提高学习效果。

(二)避免母语的干扰

母语交际先于英语第二语言的学习,且已基本上被学生熟练掌握。英语的学习是个相当复杂的过程,母语的使用习惯可能会给英语学习带来障碍。在学习英语的过程中适当使用母语,用母语简单讲授英、汉两种语言在某一结构、某一用法上的差异和特点是可以的。但对母语优势的利用一定要掌握一个"度",避免将母语的使用规则迁移到英语的使用上。如果过多地或一味地使用母语,会在很大程度上给英语的学习带来不利。在英语教学里利用和控制使用母语,要注意以下几个方面:

（1）目前而言，科学的发展、教学方法的改进和现代教学手段的运用，多用母语作为教学手段的效果日益减弱且劣势日益明显。英语教师结合现代化教学设备，运用更加直观的教学手段有更大的创造空间。

（2）在英语教学中，学生对所学英语词句的理解是相对的。理解包括知道这些语言现象及隐藏在现象后的本质。在初始阶段，没有必要引导学生过分追求本质，这主要是由于英语的很多用法是习惯问题，很多情况用逻辑推理不通。例如，"看电影"用 to see a film，而"看电视"则说 to watch television。

（3）在英语教学中，教师应控制使用母语，尽量用英语教学。要充分考虑教师运用英语的能力、学生的理解能力和接受效果，教师尽量用教过的英语讲话，可借助图画、实物、表情、手势等直观手段，也可以将关键词写在黑板上，使师生的交际能力在课堂教学中得到有效的提高。

总之，英语教学的过程要成为有意识地控制使用母语和有目的地以英语作为语言交际工具和媒介的过程，坚持合理使用母语原则才能更有效地优化教学效果。

九、最优化原则

在英语教学中，最优化原则体现在某一方面知识内容的教学中，在几种教学媒体都可用的情况下，选用教学效果最好的媒体，教法选择最优化，结构安排最优化，角色搭配最优化，具体运用最优化。针对在非母语环境下进行英语教学的现状，努力营造轻松自然的语言氛围，促进语言习得。因此，多媒体软件和课件要便于学习者操作和控制。具体来说，课件的内容、导航图标布局、菜单功能设计以及学习者的自由度，是影响学习者操作和控制课件的主要因素。为了提高学习效率，减少学习者的焦虑感，增强他们的学习兴趣和信心，课件应该从学习者的需要出发，尽可能地使课件方便使用。

十、精讲多练原则

精讲多练原则既肯定了讲和练的作用,又明确了讲和练的地位。讲涉及的是语言知识,练涉及的是语言技能。

(一)语言知识促进语言技能的培养

既然英语教学将交际能力作为培养目标,那么实践性就是英语教学的特点之一。在英语课上必须以语言实践为主,课堂上绝大部分时间要用于实践。但是适当地传授语言知识,可以帮助学生更好地进行实践,提高学习的效果。语言知识讲授的范围、深度、方法和时机,要由语言实践和教学的需要来决定。例如,大家都知道游泳的本领是在水里练出来的,不下水是学不会游泳的,但是在下水之前,教师讲一讲游泳的要领,分解一下游泳的动作,学生在水里练习时就可以进步更快。

在初级阶段的英语教学中,教材简单并且每课只包含有限的句型和单词,通过反复练习就能熟练地掌握。本阶段的教学重点是引导学生养成运用英语的习惯和正确的学习方法。语言材料的有限性,使语言知识的讲授对学生的学习帮助有限。当英语教学向高级阶段推进,学生需要学习更多的句型和单词时,教师就需要使学生利用单词或句子间的关联来学习,并且从一些语言材料里总结出语法规则。在这一阶段,语言知识的讲授对学生才能发挥出应有的作用。然而,此时还是要注意精讲多练,不能喧宾夺主。

在英语教学的后期,语言知识的讲授有助于培养学生的自学能力。不是所有一切都在规则的统领之下,有时候最常用、最简单的单词,往往具有不合常规的词形变化和发音规则。这就要求学生多模仿教师,教师不要急于引导学生过多地追问为什么。精讲多练是学习英语稳妥而有效的方法,但随着学习进程的推进和学习内容的复杂化,就很有必要通过适当地讲授一些语言知识来发挥思维理解的作用。

(二)语言操练交际化

语言操练并不等于语言交际,前者关注的是语言形式,使学生在语言操练里掌握语言形式,后者关注的是语言内容,使双方达到相互了解。

1. 语言操练是交际能力培养的手段

英语教学中的语言操练包括以下三种练习形式:机械练习,如句型操练等;有意义的操练,如围绕课文或情景所进行的模仿、问答、复述等;交际性操练,如联系自己的生活实际,利用课文里的词句叙述自己的思想、表达课文学习后的体会等。这三种练习形式在难度、与语言交际的接近程度上都在递进,体现出由操练到交际的进程。英语教学的目的是培养学生的英语交际能力,而不是使学生掌握语言形式。但是培养学生的交际能力,必须借助语言操练这个手段。二者对于英语教学目的的实现都非常重要,缺一不可。语言操练和语言交际相互联系、相互区别,有时没有明显的分界线。教师每次讲授新材料时,都要先进行机械练习,再进行有意义的练习,最后进行交际性练习,使学生最后能运用所学的新材料进行交际。不能把语言操练和语言交际对立起来,而是要看到它们之间的联系,一步一步地将语言操练推向语言交际。

2. 将交际场合迁入课堂练习

教师应尽量将交际场合迁入课堂练习,使课堂练习接近语言交际。教师应该创造一定的情景,多给学生一些用英语进行交际的机会,鼓励学生带着表情和肢体动作进行英语交际,要像演戏一样将生活中的交际场合搬进课堂练习。在这个过程的开始阶段,性格内敛的教师和学生可能觉得不好意思,但是随着练习的增多,他们会逐渐习惯这种情况并觉得很自然。教师借助适当的表情、肢体动作进行英语交际,不仅能增加说话的力量,还能够激发学生的兴趣,帮助学生记忆,从而提高教学效果。

3. 将交际形式迁入课堂练习

教师应尽量将交际形式迁入课堂练习,使英语课堂教学模拟日常生活中的交际形式,为学生在日常生活中使用课堂上所学的英语创造条件。日常交际形式包括:问候、打招呼;会话;自言自语;讲故事;对人、物、画面的介绍;请求、命令;解释或说明事物或问题;演说、做报告;作文、写信。英语教学可以采用这些形式的课堂练习,课堂上将生活里常见的交际形式训练到自然的程度,学生的交际能力就会逐渐提高。

英语课堂的活动包括教师组织教学,讲解单词、课文和语法,布置作业,对学生进行奖评和考核,学生请教师解答疑难问题等,所以教师和学生不缺乏用英语进行交际的机会。教师要努力将所学英语用到师生间的交际中去,积极扩大英语的使用阵地,这样学生运用英语的能力和习惯才能养成。在注意课堂上用英语进行操练的同时,教师还要注意引导学生在课外活动和生活里使用英语。操练服务于使用,使用是对操练的检查和扩展。只有将操练和使用相结合,英语教学的目的才有可能实现。

第四节 跨文化交际与大学英语教学的融合

一、文化教学的概念

文化教学概念的提出,理论上源于人们对语言功能的新认识和语言与文化关系研究的新成果,借鉴了一些新的教学理念和方法,是我国教学思想、教学观念、教学内容和教学方法的一次新的飞跃,标志着我国英语教学由传统教学模式向现代化教学模式的转变。我国学者胡文仲将英语跨文化交际学所指的文化教学的主要内容概括为以下四个方面:①在教授语言(语音、语法、词汇、文体)的同时结合语境和文化背景、文化内涵教学;②分析学生由于文化因素干扰造成的语言错误,从而提高学生对文化的敏感性,使他们认识到跨文化交际绝不只是掌握语言形式就能顺利完成的;③开设所学语言国家的历史、文学、概况等课程,系统地传授知识文化;④开设语用学、语言国情学、语言与文化、跨文化交际学等课程,从理论上提高学生的跨文化交际能力。

应该说文化教学是针对传统教学模式中只注重语言本身和语言教学的弊端和危害而言的,是英语教学的一部分,文化教学不能脱离语言教学本身。文化教学应该是英语教学的基本原则,是英语教学的有效手段、重要内容和主要方法。

二、文化教学的作用

由于语言和文化是不可分割的,在教学中渗入文化是十分必要的,特别是教师可以利用现代的多媒体教学手段,向学生传递丰富多彩的文化知识,通过教学双方的共同努力,可以对学生和教学效果产生双重效应。

(一)文化教学可以优化学生的知识结构

不同的语言表达形式受所学语言国人文、地理、历史、社会制度、生活方式、风土人情、社会传统、民族习俗、言语礼节以及民族心理、伦理道德、行为规范、传统观念等一系列因素的影响,相同的概念会有许多不同的表达形式。

(二)文化教学可以优化学生的能力结构

跨文化交际的成功有赖于对不同文化模式的了解。文化教学致力于揭示英语教学中的交际文化,必然会涉及不同的语言结构、认知和交际知识,以及身势语、社交礼仪、交际环境、交际方法、交际态度等方面的非语言文化知识。这无疑能促进学生英语应用能力的提高,避免或减少跨文化交际失误,解决说什么、怎么说的问题。比如,"你吃饭了吗"以中国文化模式解码,大多时候只是一句客套话,一种人际间的寒暄;若以西方文化模式来理解,它就是要求别人共同进餐的信号,而决不会产生客套、寒暄的感觉。

(三)文化教学可以提高学生的社会文化敏悟力

文化敏悟力指的是透过语言的外表,对语言深层次结构的综合理解能力,在英语教学中属于背景知识的范畴。英语教学的目的是培养学生的跨文化交际能力,而文化敏悟力本身就是一种交际能力。比如,学生在学习中会遇到这样的句子:"You chicken! He cried, looking at Tom with contempt."或"The stork visited the Howard Johnston yesterday.",如果不知道 chicken 指"懦夫"或"胆小鬼",不知道 a visit from the stork 指"孩子诞生",仅用母语文化的定式去理解,这两个句子是怎么也翻译不好的,由此可以看出文化敏悟力对英语学习的重要性。

跨文化交际的敏悟力的提高可以分为四个阶段:首先是产生好奇心;其次是与本民族文化比较,意识到一些难以想象或不合道理的细微复杂的文化特点;再次是在此基础上,通过理性分析认为这些文化特点是可信的;最后通过与本民族文化的比较,体会和了解这一文化,并学会在适当的场合运用这一文化。教师应鼓励学生通过读外国文学著作,看外国电影和纪录片等方式了解世界各国的风土人情。在课内和课外,教师要有目的地组织文化观大讨论,进行不同文化、风俗、习惯的比较,让学生产生文化比较的意识。

(四)文化教学可以激发学生的学习兴趣

学生是否能学好英语,兴趣是一个重要的因素。因为有了学习的兴趣才会有学习的动力,才能激发学习的主动性和能动性,让学生充分发掘、发挥自身的能力。文化教学无论在方法上还是在理论上都有别于传统的语言教学。其中最显著的特点是不局限于对语言材料做机械的、枯燥的解词释义,即不就词讲词或就语法讲语法,而是通过语言看文化,通过语言文化的比较了解不同民族的生活习惯和不同的语言特点,使教学内容由原来的枯燥、单一转向丰富、生动,从而引起学生探索语言的热情。比如,apple 在汉语里对应的词是"苹果"或"苹果树",而英语里的 apple 有许多引申意义,如

custard apple(番荔枝)、love apple(番茄)、crab apple(海棠)、wise apple(傲慢的年轻人)、the apple of one's eye(掌上明珠)、the Big Apple(纽约城)、as American as apple pie(典型美国式的,地道美国式的)。还有许多具有深层意义的词语,如 apple of discord 指的是争端、祸根,源于希腊神话中三个最漂亮的女神争夺金苹果的故事;apple of Sodom 或者 Dead Sea apple 指的是索多姆地方的果子,传说中的一种产于死海附近的果子,外表美丽,但摘下来便化为灰烬,现转义为华而不实的东西、虚有其表的事物。学生通过汉英词语的比较以及对一些典故的了解,会极大地激发学习英语的兴趣,既学到了语言知识,又领略了英美民族的传统文化。

三、交际能力与文化教学的关系

交际能力与交际文化之间的关系是密切相连的,但不同文化的成员对于交际行为会做出不同的解释。简单地讲,交际能力就是要有与他人进行有益对话的能力,有与陌生人交往的能力,有处理与别人交际时出现的误解的能力,有适应不同文化、不同交际风格的能力,有建立和维护人际关系的能力和准确理解别人情感的能力,有与别人有效合作的能力和情感同化的能力,有与不同社会习俗和行为方式的人进行成功交际的能力等。

英语教学的根本目的就是实现跨文化交际,就是为了与不同文化背景的人进行交流。全面提高英语教学的效率和质量,大幅度地提高学生的英语应用能力,既是中国国民经济发展的迫切需要,同时也是跨世纪中国高校教育的一项紧迫任务。为了实现这个目标,需要我们正确认识到英语教学是跨文化教学的一环,将语言看作是与文化、社会密不可分的一个整体,并在教学大纲、教材、课堂教学、语言测试以及英语的第二课堂里全面反映出来。跨文化交际者不能仅仅只掌握有关文化差异和文化标准方面的知识,因为这些知识尚不能保证在具体的相互交际过程中从陌生的表达方式里识别出不同文化差异和文化标准。

四、大学英语教学引入跨文化交际的必要性

(一)英语教学和跨文化交际

英语教学的最终目的是使学生运用所学的语言进行交际,跨文化交际既是英语教学的目的,也是英语教学的手段。在英语教学中应体现交际性,不但要传授语言结构知识,而且要将语言结构运用到一定的交际情景中。美国外语教学协会在其提出的外语能力学习中已将文化教学列入交际能力的内容。他们认为语言首先是一种社会实践,交际能力应包括语言、功能、语境和交际者之间的关系。语言指掌握语法知识;功能指运用听、说、读、写四方面的能力;语境指选择与所处语境、话语场合相适应的话语;交际者之间的关系是指根据对方的身份、地位、社会距离,说出合乎自己身份的话语。其中后三个方面综合起来就是语言交际得体性。交际能力的培养就是使学生掌握在与对方交流中,根据话题、语境、文化背景讲出得体恰当的话语的能力。因此,在英语教学中,跨文化因素的导入能够使学生更清楚地认识到英语的结构和本质,能够预测、解释、改正和消除母语对英语学习可能产生的障碍,极大地提高英语教学的效果。

(二)语言教学和文化教学

语言是文化的一部分,是一种民族文化的表现与承载形式;文化是语言的底蕴。人类通过语言沟通彼此的思想和感情,同时,语言也存储了前人的劳动和生活经验,记录着民族的历史,反映着民族的经济生活,透视出民族的文化心态,蕴含着民族的思维方式,是文化的载体和结晶。我们可以用已经用以定义文化的完全相同的措辞来定义语言。它包括一个人想要理解的一切,以便能够以一种他们可以接受的与他们自己的方式相对应的方式,与其他语言使用者进行像他们彼此间那样进行的充分交流。从这个意义上来说,一个社会的语言是其文化的一个方面。人类在创造文化的过程中必须

交流思想、协调行动,而语言则是人类最主要的交际工具。与此同时,语言作为思想的直接现实,又是信息和知识的载体。

一个民族各层次的文化必然会在这个民族所说的语言上留有印记,由此体现了语言的文化载储功能。而文化作为语言表现的基本内容,制约着语言的形式,不断地将自己的精髓注入语言之中,丰富和更新着语言的文化内涵。语言是随着民族的发展而发展的,语言是社会民族文化的一个组成部分,两者密不可分,世界上不存在脱离语言的文化,也不存在脱离特定文化背景和内涵的语言。因此,不了解该民族文化就无法真正学好该种语言。

(三)语言能力和交际能力

从广义上来看,交际能力包括语言能力和语用能力。交际能力是语言的构成规则和语言的使用规则在一定情景中的具体运用,作为交际工具的语言不能成为脱离交际活动实践的绝对自足的封闭系统,交际能力的培养必须建立在语言能力的基础之上。在狭义上来看,语言能力也不是指自说自话,它既指规范语言本身,又指规范语言的合理应用。正是在这个意义上,人们同意在性质上对同一事物做以下双向度的区分和描述:语言能力、交际能力。我们应充分注意20世纪50年代以来在世界范围发展起来的一门学术及应用学科——跨文化交际,又叫"比较文化",它强调对语言进行整体研究,强调语言的应用,强调反映语言和语境的关系,注意说话者、听话者、话题、交际方式、时间、地点的统一。

交际能力正是语言的基本结构在语境中的复现,它使语言知识在语境中得以应用。任何话语的运用,往往都同时完成三种行为:一是言内行为,一切以语音表达的有意义的话语以及按句法规则连接的词所表达的概念、意义;二是言外行为,依照说话人和听话人之间存在的特定关系而进行的言语行为;三是言后行为,其功能并不直接体现于话语之中,而取决于言语的情境。在这里,言内行为已超脱传统意义上的语义学、句法学的范畴,而是视言外行为和言后行为的需要呈现出语言所固有的丰富品格。也就是说,三者协调一致,共同完成话语的表意功能。

(四)语言、文化与交际"三位一体"的关系

文化被视为信仰、价值观、习俗和行为举止的一个共享体系,人们用其与他人和世界交流,并通过学习的方式将其传承。这就说明,文化由共享的行为模式(交际)和意义系统(语言)组成。另一种观点则认为,文化包括物质实体、价值观、行为模式等要素。文化是一个社会成员共同拥有、所思考和所做的一切。也就是说,语言和交际是文化的一部分,即语言、交际和文化是不可分割的一个整体。

在由语言、文化与交际共同构成的人类活动体系中,语言是重要的交际模式,文化是交际依存的环境,交际是信息传递的过程。交际不仅传递思想内容,而且传递有关交际双方之间关系的信息。前者主要是通过语言传递,后者往往是通过非语言手段传递。在整个交际过程中,语境起着非常重要的作用。语境包括两方面:地理位置和周围布置等客观环境,以及人际关系等社会文化环境。这些环境因素不仅直接影响语言的使用和非语言行为,而且对所传递信息的感知和理解也产生影响。而环境本身蕴含丰富的文化内容,来自不同文化背景的人会对相同的客观环境和社会文化环境持有完全不同的理解,因此可以说,文化决定着语言和交际。

语言的使用反映了人们的价值观念、生活方式和思维习惯,而社会文化的发展变化是语言赖以生存和发展的基础,交际则是联系语言和文化的纽带。因此,语言、文化与交际之间是一种水乳交融、不可分割的"三位一体"的关系。

总而言之,在语言、文化、跨文化交际三者的关系中,语言反映文化,文化影响语言的使用和发展;在以一种语言为媒介的跨文化交际中,交际者应遵循该语言的文化语用规则。英语教学的最终目的在于使学生掌握并熟练运用地道的英语,并能结合英语国家的文化规范,运用准确的英语进行交际。在英语教学中,必须将跨文化的交际性作为教学的主导原则,以语言的

应用及交际能力为出发点设计教学。教师应意识到跨文化交际教学是英语教学过程的一个重要环节,教师有责任提高学生的跨文化意识,在传授语言的同时同步传授文化知识。在英语教学中,不仅要注意语言结构的教学,而且要注意将比较文化引入英语教学中,注重英语的功能、交际和语用方面的教学,以帮助学生正确熟练地学习使用英语母语者普遍接受的英语,即地道的英语。

五、跨文化交际能力与大学英语教学融合的背景

大学生跨文化交际能力的培养已成为国内外英语教育界广泛关注的课题。《外语类专业本科教学质量国家标准》明确了跨文化交际能力在大学英语教学和英语专业教学中的重要地位和发展路径,为全国高校下一步教学改革指明了方向。语言是文化的载体,大学英语教学的过程在某种程度上,也是跨文化交际能力的培养过程。但在教学操作层面,语言技能与跨文化交际能力的结合仍然呈碎片化,缺乏系统性。目前,我国大学英语课程体系内,有单独开设的跨文化交际课程,但对语言学习的关注不够;也有涉猎跨文化交际内容的英语技能课,但将英语技能与跨文化交际技能有机融合的课堂教学实践却不多。联合国教科文组织颁布的《跨文化教育指南》明确指出跨文化教育不是一门独立的、新增加的学校课程,它的理念应该融入学校的教育体制和各门课程的教学,尤其是英语教学在其中发挥着非常重要的作用。有鉴于此,大学英语课堂作为培养跨文化交际能力的重要场所,践行跨文化交际能力培养目标的一条切实有效途径就是将跨文化交际有机融入大学英语教学,通过设计、实施、检验有针对性的教学目标和任务,实现学生语言能力和跨文化交际能力的同步发展。

六、跨文化交际能力与大学英语教学融合的原则

(1)相关性原则。跨文化交际的目的是提升学生的英语能力,尤其是提

升其英语交际能力,因此相关的培养工作都应当将教材内容和日常交际衔接在一起,激发学生学习语言和文化的兴趣,在实景教学中提高学生的文化内涵。

(2)适度性原则。大学英语教学任务开展应当重视学生的学习能力,保持跨文化交际的适度性,增强英语交际的针对性,避免由于教学难度过高引起学生的抵触情绪。

(3)综合性原则。跨文化交际能力涉及多学科的内容,这就需要学生进行学科间的穿插学习,把所学的知识和英语结合在一起,完成各类知识归纳总结。

(4)实践性原则。在英语教学跨文化交际过程中,教师要引导学生把英语应用到实践中,在实践中提升学生的英语应用能力,跨文化交际不能仅仅从书本中学习知识,更应当融入真实场景中,在动态真实的背景下获得体验和训练。

(5)系统性原则。跨文化交际的融合要保持连续的动态过程,有层次系统地开展教学工作,减少教学随意性,提高跨文化交际的针对性。

七、跨文化交际教学中教师身份的重构与跨文化意识的提高

(一)身份的要义

身份首要解决"我是谁"这个问题,只有清楚了自己是谁,才能采取相应的交际策略与他者互动,因此了解自身和对方的身份是互动的起点,更是跨文化互动的起点。大学英语教师也与其他任何互动的双方一样,需要自审"我是谁",而且因其特殊的职业角色,其身份构成更为复杂。

总的来说,身份是社会学术语中的主要词语之一,常出现在社会学互动理论中。社会学的互动理论视角更注重社会的微观方面,主要考察人们在日常生活中如何交往,又如何使这种交往产生实质性意义。社会学互动理论认为,在某种意义上,社会结构最终是由行为体的行为和互动所构成和

保持的，因而互动论致力于发现人际互动的基本过程。美国国际关系学者亚历山大·温特(Alexander Wendt)的建构主义理论便是建立在互动理论基础上的。温特认为互动双方——自我与他者的身份是在互动中建构的。他将身份定义为"有意图行为体的属性，它可以产生动机和行为特征"。显然，身份作为交际者的属性并非静止的，它在确立后也会随着互动的发展而不断调整、变化。这说明，身份是动态的，可以在互动中建构，是随着互动进程的发展而发展变化的，更确切地讲，互动的结构中形成的共有观念使双方的身份得到进化。共有观念是温特建构主义的核心词汇，在建构中起到至关重要的作用，而共有观念即文化。由此可见，互动中的文化与互动者身份之间存在建构关系。

此外，一个行为体的身份是多重的有机结合的复合物。行为体的多样身份并不孤立存在，而是以情境为基础结合起来。情境不同，行为体的身份也会不同。社会心理学家约翰·特纳(John Turner)将身份分为三类，即作为人的身份、社会身份及个性身份。其中行为体的社会身份表明其社会团体的归属，如民族、职业、年龄、家乡等。显然，社会性与文化是不可分割的，社会属性为行为体身份打下深深的文化烙印。在跨文化交际中，社会身份自然是重点研究的对象。

如上所述，情境不同，行为体的身份亦不同。一个行为体的身份是多重的、复杂的，根据不同的情境，行为体会自然选择不同的身份与他者互动。例如，在教室这一情境中，某人可能是教师，但同一个人在家庭中，其身份可能是母亲、妻子等。

总之，一个行为体的身份是在互动的过程中形成的，它是多重的，而且不是一成不变的，而是会随着互动的发展而发展变化，是个不断建构的概念。其建构的来源是互动结构中不断形成的新的共有观念，即文化。情境对互动者在交际过程中选择何种身份起决定性作用。

(二)教师的身份建构

需要说明的是,为了避免过于复杂而影响重点,可将大学英语教师当作一个文化主体进行分析,也就是说需要探讨大学英语教师作为一个文化群体的身份特点。当然,需要注意的是,不同的个性特点对大学英语教师的身份建构也具有重要影响。

身份是交际者在互动过程中形成的,互动中形成的共有知识又与交际者形成建构关系,促使其身份不断变化、发展。教学活动也是一种交际过程,在这一过程中教师明显与学生形成互动关系。但是,在英语教师的教学活动中还存在一个交际对象,对教师的身份建构起到重要作用,这个交际对象就是教学材料。与文本的交流是种特殊的交流形式,是单向式交流过程。读者不断与文本互动,从文本中获得新的观念、知识。身份就是指一个人经过反思形成的自我概念或自我形象。而在与文本的交流中,读者从文本获取的新的观念、知识反过来作用在读者身上,使其不断自省、反思,形成读者的身份,使其原有的身份得以发展。大学英语教师在与文本的互动过程中,其身份也如其他读者一样,存在重新建构的可能性。此外,由于其所交流的文本的特殊性,大学英语教师面临特殊的身份建构过程。大学英语教师母语一般为汉语,但其交流的文本却是英语,这使得教师与文本的交流过程变为跨文化交际的过程,教师身份面临跨文化的发展建构。

但是,大学英语教师面对的教学材料,如文本是否可以构成文化环境呢?众所周知,语言是文化的重要组成部分,是文化的重要载体和表现形式。而用于大学英语教学的文本由于其本身的特色,使得这些文字本身构成由文字形成的文化、社会环境。大学英语教师的教学对象很多是非英语专业学生。大学英语教材在帮助学生学习语言知识的同时,也试图给学生呈现纷繁复杂的现实社会,以使学生了解语言是如何在真实的社会、文化环境中使用。

此外,以话题为主线进行单元设置使学生有机会了解英美社会的方方面面,而且在内容难度设置上符合大学生的认知特点,利用文字对社会、文化深入挖掘,触及文化体系及价值观。虽然各个领域的研究者们对文化做出了纷繁复杂的表述,但我们发现文化大致可由表象到本质,由具体到抽象分为三个层次。最表层的是物质文化,如上述某些概念中提到的技艺、绘画、建筑、礼仪、器物文化等;更内层的是制度文化,包括政治制度、经济制度、社会制度和法律制度等;最深层的是思想、信仰和道德等,其核心便是文化价值观。

(三)教师的身份重建与跨文化意识的提高

英语教师在教学过程中身份的重建与跨文化意识的提高有必然联系。面对新文化环境时,个体一般会经历若干阶段。不同的文化学者绘制不同的阶段,但在他们的描述中,都有一个共同的阶段,即文化休克期。在这一阶段,个体在新文化环境里不仅感到沮丧,而且严重的会产生器质性疾病。个体一旦成功跨越这一阶段,不仅会内化新的文化知识,如新的价值观、标准等,而且会发展新文化身份,因此跨越的过程也是跨文化意识提高的过程。对于大学英语教师而言,虽然其并未生活在真实的新文化环境中,但在与新文化文本、音视频材料接触的过程中,也会面临无法理解、欣赏新文化知识等问题,这些问题产生的根源与文化休克产生的原因极为相似。

人类的价值观因在早年生活中习得,故变得非常自然,以无意识状态存在于我们的大脑中。在与新文化的接触中,这些价值观会成为我们评判新文化的依据。因此受自身文化的影响,我们会在一个与原来文化不同的环境中感到压力、无助。显然,个体负面情绪产生的原因是无法理解新文化并认同新文化。英语教师处于由文本等新文化知识构成的情境中,也会不自觉地以自己的传统价值观评判新文化,而出现对新文化无法理解、不能认同等问题。其后果反映在教学活动中便是对新文化知识潦草处理或干脆省略,不做处理,使学生失去了深入了解新文化的机会。因此,理解传统文化和新文化间的不同之处,客观理解新文化,不仅能够帮助教师内化新的文化知识,丰富、重建自身的文化身份,而且这个过程也是自身跨文化意识的提高过程。最终,通过教师有意识的引导,这种提高会反馈在学生英语学习中。

对于英语教师而言,如何才能尽量减少自身传统价值观的影响,客观理解新文化呢?简单而言,我们可以在心理上养成时刻留意的习惯,在心智上积极扩充关于新文化的知识,并在行动上运用相关的技巧。

首先,心理上养成时刻留意的习惯是应对的基础和起点。心理上的时刻留意也意味着时刻警觉,其实质是要求英语教师保持对文化的心理敏感度。教师也如其他生活在本族文化情境下的个体一样,深刻地受到本族文化的影响,自然形成某种文化价值观。但这种价值观基本是隐性存在于个体头脑中,对人们的认知、评判及行动产生潜移默化的影响。因此,个体需要时刻提醒自己,感知本族文化情境并深入挖掘本族文化嵌入个体头脑中的那些以无意识状态存在的知识。作为传授新文化语言和知识的教师,更应比普通个体保持警觉,时刻注意内省,体验本族文化给自己带来的影响,并深入挖掘潜藏在心智深处的文化知识,努力将潜意识的本族文化知识上升到意识层面来分析。

时刻留意的态度也意味着对新文化不同之处的留意。但这种留意是不带有任何感情色彩的,即对新文化的不同之处努力采取客观看待的态度,而不急于做快速的评判,避免文化中心主义对我们的影响。文化中心主义是个体与新文化接触后自然发生的一种情感。个体对新文化很难保持客观的态度,人类对与己不同的文化具有一种优越感,这是人类的自然趋向性。在此基础上形成的文化中心主义认为自己的文化是所有文化的中心,自己的文化高人一等。文化中心主义就像一扇窗,本族文化就以自己的角度从这扇窗往外看,以此感受、了解并评判其他所有文化,导致对其他文化的主观评价。显然,文化中心主义会使我们对新文化的认识产生偏见,阻碍我们对新文化的理解和交流,有碍跨文化意识的提高。但因其是人类自然的天性,避免起来有相当难度。因此,英语教师更要时刻保持留意、警觉的态度,观察自己面对新文化文本及语境时,是否受到文化中心主义的干扰,在教学中情不自禁地表现出对自己文化的扬和对新文化的抑。努力客观地将新文化知识传授给学生,减少主观评论带来的对新文化的曲解。教师对自我有意识的监控和调整过程,实际上也是自我文化身份进行调整和重建的过程,也是跨文化意识提高的过程。

其次,在时刻留意、保持警觉态度的基础上,个体还应不断掌握、积累关于新文化的知识。有时因为知识储备不足,教师很可能忽略或放弃对教材中某些有文化内涵的语言现象做深入挖掘,也使学生失去了学习的机会。例如,有学者在教学中发现,新视野(第二版)第四册第五单元 A 课文经常被简单化处理,其中丰富的文化内涵没有得到挖掘。该文有关美国文化,而且主题 solitude 相当具有文化内涵。如果没有文化知识的积累,教师很可能将该单词一语带过。但实际上 solitude 这个单词与美国著名的超验主义学者拉尔夫·沃尔多·爱默生(Ralph W. Emerson)有密切关系。爱默生提倡个体主义精神,深刻地影响了美国文化的发展。在他看来,个体是具有潜力的,通过在自然中独处(solitude)获得顿悟,最终能够不断升华。因此,solitude 是理解美国个体主义传统文化的一个重要路标。如果教师能够在课堂上将该词的文化内涵传递给学生,可极大地帮助他们以此为线索,独立、广泛地探索新文化。显然,教师在处理教学材料时,应时刻留意字里行间哪些地方是能够进行文化挖掘的,时刻保持对文字的敏感度。而这种敏感度的形成是需要教师深厚的文化知识为保障的。在获得知识的过程中,通过对知识的理解、内化,教师的文化身份得以延展,其跨文化意识也相应得到提高。

最后,在真实生活环境中,个体还可以通过有意识的实践来更好地理解新文化,如学习理解新文化中各种符号、象征,认识新文化中的英雄及实践新文化仪式等。但对于英语教学而言,除了在教学中有意识地介绍、解读并理解新文化中的象征、符号、英雄及文化仪式等,我们更要将具体的实践形式转变为运用某些学习技能提高对新文化的理解力。

比较和对比是行之有效的方法。将本族文化和新文化进行对比,找出相同点和不同点并进行分析,能够清晰、明确地了解文化差异,有助于对新文化的理解。当然,对于英语教师而言,找出相同点和不同点只是第一步,重要的是能够透过现象看到文化的本质。通过相同点,我们可了解文化的共同性,而通过不同点,我们更需要直击文化内核,能够从价值观层面来解释,以便更深入地理解和把握新文化。比如,涉及中西方文化不同的现象时,我们一般可从集体主义和个体主义的文化维度进行解释。这个维度是跨文化交际学中最基本的文化维度之一,反映了中西不同文化的价值观。在具体的教学活动中,英语教师可通过教材提供的文本案例,先帮助学生归纳出中西文化相同点和不同点,而后进行进一步分析,找出不同之处的根源所在,引导学生从集体主义和个体主义价值观的高度来讨论现象的不同。这样的教学要求教师自身的素质提高,建构自己的文化理论高度,并重新以新的视野审视教学素材。其结果不言而喻,在这一过程中,其获得的理论知识提供给教师进行比较分析的新角度、新内涵,有力地帮助了教师身份的建构,并使教师的跨文化意识得到提高。

写反思日志也是很好的方法。反思日志能够提高教师的教学反思能力。美国学者波斯纳(G. J. Posner)认为,反思可以帮助教师成长。众所周知,他提出了教师成长公式,即教师的成长=经验+反思。没有反思的经验是狭隘的经验,至多只能形成肤浅的知识。只有经过反思,教师的经验方能上升到一定的高度,并对后继行为产生影响。可见,只有经过反思,教师才能使原有的经验不断地得到提升,每天都在教学中成长进步。通过教学反思教师每天都会有新的发现、获得新的启发,帮助他们走出封闭,超越自我。当然,对于英语教师而言,通过思考和学习,将对英语语言和文化的洞察和理解以语言的形式反馈下来,成为自己跨文化方面新的体验和经历。这种自觉的、有意识的做法,有效地帮助了英语教师跨文化意识的提高,同时也实现了其身份的重建。

　　总之,从事英语教学的教师与教学材料的接触过程也是一种跨文化交际过程,在这一过程中教师的身份会随着与教学材料的认识、理解而得到建构。在建构过程中,英语教师同样会面临与在新文化环境中生活的跨文化者相似的跨文化体验阶段,其中最为重要的阶段是文化休克阶段。虽然语言教师面临的文化休克的表现形式与在真实环境中生活的人们表现有所不同,但其形成原因极为相像,都是源于交际者自身的文化价值观。这种价值观基本是隐性存在于个体头脑中,对人们的认知、评判及行动产生潜移默化的影响。在教学活动中,教师如果能够采用积极有效的策略应对自身价值观的影响,不仅能够成功地克服文化休克,提高自身的跨文化意识,以新视野、新角度重新定位自身,而且还能够有意识地、有针对性地对学生的英语学习予以高效指导,帮助学生顺利地进行语言、文化的学习。

第三章

大学英语教学跨文化交际能力的培养

第一节 跨文化意识与跨文化交际能力的培养

一、跨文化意识的培养

无论哪一个民族、哪一个语言群体的文化,都是由很多种不同意义的符号构成的,而语言只是其中一种主要的意义符号构成体系,与构成文化意义语言符号体系相对应的非语言交际体系共同构成了文化意义符号整个系统中相辅相成的核心性内容。一个民族的文化的传播以及传承,不仅仅需要通过语言教学与文化学习的习得来进行,同时,还有一套非语言性的符号系统对文化的传承及传播发挥着有意或者无意的作用。总而言之,不管是语言系统的文化符号构成体系还是非语言系统的文化符号构成体系,都是文化意义符号构成的重要构成部分,都归属于一个民族的大文化环境中,受民族的大文化环境的影响与制约,这是最终导致不同的民族之间在文化方面产生的语言行为以及非语言行为存在差异的原因。

我国的语言学者贾玉新将人类的交流方式分为两种主要形式,即语言行为与非语言行为。其中非语言行为指人类在交际互动过程中用来进行信息交换的一切语言行为之外的信息,包括身体行为、肢体行为、目光行为,以及在与人进行交谈时所保持的礼貌的身体距离、沉默行为,乃至于音量行为、绘画行为、交际时的衣着装扮行为等。这些不属于语言的非语言行为在人类的交际过程中都是可以用来传递一定的信息、情感的,甚至借助这些非语言行为,可以判断一个人的身份地位、学识教养等。

在不同的民族文化规范当中,有着不尽相同的非语言交际规则,对于这些"隐形"规则,本民族的语言使用者基本都是在一种无意识的状态中自觉遵循的。正因为对于非语言交际的习得是一种自然而然的、无意识的行为,因此,对于非本民族的语言学习者来说,学习目的语民族文化的非语言交际就比较困难了。基于此,在大学英语教学过程中,对于跨文化交际的文化差异性问题,最主要应该面对的就是交际过程中对于目的语民族文化中的非语言交际行为的学习。这是最容易使人在跨文化交际过程中发生误会的部分。为了使学习者能够对不同民族文化之间存在的时空观有着更进一步的认识与理解,接下来就对身势语和体距语进行重点分析。

(一)身势语

在非语言交际行为中,身势语是一种极为主要的非语言行为。它主要包括目光语、手势、身体姿势、举止动作及触觉等方面的内容。在不同的文化当中,即使是同一个身势语,其所表达的意义也是不尽相同的,所蕴含的社会功能也是不同的。正是因为这种表达意义与社会功能的不同,在跨文化交际过程中这些非语言交际行为产生误会的可能性就大大增加了,甚至还会产生较为严重的交际后果。举例来说,同样是一个伸舌头的行为语言,在不同的文化中所表达的情感意义则是完全不同的。在美国文化中,伸舌头表示的是对交际对象的轻蔑,而在我国的藏族文化当中,则是表示尊重,但是在我们的汉语文化中,伸舌头表达的则是惊愕的意思。

(二)体距语

体距语指的是交际者通过身体空间的距离传达出的信息,就是我们常说的人际空间或者是人际距离行为。在不同的民族文化当中,对于体距语有着不同的要求与表现。举例来说,在美国文化中,对于身体距离的要求是,除了自己最为亲近的父母、配偶、儿女,一般和人交际时保持的身体距离是1.2米以外。然而,在阿拉伯民族文化中,交际的体距则非常近,可能是能够让彼此身体触碰到的距离。

需要明白的一点是,我们对于跨文化交际的非语言行为的学习,并不只是为了使学习者能够对目的语民族文化中的非语言交际行为有一定的认识与理解,更是为了能够使语言学习者对目的语民族的非语言行为同本民族的母语文化中的非语言行为进行对比,从而在比较中不断地调整自己的非语言行为,减少跨文化交际中因为非语言行为而产生的矛盾冲突。

二、跨文化交际能力的培养

对于外语学习来说,我们倡导进行文化教学最主要的目的是能够在跨文化交际过程中进行文化调适,也就是在很好地保证自己母语文化身份的同时,能够对目的语的民族文化有所理解和认识,以便于更好地同目的语群体进行恰当得体的沟通交流。但是,这也并不是外语教学中融入文化教学的最终目的。在外语教学中融入文化教学的终极目标是使语言学习者能够通过外语文化学习,了解不同民族的文化,在认识这些不同的民族文化的基础上找出语言与跨文化交际的一些共同的规律,在增强语言学习者跨文化意识的同时更好地提升学习者的跨文化交际能力,从而成为具有跨文化交际能力的人才。这才是我们倡导在大学英语教学过程中有效融入文化教学的最终目的。

跨文化交际能力是一个极为复杂的概念,其中涉及很多的因素和层面。我国学者张红玲在凡蒂尼的跨文化交际能力理论研究的基础上提出了跨文化交际能力的理论架构,具体内容如下:①在跨文化交际能力的培养中,要有意识地培养语言学习者的自我意识,承认跨文化交际过程中存在着民族中心主义及文化偏见,要有意识地努力消除存在的文化偏见。②努力培养语言学习者对于异域民族文化的浓厚兴趣,面对异域民族文化形成开放、包容的移情态度。③注意培养语言学习者的文化相对论思想与跨文化意识。④语言学习者能够在跨文化交际能力的培养过程中不断地学习本民族母语文化与目的语民族文化知识,并能够对不同民族的文化做出比较、分析,找出彼此之间的异同。⑤语言学习者要认真地学习目的语民族的非语言行为,更好地认识其非语言行为的意义表达系统,理解不同文化之间存在的差异。⑥语言学习者要涉猎与文化学、心理学、社会学等相关的知识,对文化及文化学的本质能够认识、理解、掌握,从而更好地抓住跨文化交际过程中存在的普遍性的规律。⑦对于跨文化交际过程中可能遇到的不熟悉的、模糊的环境,语言学习者要及时调整自我心理,面对可能发生的文化冲突,灵活应对。⑧要培养自己应对跨文化交际问题的灵活性与适应性,在跨文化交际过程中能够根据交际对象的风格以及语言群体的不同灵活调整自己的语言行为。⑨要经常对本民族母语文化做一些反思,对于自己在跨文化交际过程中的行为、语言也时常进行反省。

语言学习者提高自身的跨文化交际能力的最终目的是使自己跨越本民族语言文化以及目的语民族文化之间的界限与鸿沟,冲破具体文化的种种制约和束缚,理解和认识不同的语言民族文化的思维方式、生活方式、价值观念等,开阔自己的文化、思维视野。

(一)培养大学生跨文化交际能力的重要性

随着经济全球化趋势的不断增强,各国之间的联系越来越紧密,交流越来越频繁。若不能对其他国家的文化有深入的了解,很容易在交流的过程中产生矛盾,不利于世界和平。文化是各国之间进行交流和合作的中间纽带,因此各国文化之间的渗透和融合是一种大趋势、新潮流。为顺应时代的发展,避免在交流过程中因为对彼此的文化不了解而产生严重的误解,适时地进行跨文化交际能力的培养具有重大意义,同时也是大学生寻求自身获得的必然需要。

1959年美国人类学家爱德华·霍尔(Edward Hall)提出了跨文化交际这一概念,使之成为一个独立的研究学科。当来自一种文化背景的人传递出信息,并希望来自不同文化背景的人理解时,跨文化交际就产生了。人们在进行跨文化交际时会判断和评价彼此的行为,这种判断和评价往往会基于我们自身的文化认知,我们甚至意识不到这种文化认知对我们所做判断的影响。绝大多数人并不是有意歧视或孤立他人,或是对他人做出错误的评价的,但这种无意识行为的破坏性极强。为解决上述问题,我们应做出以下努力。

1. 消除文化"失语症"和"自闭症"

跨文化交际能力的培养首先应当加强母语文化教育,培养文化平等意识,从而消除英语教学中的"中国文化失语症"。现实中,许多英语水平较高的青年学者无法用英语表达母语文化。究其原因有二:其一,因为对中国文化知之甚少,很多学生用汉语都解释不清中国文化中的很多概念;其二,不知如何用英语去表达自己的文化。这种普遍存在的母语文化失语症暴露了我国大学英语教学的一大缺陷,即注重对目的语文化的导入而忽视对母语文化意识的培养,过分强调对英美文化的学习而忽视对中国文化的输入。如果我们培养的学生"开口必罗马",只能用西方语言言说西方,成为西方文化的传声筒,或是针对西方人对中国文化的误解和误读缺乏适当得体的表达方式,这种教育带来的后果不堪设想。

消除母语文化失语症应在大学英语教学中加强母语文化教育,不断渗透中国文化元素,培养学生强烈的民族自豪感和文化平等意识。中国文化元素介入英语专业文学课堂的可行性途径主要包括三点:一是增设中国文化类的英语辅助选修课程;二是在文学课程大纲中加入反映中国文化语境的优秀英语文学作品,如中国作家所著的英文名著、英语国家华裔作家作品,以及英美名家创作的反映中国社会的英语作品;三是在教学过程中注重实践培养,强化学习者目的语文化和母语文化的双向交流,例如在英语戏剧的学习中,鼓励学生在中国语境中改编英语原剧,获得文化融合碰撞的真切体验。

在经济全球化的语境下,跨文化交际只有通过平等双向的交流,才能实现沟通的双赢和多赢。英语专业文学教学中阻碍跨文化意识建构的另一疾症为教学中普遍存在的文化自闭症。这种自闭症并非固守母语文化,排斥英语文化,而是指有意或无意地斩断英语文学与他国文学之间的交流与联系,人为地屏蔽异质文化的影响,强行将英语文学置于一个封闭的文化系统中进行单向诠释。这种自闭症在我国英美文学教师中普遍存在,在其内心深处潜藏着这样一种理论预设:英美文学与文化是一个自足与自为的存在,是一个独立的文化实体,与其他文化形态无关。

因此,大学英语专业英美文学教学往往只涉及英美文学本体,而将其他文学与文化排斥在外。这里所指的其他文学与文化既包含被普遍忽视的英美以外的英语国家文学,同时也包括以中国文学为典型代表的非英语文学。这种自闭倾向很容易妨碍学习者建构关于英美文学与文化的全面、正确的认识谱系和图式,并使得英美文学教学与经济全球化语境中活跃的文化交流与对话的强劲潮流相背离,进而形成对异族文化的错觉与偏执。由于英美文学大量的阅读量无法得到保证,或是由于学生认为文学学习没有使用价值而缺乏学习热情,使得文学学习演化为文化知识的死记硬背,这客观上导致了跨文化交际中目的语文化自闭症现象的产生。这种问题的解决需要教师从教材选用到教学实施的全过程,都坚持系统性原则,结合授课时间选取适量文本,力求保留文学发展概貌的完整性,同时应留有学时适量加入文学文化比较研究的教学内容。在多维度文化导入的教学过程中,应由浅入深,分层导入。除文本教学以外,教师应鼓励学生将本民族文化带进外国文学课堂,围绕真实问题进行讨论,让学生在多维互动的教学模式中完成文化知识的建构,培养跨文化交际能力中最为核心的文化移情能力。

同时,消除文化自闭症还应着力培养学生接受文化差异的跨文化伦理思辨。黄万华教授在研究海外华人文学中提出了跨文化意识中的"异"视野和"异"形态的概念,对人们理解英语专业文学教学中对目的语文化所应持有的文化态度有很大启发。海外华人作家具有较为自觉的跨文化意识,这使得他们能从自身的文化视角理解自己的文化,然后较自觉地把这种认知当作理解其他民族文化的基础,从而在跨文化互动中有效地揭示他人的行为,接纳他人的情感,理解差异中的互补性,甚至相通性。对他族文化的"异"感受可能是消极的,如恐惧、迷醉或是鄙夷。只有在感知西方文化的"异"中避免将他族文化"异类化",摆脱对西方文化的"异歧视"或者"异崇拜",同时认同自我,才能树立真正的文化平等意识,达到一种文化融合的境界。在英语文学教学中,指导学生阅读海外华人优秀的文学作品,对培养"祛迷"的跨文化意识来说,不失为一种有效途径。海外华人文学既要表达维系自己民族文化之根的焦虑(其中也包含对于被同化的警觉和抵制),又要传达出与"异"民族真正沟通的愿望,这要求作家在处理异族题材上比在处理其他文化差别的课题上,有更敏锐的洞察力和更加开放的胸襟,从而从自己民族的文化传统出发,去接纳具有世界性的普遍性价值。

2. 达到《普通高等学校本科专业类教学质量国家标准》的要求

2018年,教育部发布了《普通高等学校本科专业类教学质量国家标准》(以下简称《国标》),其中明确将跨文化交际能力作为外语类专业学生应具备的能力要求之一,并指出专业核心课程应包括文化类课程,这充分说明了在大学英语教学中进行跨文化交际能力培养的重要性。《国标》中对于外语类专业人才给出了具体的培养方向。

(1)培养目标。

外语类专业旨在培养具有良好的综合素质、扎实的外语基本功和专业知识,适应我国对外交流、国家与地方经济社会发展、各类涉外行业、外语教育与学术研究需要的外语语种专业人才和复合型外语人才。各高校应根据自身办学实际和人才培养定位,参照上述要求,制定合理的培养目标。培养目标应保持相对稳定,但同时应根据社会、经济和文化的发展需要,适时进行调整和完善。

(2)培养要求。

1)素质要求。外语类专业学生应具有正确的世界观、人生观和价值观,良好的道德品质,家国情怀和国际视野,社会责任感,人文与科学素养,合作精神、创新精神以及学科基本素养。

2)知识要求。外语类专业学生应掌握外国语言知识、外国文学知识,熟悉中国语言文化知识,了解相关专业知识以及人文社会科学与自然科学基础知识,形成跨学科知识结构,体现专业特色。

3)能力要求。外语类专业学生应具备外语运用能力、文学赏析能力、跨文化交际能力、思辨能力,以及一定的研究能力、创新能力、信息技术应用能力、自主学习能力和实践能力。其中,跨文化交际能力是指尊重世界文化多样性,具有跨文化同理心和批判性文化意识;掌握基本的跨文化研究理论知识和分析方法,理解中外文化的基本特点和异同;能对不同文化现象、文本进行阐释和评价;能有效和恰当地进行跨文化沟通;能帮助不同文化背景的人进行有效的跨文化沟通。

所以,按照《国标》的要求,在大学英语教学的过程中,培养学生的跨文化交际能力可以满足时代的发展要求,迎合社会的发展需求,而且能够在一定程度上提高大学英语的教学质量。目前,在大学英语教学中,教师往往强调学生对语法结构、词汇、词组的学习,侧重于提高学生的口语能力,而错误地认为,跨文化交际能力的培养不仅对学生学习成绩的提高没有实质性作用,而且对于学生英语应用能力的提高也毫无帮助。实际上,跨文化交际能力的培养不仅有利于学生对英语词汇、语法的理解和掌握,而且有助于学生对阅读理解题中文章的理解,从而提高应试成绩。另外,通过提高学生的跨文化交际能力,还有利于学生克服由于缺乏英语文化知识而造成的跨文交流障碍。由此看来,跨文化交际能力的提高有利于学生英语应用能力的提高。

(二)跨文化交际能力培养的主要模式

跨文化交际能力已经成为当今世界一种不可缺少的能力,关于跨文化交际能力培养的理论研究和实践培训,很多学者从不同角度提出了各自的模式。这里,我们介绍三种主要的模式。

1. 构成三分模式

构成三分模式根据心理学理论,将跨文化交际能力分为认知、情感、行为三个层面。认知层面包括对目的语文化知识和对自身价值的认识;情感层面包括对不确定性的容忍度、灵活性、共情能力、判断能力;行为层面包括解决问题的能力、建立关系的能力、在跨文化情境中完成任务的能力。这种模式为跨文化交际能力的培养提供了一个总体的心理学理论框架,使研究有了更加明确的方向。

2. 行为中心模式

行为中心模式以跨文化交际能力培养为中心,它的关注点是交际行为或外部结果,亦被称为功效。功效一般包括跨文化情境中的个人适应、人际互动、任务完成情况。其中任务完成情况最重要,良好的个人文化适应和人际互动,能帮助人们在跨文化情境中有效地完成工作任务。

这种培养模式在中外企业员工培训中被广泛应用。例如,中国某个企业需要派遣职员去美国当地一公司交涉合作事项,那么该企业则需对所要派遣的人员进行美国商业协商宴会等正式场合礼仪等的培训,使其具备相应的商业交涉能力,并能在与对方企业的交涉中表现出得当的言行举止,以保证商业合作的成功。

由于行为中心模式是以具体行为目标为基础的,它可以在短期内获得显著的成效,故而特别适合那些需要派遣人员去其他文化环境工作的机构对出国人员进行短期培训。但是,在一般的教育情境中,学生所要学习的目的语文化和行为目标都不明确,也就是说,其今后所要从事的工作及需要进行交流的对象都是不得而知的,因此难以进行有针对性的文化培训,同样地,也不能制定出有效的方式。

3. 知识中心模式

知识中心模式是以培养实践能力为中心的,目前在我国的外语教育中占主导地位。在教学实践中,这种模式强调对文化知识的传授。知识中心模式集中于认知层面,它在课程设置、课堂教学和测试等各个教学环节中都易于操作,因此受到许多教师的欢迎。例如,在学校中可以专门设置如亚洲艺术欣赏、欧洲历史文化等课程,以纯粹的知识传授为目的,从而使学生对此类文化有所认知。

不过,虽然该模式较易实施,但单纯的知识灌输往往枯燥乏味,难以激发学生的学习兴趣,也不利于学生将其应用于实际的情境中。同时,文化具有极其明显的多元性,即使是单一国家的文化的某一方面,也是值得学者终其一生去研究的,故而只是依靠课堂教学或书本学习等知识灌输,是不足以使学生真正掌握某一种文化的。比如,许多国家的餐桌礼仪都可以看作是一门博大精深的学问,其中牵扯到的社会人文因素不计其数。但若是作为一门课程来教授,受课时、内容覆盖广度、学生理解力的差异等因素的制约,授课内容只能略涉皮毛,难以深入。另外,文化是不断发展的,而过于依赖教材和课堂等单一教学方式的知识中心模式就不免会落后于时代的脚步。

总之,跨文化交际能力的培养在当今的时代背景下已成为日益重要的课题,而现有的几种跨文化交际能力培养模式皆各有利弊,因此在真正的教学实践中,我们应注意选择合适的模式。同时,由于现有的模式无法满足时代的需要,我们也应该着力于开创新的、更完善的跨文化交际能力培养模式。

(三)跨文化交际能力培养的具体方法

1. 试错法

试错法是著名哲学家卡尔·波普尔(Karl Popper)对"尝试与消除错误的方法"的简称,他认为科学的发展是通过不断地提出试探性猜测、不断地消除猜测中的错误而实现的。具体来说,试错法是通过不断试验和消除误差,探索具有黑箱性质(即通过外部的输入和输出来认识和理解事物的内部规律)的系统的方法。试错法是纯粹经验性的学习方法。主体行为的成败是根据它趋近目标的程度或达到中间目标的过程评价的。趋近目标的信息反馈给主体,主体就会继续采取成功的行为方式;偏离目标的信息反馈给主体,主体就会避免采取失败的行为方式。通过这种不断尝试和评价,主体就能逐渐达到所要追求的目标。著名心理学家爱德华·李·桑代克(Edward Lee Thorndike)运用猫的实验为试错法提供支持:饥饿的猫被关在笼子里,在笼外食物的诱惑下,猫经过多次尝试最终"学会""打开"笼门。

在试错过程中,选择一个可能的解法应用在待解问题上,经过验证后,如果失败,选择另一个可能的解法再接着尝试下去。整个过程在尝试其中一个解法产生正确结果时结束。

试错学习在英语教学中的表现,可以根据桑代克的"试错学习"理论归纳出三条学习定律:准备律、练习律、效果律。这种学习定律被普遍运用在教学过程中,我们可以结合这些学习定律来进行英语教学。

准备律,即学习者是否会对某种刺激做出反应同他是否做好准备有关。这在英语教学中需要师生双方的配合。首先,英语教师在授课内容和方式上要做足准备,以达到引起学习者兴趣、满足其需求的目的。例如,选好课件,准备相关辅助工具,在教室里装饰有特色的物件等。其次,学习者需要提前预习学习内容,明确学习目标,做到心中有数。在双方充分的前期准备下,教学才能更顺利地进行。

练习律,即经过不断练习和尝试,在错误中找到正确的答案。在英语教学中,教师应鼓励学习者开口说话、多次重复。熟能生巧,多次练习有助于学习者发现发音规律。若其出现错误,除非是特别明显的重大错误,否则不要直接改正。要通过教师领读与学生跟读让学生自己发现错误,学会正确的发音。这是多次练习与试错的重要环节,让学生自己摸索并改正错误,最终深刻记住正确发音。

效果律,即学习在反应对环境产生某种效果时才会发生。若反应结果是令人愉快的,那么学习就会发生;若反应结果是令人烦恼的,那么这种行为反应就会削弱。当英语教师与学生对话时,积极对学生的答案表示肯定与奖励,可以是言语的鼓励或是实质的奖励,使其受到正面反应,激发学生的积极性,提高课堂效率;即使遇到学生犯错,也应从正面进行引导,尽量收到积极效果。

总之,试错学习在英语教学中鼓励大家多练习、犯错并渐悟,在错误中逐渐学习。

2. 分析原因的训练法

跨文化训练方式分为六类:以提供信息为主的训练、分析原因的训练、提高文化敏感度的训练、改变认知行为的训练、体验型的训练和互动式的训练。

分析原因的训练的通常做法是,先叙述在目的语国发生的一件反映文化冲突的事件(一般都是真实发生的事情而非杜撰),然后提供几种不同的解释,由受训者选出他认为合理的解释,然后与正确的答案做比较并展开讨论。这种跨文化训练方式,通俗地说是一种案例分析的训练方式,通过让受训者了解异文化交际中产生的问题事例,发现案例中显现的文化要素与问题点,训练其思考这种文化冲突问题的解决或回避方法。

在分析原因的训练方式中,由于是针对某一特定事件展开分析比较,所以事件的选择对于受训者跨文化交际能力的提高显得尤其重要。在选取冲突事件时,应该做到以下几点。

(1)事件具有典型性。选择的事件必须具有典型性,受训者在参与典型的文化冲突事件的分析过程中,可发掘具有代表性的蕴含在社会文化环境中的信息,此后可以直接运用于跨文化交流的情境中,从而产生良好的训练效果。

(2)事件具有比较性。训练者可以提供一些与异文化中真实的生活方式有关的被这种文化背景的成员遵循的规则和模式,但更重要的是鼓励受训者用自己的文化背景进行比较分析。有比较才能有鉴别,所选择的冲突事件必须具有两种文化的强烈对比,如此才能让受训者发现本国文化与异文化之间的异同,从而加深对跨文化的理解。

(3)事件具有相关性。事件内容要与课文主题关联,针对跨文化交际能力的培养展开,以便于课堂教学形成系统的知识体系。例如,教师在教授中国传统文化知识时穿插播放电影《喜宴》《刮痧》片段,让学生分析这种文化冲突事件。用这种与本课主题相关的事件进行归因训练,使受训的学生在分析探究的基础之上更深层次地理解两种文化之间的差异,在文化模拟的氛围中实现跨文化交际能力的提高。

选择合适的典型冲突事件,并对该事件的材料进行归因训练,从而使学生得到内化了的知识,避免学生因文化知识的灌输而产生刻板的印象。

(四)跨文化交际能力培养的途径

跨文化交际能力的培养分为三个层面。第一个层面是在接触和了解他国语言和文化时,不断加强交际者的语言能力,丰富其文化积累,克服交际过程中易出现的两大障碍,培养交际者的文化敏感性,以提高跨文化交际敏觉力。第二个层面强调对语言和文化的深层认知,增强对他国语言以及背后的隐性文化和价值观的理解,如西方文化价值观中的个性自由和独立竞争等。对这些方面的理解和感悟有助于交际者在交际中选择正确的策略,针对对方文化的异质性以及个人特性做到有的放矢。第三个层面是培养交际者灵活运用所学语言文化知识应对和处理跨文化交际中出现的各种交际情境以及突发事件等,这是跨文化交际能力培养的最高层面和最终目标。要达到这一目标,必须培养交际者学以致用的能力,培养他们根据过去对外国相关文化的认知积极参与跨文化交际实践,增强他们处理文化冲突的灵活性。由此可见,从跨文化敏觉力的培养到对语言和文化的深层认知,再到跨文化交际实践行为的训练,这三个层面既有一定的递进关系,又相互融会贯通、相辅相成。

1. 培养跨文化敏觉力

关于交际者跨文化敏觉力的培养,首先要做的就是克服两大障碍。

(1) 刻板印象。尽管大家都知道刻板印象不可取,但要做到完全避免却不容易。刻板印象忽视个体区别,一旦形成便不易改变。它僵化了交际者的头脑,使得交际者不能客观地对待另一种文化,失去交际应有的敏觉力。在观察他国文化时只注意与自己的刻板印象相符合的现象,而忽略其他更重要的差异信息。它妨碍交际者与不同文化背景的人相处,不利于顺利开展跨文化交际。因此,必须尽量减少由刻板印象带来的负能量。对教师来说,在文化课上应尽量避免用带有刻板印象的话语,并提醒学生注意普遍文化概念下的个性差别。因为在跨文化交际中交际者首先面对的是交际个体,然后才是其背后的民族文化,不能因为对整个民族的刻板印象而影响了交际者对具体交际对象的判断和决策。

(2) 民族中心主义。我们都成长在一定的文化环境中,文化早已融进我们的心灵,指导着我们的行动,造成人们在观察其他文化时会不自觉地以自己的是非标准为依据,对于异质文化事物常会做出较为主观的判断。民族中心主义即习惯以自己民族的价值观衡量其他文化,从自己的文化角度出发,以自己的评判标准评价对方交际者;一旦发现与自己的预期不同,就会对对方产生敌对情绪而引起文化冲突。有学者认为,所谓民族中心主义就是按照本族文化的观念和标准去理解和衡量他族文化中的一切,包括人们的行为举止、交际方式、社会习俗、管理模式以及价值观念等。

文化对比教学法是课堂上克服刻板印象和民族中心主义的主要手段，通过对比了解自己和他者各自的特性。文化对比教学法的实施要求交际者摆脱自身文化的约束，避免简单化的定式思维，将自己置于其他文化模式中，在理性、平等的立场中感受、领悟和理解另一种文化。当然，对比教学法首先要求教师理解他国文化并选取典型文本解释其中的文化元素，帮助学生更充分地理解文本的语言信息和渗透其中的非语言信息，并与本土文化中的相应文化元素进行对照讲解，引导学生在解读过程中有意识地去寻找文化差异。比如教师讲解关于狗的文本资料时，由于狗在中西方文化中所代表的意义相差很大，如果不明白这一文化密码，交际中很容易产生误会。教师可以举例子：一个英国人对自己才接触不久的中国朋友说"You are a lucky dog"。中国朋友很可能会认为这位英国人在侮辱他。因为狗在汉语里是一种卑微的动物，狗的贬义形象在中国人心中已生根，人们常常用狗来形容不好的事物，如狼心狗肺等。但是在英国，狗却有很高的地位，英国人认为狗是忠实的朋友。英国人常常用狗来比喻人，如"Every dog has his day"（凡人皆有得意日），"You are a lucky dog"（你是一个幸运儿）。这样的教学既形象又生动，还能增强学生的跨文化敏觉力。

交际参与度是跨文化敏觉力的最佳指示变量，意味着要想通过跨文化敏觉力来提高跨文化交际能力，最有效的手段是加强交际参与度，从而对跨文化交际能力产生影响。因此，除了课堂上的对比教学法以外，教师还要鼓励学生积极参与具体的跨文化交际训练和实践，并努力为他们创造跨文化交际的机会，这是帮助他们克服刻板印象和民族中心主义的最好途径。因为在具体的训练和实践中，他们能真切地感受到文化的多样性和同一文化不同个体的差异，逐渐形成多元文化观和开明的交际态度，从而尽量主动克服因刻板印象和民族中心主义而导致的交际障碍，形成良好的跨文化敏觉力。比如可以设计多个与中国人的思想和性格迥异的文化角色，由不同的人扮演,让他们分别与中国人交往。

从这个活动中,受训者会体会到自身文化的某些特点和他国文化的一些特性,从而提高自己的文化敏觉力。在条件允许的情况下,带领学生或鼓励他们多参加各种小型国际会议、国际论坛,而跨文化聚会则是一种更为直接的训练和培养跨文化敏觉力的高效方式。一位西班牙的女学生来中国留学以前是空姐,来中国几个月后她说她的好几个朋友也准备来中国学习了。由于刻板印象,阻碍了他们来中国学习和交流的机会,但是由于那位西班牙空姐学生亲身体验了中国的现代化以及中国文化带来的乐趣,所以扭转了她和朋友们对中国的刻板印象。

综上所述,无论是为了克服刻板印象和民族中心主义带来的两大交际障碍,还是旨在促进交际者对语言背后文化的解读和参悟,形成较强的跨文化交际敏觉力,都需要教师在课堂上有意识地进行文化对比教学和其他形式的文化拓展讲解,更需要尽量给学生创造跨文化交际训练和实践的机会。这样才能让他们树立良好的自信心,能够在具体的交际情境中调适自我,从容地应对交际中出现的各种复杂状况,最后顺利实现交际目标。

2. 培养跨文化认知能力

跨文化认知是指交际者对他国具有独特内涵的文化要素及文化特质等方面的认识和了解,其本质就是学习与把握异国文化。文化认知过程随年龄的增长会不断变化。培养跨文化认知能力不但包括培养交际者的跨语言交际能力,还包括培养交际者的跨文化交际能力。语言交际与文化交际是不可分割的,语言交际是文化交际的一部分,它为文化交际服务并反映着文化交际。培养跨文化认知能力首先要加强语言教学,在教学中融入文化教学,在输入语言基础知识的同时,也不忘相关文化知识的输入,从而加强学生对文化差异的熟识、理解和评判,以提高学生对文化差异的敏感性和跨文化意识。

在跨文化交际语言能力的培养上,首先应该重视的是词汇层面。词汇是语言的基石,也是很多学生学习语言的难点。每种语言的词汇中都蕴含着丰富的文化信息,是该语言中最活跃的成分。词汇本身的发展变化映射了相关文化的发展信息。因此,教师在讲授单词的过程中,穿插一些跨文化交际知识,既利于培养学生的跨文化交际意识,又让枯燥的词汇学习变得生动有趣。教师在讲解词汇时将相关的谚语、典故、名句等融入课堂不失为一种有效的方法。比如在高级班汉语课上讨论"朋友"这一主题时,可以引入"有福同享,有难同当""患难见真情""在家靠父母,出门靠朋友"等中国著名的谚语和名句,也可以顺势讲解《三国演义》中"桃园三结义"的故事。这些谚语、名句和历史典故反映了中国的"义"文化,既能够激发学生对汉语的兴趣,又可以延伸词汇后面的文化知识,同时也能够促进留学生反观自己文化中"朋友"的含义及其与汉语的差异,这样的词汇教学自然会提高学生的跨文化意识。

其次,除了词汇教学以外,句子的陈述也值得重视,教师在课堂上讲解句子的时候,不但要讲解此种句子的语体风格适合在什么场合下使用,还要分析这种句子适合用在什么身份的交际对象上。句子的语气也是举足轻重的,比如请求语气的句子适合与长辈说话或者请别人帮忙时,而命令语气的句子则用在命令下属或者孩子,如果没有掌握两种句子的区别而把语气用反了,在跨文化交际中很容易引起不必要的文化冲突。

另外,句子通顺与否、语法是否正确等也是教学中需要注意的部分。在语法学习过程中,要注意比较外语语法与汉语语法的异同点,不要受汉语思维特点的制约,同时,在学习语法结构时,要强调其文化和交际功能。最后,谈话中主题选择的适当性同样不容忽视,这也是对语言应用能力的一个综合性考验。在拥有了词汇和句子陈述等方面的跨文化交际基本能力后,交际中的谈话主题是否得当,是否符合交际双方共同的交际需求,是否能引起交际双方的共鸣,是否需要继续深入谈下去,等等,这些都需要学习。教师应在教学中通过具体的教学情境的设置、相关教学视频的播放,适时训练、引导和鼓励学生在跨文化对话中对谈话主题进行恰当选择和适时转换。

培养跨文化认知能力除了要培养交际者的跨语言认知能力外,还要培养其跨文化意识。培养跨文化意识的第一步就是要让交际者从观念上消除偏见和歧视,认识到文化没有优劣之分,以平等的心态对待各个民族的文化。培养跨文化意识的第二步就是拓宽交际者的跨文化知识面,使其具有宽容的文化态度。

培养跨文化意识可以通过以下途径来实现。

(1)在语言学习的听说读写各种技能训练中培养跨文化意识。首先,学习者可以通过阅读外文资料感悟外国文化,在阅读中,多了解他国的科技、地理、历史和风俗等,熟悉他们的表达方式和风格,消除因文化知识不足而导致的理解障碍。其次,学习者可以在外语听力中领悟他国文化。听力材料一般都是模拟的真实对话情境,因而听力训练过程就是一个跨文化意识培养的过程。要让学生知道交际中哪些话题应该避免,如年龄、婚姻、薪水及家庭住址等隐私不应该作为话题。再次,学习者在听的基础上要积极发言,主动参与到跨文化交际活动中,以提高自己在跨文化交际中的表达能力。最后,学习者要通过写作提升运用外国文化知识的能力。在写作中,学习者要充分意识到中外文化的差异,多阅读流畅、地道、连贯的外语文章,从根本上提升跨文化交际的综合能力。

(2)在外语活动中体验外国文化,主动结交各国朋友。例如,组织外语角、学唱外文歌、观看外语影视材料及编演外语剧等。在这些活动中,学生体验真实的外国文化,了解他们的风俗文化和民族禁忌。同时,教师应帮助学生分析自己文化中哪些方面对自己有利,然后再分析目的语文化,分析哪些方面我们容易适应,哪些不易适应,易引起文化冲突,从而有意识地改变自己的行为模式,以利于跨文化交际目标的实现。

(3)主动积极地制造跨文化交际的机会。我们对文化差异了解越多,体验越多,越容易对他国文化采取接受和宽容的态度;同时,移情也有利于培养对文化差异的宽容性,我们一旦能从对方的角度考虑问题,就已经具有很强的跨文化意识了。

3. **培养跨文化行为能力**

其实,无论是对跨文化敏觉力的培养还是对跨文化认知能力的培养,最终都是为了使交际者在跨文化交际中进行灵活交际,即跨文化行为的灵活性,这三者不是截然分开的,而是互相依存的关系。跨文化敏觉力的培养包含跨文化认知能力和跨文化行为能力,而跨文化认知能力的培养中也融入了跨文化行为能力,跨文化行为能力的培养势必以跨文化敏觉力和跨文化认知能力的培养为基础,并且是对这两种能力的一种巩固和融合。

跨文化行为能力即跨文化行为的灵活性,是跨文化交际能力的核心要素。交际者能够根据交际双方的文化背景和个性特点,灵活地调整自己的交际策略和行为,尽量向对方的交际规则靠近(以不违反自己的交际原则为前提),减少差距,营造和谐交际氛围,同时,灵活处理因文化差异而引起的文化冲突。在处理冲突时,交际者要善于运用恰当的语言阐明自己的文化困惑,介绍本族文化行为规范,弄清对方的文化习俗,找出冲突的解决途径,达成共识,完成交际任务。根据学者陈国明在《跨文化交际学》中所论述的,跨文化行为能力包括信息传达技巧、自我表露技巧、行为的灵活性、互动管理及认同维护技巧五个方面。当学生学习了跨文化行为能力的五个要素之后,教师分阶段、有层次地组织跨文化实践活动是培养学生跨文化交际行为能力最有效的途径。

(1)跨文化交际角色扮演。首先,角色扮演是教师在条件有限的情况下采取的一种跨文化虚拟实践活动,角色扮演可以分成两人组角色扮演及多人组角色扮演。两人组角色扮演要求两人分别扮演不同文化国的两个具有一定职业身份(或者学生身份)的交际者,模拟实际生活或工作场景,设定基本交际流程主线,留出适度自由发挥的空间,完成一定的交际任务。多人组角色扮演除了在交际者人数上有所增加外,还可以分为两个文化国或多个文化国之间的跨文化交际。多个文化国交际背景相对复杂些,因此多人组角色扮演应该在两人组角色扮演训练到一定程度的时候开展,学生能阶段性地增强跨文化行为能力。角色扮演的目的在于让学生经由模拟的过程,面对并尝试解决跨文化交际中可能碰上的问题和障碍,通过信息传递、自我表露、互动管理以及移情等行为的训练,增强跨文化行为能力。这个方法的优点在于把学生从旁观者变成参与者,使他们能够在模拟的跨文化环境里,亲身体验另一种或多种跨文化交际。

(2)跨文化交际互动实践。教师可以组织本校留学生和中国学生进行实际的跨文化交流,布置一定的交际任务,根据交际任务需求提供交际场所,并提醒中国学生注意跨文化交际能力五个方面的技巧。教师要注意观察学生在交际中的困惑、冲突以及解决问题时学生表现出的焦虑,同时可以在学生不知晓的情况下把他们的交际行为摄录下来,在课堂上回放。学生会在观看中意识到一些交际失误,有些需要教师点出后给学生讲解。一个学期组织几次交际实践,每次针对不同的重点交际问题进行现场交际,学生的实际交际行为能力自然会得到提升。学生在互动过程中要尽量使用描述性、支持性的讯息。描述性的讯息指使用不妄加判断的态度,给对方明确、具体的回馈;支持性的讯息指沟通时同意或支持对方的看法,并以点头、注视等动作技巧赞赏对方论点。互动实践的优点是来自异国的交际者比本国交际者能够带来更真实完整的异国文化讯息和行为形态。

中国与世界的跨文化交际日益频繁,除了和本校留学生进行一定的跨文化交际实践外,教师和学校还应该多鼓励学生积极参加国际会议或跨国活动,尽可能提供给学生相关方面的信息和机会,以增加学生跨文化交际实践的机会,让学生在实践中去体验和认识文化差异,进一步有效提高自身处理文化差异的灵活性。这些建议的实施必然能促成学生的跨文化交际能力和综合文化素质的实质性提升。

跨文化交际能力的形成有其阶段性、层次性,因此跨文化交际能力的培养也不是一蹴而就的,而是由表及里,由浅入深,不断发展、深化的过程,教师要有针对性地设计不同的教学方法。

第二节 跨文化交际能力培养体系的构建

一、情感体系构建

(一)培养跨文化交际意识,提高文化认同度

在英语教学中,大部分学生都能够生成符合语法或句法规则的句子,但其表达方式往往无法做到"地道"二字。这是因为这些缺乏英语味道的句子忽视了习得语言中的文化因素,交际双方未能达成文化认同,从而导致交际失败。

文化认同是个人对于自身的文化及所依附的文化群体产生的归属感,并在此基础上获取个体文化,同时对其加以保留与丰富的社会心理过程。文化认同涵盖了对信仰、风俗习惯、语言、艺术等方面的认同感。日益频繁的国际合作使各国家、各民族之间的关系更加紧密,一方面不断地壮大和创新自身的民族文化,另一方面又都在潜移默化地与其他文化进行密切的交流和互动。在这一过程中,人们不断地对本民族文化和异族文化进行异同对比,并对此进行深入的认识和了解。不同民族之间以寻找共同话语为前提,放弃或变革一些原有的看法和行事标准,达成求同存异的目的;同时还不断增强自身的文化自觉性,树立跨文化交际意识,提高对于本民族文化的认同感。

在跨文化交际中,人类需要在与不同民族的交往中建立相互的文化认同感,从而克服跨文化交流中的障碍。大部分学生能够理解文化间的差异,愿意在文化中求同存异,增强文化自觉性。

文化认同是人类在对自然认知基础上的提升,可以对人类行为准则和价值取向产生决定性影响,它是人类对于文化内涵产生的共识与认可。基于此,文化认同经常作为语用原则指导具体的跨文化交际活动。

　　在进行外语教学时,教师应该自觉地对中西文化进行对比,着重介绍中国文化,让学生充分地了解优秀的中国文化,引发学生的民族自豪感,指导学生进行中国文化的英语表达,借此推动中国传统文化在国际上的传播。同时,英语教学可以让学生更加了解世界和中国,而精通跨文化知识的学生能够让世界更加了解中国,让中国优秀文化走向世界。进行文化教学就是为了加强学生对本民族文化的了解,防止学生产生民族中心主义思想,帮助他们理性地认识自身的价值取向和行事习惯,进而培养他们形成开放、灵活的思维模式。

　　文化自觉需要经历一个过程,认识自己的文化是前提条件,然后再了解周围的多元文化,才能够在现今的多层次文化世界中定位自己,自觉地适应多元文化的存在,并和各种文化不断地进行碰撞和交流,共创普遍认可的、集各方之长、和谐发展的交际秩序和共处守则。

(二)注重对英汉语言文化、思维方式的分析

　　经过几个世纪的探索与发展,外语教学在不断地走向完善,人们也日渐意识到,了解外语的特点是学好外语的前提,而了解外语的特点最有效的方法是与母语进行比较,发现各自语言的特点,加以科学的分析,找到差异,这不仅有助于确定教学的重点和难点,增强教学的预见性和针对性,还能有效地提高教学效果。

　　我国著名语言学家吕叔湘指出,让学生认识英语和汉语的差别对中国学生学习英语具有巨大的帮助作用。在教学过程中,在词形、词义、语法范畴、句子结构等具体问题方面,都要尽量进行英汉两种语言的比较,通过比较,学生获得更深刻的领会。然而,实际的外语教学通常要借助多种方法,如直接法和对比分析法。直接法强调学生直接接受外语,让学生摆脱母语

的影响,主要通过模仿来学习外语。这一方法主要适用于儿童的外语教学,因为儿童受到母语的影响还不是很深,通过直接法可以培养儿童用外语进行思维和交际的能力,获得较强的外语语感,这一方法在听说能力方面的效果特别显著。但是对于年龄较大的学生,特别是面临纷繁复杂的语言现象的学生,直接法并不能获得显著的效果。因为母语的干扰阻碍了学生的模仿能力和接受能力,妨碍了学生外语水平的提高,这时对比分析法无疑更适用于这些学生,特别是两种语言表述、文化内涵、思维方式的对比分析。通过对比分析,学生不仅可以排除母语的干扰,还可以克服盲目性,增强自觉性,提高外语水平和应用外语的能力,做到"知己知彼,百战不殆"。

西方国家的理性思维与中国的悟性思维分别是英语与汉语的哲学背景,这一深层差异必然表现在用词、造句成章的各个方面。英语语法受亚里士多德的演绎法逻辑思维模式的影响,具有以下特点:常用"突显"语序;常用被动式和概括笼统的抽象性词语;注重显性衔接、语法关系和语义逻辑,注重形式接应,"前呼后应";表达方式上呈现出比较严谨、精确,模糊性较小,歧义现象较少等特点;用词造句方面能够遵守严格的词法和句法,造句成章也服从某种逻辑规则,适合于科学思维和理性思维。汉语常用意合法、意念被动句和生动具体的形象性词语;常采用螺旋式、漫谈式的思维模式,注重时间先后和事理顺序,常用自然语序;注重隐性连贯,通常只把事情或意思排列起来,让读者自己去领悟其间的关系;注重语流的整体感,词语和结构整体匀称、成双成对,表达方式注重整体性,较多依赖语境。中国人习惯于整体领悟,常常通过语感、语境、悟性和"约定俗成"来表达和理解语句。

在教学中,对英汉两种语言进行对比分析不仅会对教学起到积极的促进作用,而且对语言交际的顺利进行也十分有利。在对比分析的过程中,人们对英语和母语的各自特性能够获得更进一步的认识,对不同语言各自的表现形式和方法给予更多的关注,因而,在进行交际时,就能够有意识地理解这些差异,避免表达失误,最终达到交际的目的。

二、行为体系构建

跨文化交际能力的行为层面包括解决问题的能力、建立关系的能力、在跨文化情境中完成任务的能力。良好的个人文化适应和人际互动，能帮助人们在跨文化情境中有效地完成工作任务。在跨文化外语教学中，教材的选用与教学策略的运用等行为体系直接影响学生跨文化交际能力的培养，是影响任务完成情况的关键因素。

（一）确定大学英语跨文化教学教材编写特色

教材是教学内容的主要载体，是教师教和学生学的主要依据和向导，是完成教学任务，培养学生跨文化交际能力的关键。现有教材中存在着文化内容呈现不足等问题，严重影响了学生跨文化知识的学习和跨文化技能的提高。学生对英语国家的历史、地理、习俗、文学、社交规则、价值观和生活方式、非语言交际知识、政治和经济生活等文化知识和技能的了解掌握情况不太理想，说明学生自我感觉对文化知识和文化技能的掌握十分有限，这与教材的编排与内容的选择有直接的关系。需要从教材的编排内容的选用上加以解决。

因此，在选择教材时，既要考虑提高跨文化交际能力所涉及的各个方面，又要注意设计形式多样的练习，对学生在纷繁复杂的跨文化语境中进行交际所需要的各种能力加以培养。如从跨文化知识的导入入手，解释语言表达中的文化内涵，扩大与文化有关的知识面；通过案例分析与点评，提高学生的全球意识与跨文化敏感度；通过情景模拟、角色扮演等让学生接触各种跨文化语境中的跨文化冲突，以培养学生观察与分析跨文化问题的能力。如果教师在课堂中忽视这一教学环节，那就不可能真正提高学生的跨文化交际能力。

1. 教材应体现文化内容与语言内容的自然融合

大学英语跨文化教学教材内容的编排应以文化主题为单位，在每一个部分中都重点突出文化,突出语言,在文化的潜移默化中,让学生更好地、牢固地掌握语言。正如张红玲所说,语言内容和文化内容有机地结合,是跨文化交际外语教学的核心思想。语言和文化同为教学的目的和手段,两者不可分割。在教材中,系统的文化主题构成教材的主线,而语言教学的内容实际上与这些文化内容融为一体。

教材要充分考虑学生学习外语的需求、语言环境、知识结构和层次等多方面因素,蕴含社会习俗、历史,特别是价值观等方面内容,介绍西方不同国家的文化元素和中国传统文化,融入中西文化对比研究,让学生学会如何对待差异。

教材要有助于培养学生的批判性思维,使学生以一种审视的眼光与批判的思维方式,看待目的语国家的事物,体验与本国文化的不同之处。教材包含和传授的内容要积极向上,要将人类优秀的文化、高尚的思想道德通过语言潜移默化地传授给学生,要对学生世界观和价值观的形成产生深远的影响。

教材在题材的选取上要恰当地处理好以下几个方面:①适当地介绍目的语国家的历史、民族构成、政府机构、政治情况、经济发展与教育情况的基本特点,使学生对于目的语文化有着较为全面的了解。②选取母语文化中较为独特的一面,加强目的语文化与本民族文化的对比,培养学生对于文化差异的感知力和敏感性。③尽量扩大对比的范围,不局限于本民族文化与目的语文化的对比,还可以将其他非主流文化和主流文化进行对比,让学生理解和尊重各种文化。

2. 教材内容安排应循序渐进且多面化

文化的复杂性、动态性和多层次性决定了文化教学内容的安排不能只是古板的说教。以文化为主题编写的教材须是渐进性的、可操作的,能循环进行教学。唯有这样,学生对文化的体验与认识才能不断地深化。

教材内容的呈现要按照由浅入深,由表及里,从已知到未知,从具体到抽象的序列进行安排,课程内容在不同阶段重复出现,范围逐渐扩大,程度不断加深。跨文化学科的教材要具备系统性、一致性、层次性、前沿性及时效性的特点,注重与时俱进,编排既体现西方国家的人文精神,又映衬出国内对人才的需求所发生的重大转变,既注重人文关怀,又要满足人文素质培养的现实需求。

3. 教材选用注重教学材料的真实化、语境化、多样化

适合跨文化外语教学的教材一定要遵循教学材料真实化与语境化的原则。因为只有真实的语言教学材料才能真正刺激学生对所学的内容加深理解,才能让学生体验到跨文化交际过程。所谓教学材料的真实性就是指能在现实生活中使用,而不是单单为了教学而设计。语言与文化是密不可分的,越来越多的语言学者和教育学家都认同,任何一种语言都不能脱离特定文化下的语境。只有在考虑语境的情况下,语言的表达与理解才能充分与准确。

因此,跨文化外语教学材料的选用既要密切结合学生生活,找到学生的关注点和兴趣点,又要使教材中的文化内容真实化和语境化,既呈现各种文化知识,又体现人文精神。具体地说,文章的选取要原汁原味,语言流利、自然;话题紧扣主题,涉及东西方文化差异、沟通技能、文化知识等,所有的语境均是在目的语使用的环境中,所有的信息都是在有文化意义的系统中进行传递的。设计相关练习,选用大量跨文化交际实践案例对学生进行综合训练,使学生运用语言知识、文化知识、实践语境(案例/模拟),结合具体的文化事例,模拟文化适应过程。

教材要系统地将跨文化动态人际关系的构建与跨文化交际知识和实践紧密结合,内容要体现文化的多元性、视角的多重性、问题的多样性及回答的灵活性。例如跨文化交际领域所涉及的语言知识和非语言知识、不同国家的文化差异、不同民族的思维方式以及价值观的异同,民族中心主义、文化分歧问题和思维定式等因素对跨文化交际的影响,以及跨文化调适与适应等内容。这种跨文化关系的建构侧重于培养学生相对文化论的观点,使学生能够换位思考,以友好的态度看待多元文化,有助于学生深入了解其他国家民族的文化,突破文化单一论的局限,帮助学生理解语言与行为、价值体系与行为规范的关系,使学生能够透过现象把书本知识和现实生活密切联系起来,从根本上了解和熟知本民族文化与异族文化的异同,使学生能够以开放、包容的态度对待异族文化,对不同民族的文化价值观、风俗习惯、行为方式以及思维模式从不同的角度进行思考和评价。最后,通过案例分析,以模拟训练的形式,使学生在课堂教学中体验真实的跨文化交际,为学生在实际跨文化交际中可能遇到的问题提供解决方法。

4.加强教材与练习的编排设计,促进学生自主学习

教材内容的编排设计十分重要,既要有趣味性,能激发学生的学习兴趣,又要有针对性,使学生对设定的教学目标一目了然,让学生学得明白、透彻。在练习的设计中,让学生自行组成小组进行讨论与分析,让学生充分思考与审视文化因素,既能促进互动,又可体现较高的参与度。在练习中要注重实践方法,为学生创造情境、语境,让学生亲自去体验与感受,甚至进行角色扮演,让学生在模拟的情境与语境中去分析、讨论和运用,从而提高学生的学习自觉性和自主学习的能力。

在教材中安排学生自主完成练习,围绕单元主题补充课外知识,使学生扩大知识面,对不同文化有更深入的认识和理解。在跨文化交际的课堂中,常用的教学方法有注解法、融合法、实践法、比较法和专门讲解法。还可以利用文化讲座、关键事件、文化包、文化群、模拟游戏等方法强化教材中文化内容的学习,使教材内容的选配适合不同的教学方法,使教学形式更加灵活多样,易被学生接受而不致僵化乏味。

(二)大学英语跨文化教学策略运用

跨文化交际迅猛发展,对外语跨文化教学提出了新的挑战和更高的要求。跨文化交际能力的培养已成为21世纪跨文化教学的主要目标,自觉的跨文化意识以及对异民族文化的敏感性和洞察力,是跨文化交际者必备的素质。为此,加大力度研究跨文化教学策略,培养学生的跨文化交际能力已成为跨文化教学的重中之重。

1. 加强教师的跨文化训练

随着世界经济全球化的快速发展,语言的使用脱离了语言发展的原有的社会文化环境。在非母语环境中使用时,该语言必然要经历再语境化的过程,这期间,该语言与一种和本民族文化不同的文化发生了关系并彼此相互作用,形成一种新的交际模式。我们可以看到,发生变化的不仅仅是进行交际的大环境,从本民族文化和社会到地方文化和社会,各种交际环境都在发生变化。很多以该语言为外语使用的人会有意识或无意识地把自己文化中的价值观念、行为规范和交际模式应用到外语交际中,使得语言使用的小环境(其中包括对交际场景、交际者之间的关系、有效交际和礼貌交际的态度等)也发生了变化。总而言之,语言一旦脱离本民族文化,经历再语境化,就会与地方文化产生联系,这就为外语教学中跨文化训练的开展提供了条件和机会,并使其成为可能和必然。

(1)跨文化训练的目的。

跨文化训练主要有三个目的,即改变个人的思想,改变个人的感情及改变个人的行为。

改变个人的思想,即跨文化训练在认知方面,试图改变参与者的思想,以达到四项目标:①能够理解以目的语为母语的人的思想和行为;②减少负面的刻板印象;③改变对其他文化过度简化的思考方式,并进一步发展出一套较完整与复杂的系统以对其他文化有更深入的了解;④长期进行跨文化训练,能够让受训者持开放的态度,同时进一步深入地了解自己的文化。

改变个人的感情,即跨文化训练在情感方面,试图改变参与者的感情。这包括四种改变:①培养一种与不同文化的人们互动的心情;②能够驱除与不同文化人们互动时的焦虑感;③能够与不同文化的人们建立良好的关系;④能够容忍、欣赏,甚至接受文化差异。

改变个人的行为,即跨文化训练在行为方面,试图改变参与者的行为举止,以便有足够的能力与来自不同文化的人们建立人际关系。

不同领域的人们会根据各自不同的需要确定不同的更为具体的训练目的和方法,以满足跨文化交际的需求。跨文化外语教学以语言、文化、交际三位一体的关系为理论基础,以文化教学和跨文化交际能力的培养为核心。跨文化外语教学的有效进行,要求外语教师既具备深厚的语言功底、较强的交际能力和丰富的教学经验,又要能够了解学生的认知心理、情感特征和教学规律。因此,教师的跨文化交际能力和跨文化教学方法直接影响跨文化教学的进行。从前面的实证分析中,我们已经知道,当前教师缺乏文化知识,交际能力有待提高,采用的教学模式和方法已不能满足当前跨文化教学的需要,这种状况和教师缺乏跨文化培训有直接的关系,所以学校必须针对教师开展跨文化培训,有意识地强化教师跨文化教学的理念,提高教师的跨文化素质,鼓励广大外语教师注意跨文化知识在外语教学中的应用研究,以提高学生的跨文化交际能力。加强教师跨文化交际能力与文化教学方法的培训势在必行。

(2)教师跨文化训练的目的。

第一,帮助教师拓宽文化知识面,增加文化知识储备,促使教师能够更加深入地理解跨文化交际、跨文化交际意识和跨文化交际能力等重要概念的深刻含义;使教师对语言、文化和交际三位一体的密切关系加深理解;使教师正确对待不同文化间的差异,进一步明确英语作为国际中介语和国际通用语的重要作用。

第二,帮助教师增强跨文化敏感性和提高跨文化交际意识,使教师更加清楚地意识到文化在社会、生活各方面的重要作用,及其对跨文化交际所产生的重大影响;充分发挥外语教学的文化教学功能,主动了解不同文化,积极与来自不同文化的人进行沟通、交流;使教师善于发现不同文化之间存在的差异并能够以正确的方式,以宽容、理解和欣赏的态度对待文化之间存在的差异;使教师学会不断反思自己的言行,并经常总结经验。

第三,帮助教师不断调整自身的文化行为,使教师能够灵活多变地根据不同文化的特点使用恰当可行的交际策略,调整自己的交际方式;主动了解新的文化群体,与来自不同文化的人们建立友好的关系,提高跨文化交际能力。

第四,使教师明确文化教学的目的,帮助、指导教师进行文化教学大纲和教学教案的设计,帮助教师合理选用和使用教材,适当选择、补充课外材料,采用切实有效的文化教学方法,合理布置文化学习任务,确定合理可行、可操作性强的评估方案。

(3)教师跨文化交际能力训练的方法。

跨文化环境多种多样,跨文化交际的目的因人而异,跨文化调适的过程各不相同。面对纷繁复杂的培训需求,培训的方法和种类必然不同。

1)文化现实培训。这是一种较为传统的文化培训方法,主要通过关键事例案例分析、讲座、录像、阅读、文化包、戏剧表演、电影、问答和讨论等手段,由培训者向受训教师传授目的语文化各方面的知识。

2)归因培训。这种培训的目的是使受训者了解并掌握目的语文化的价值标准,从而根据目的语文化的价值标准去对社会行为和言行举止进行归因解释,这样有助于受训者更快、更好地融入目的语文化中去。这种培训常常采用文化模拟的方法。

3)文化意识培训。这一培训介绍文化的概念、特点和文化差异的本质,旨在增强受训者的文化意识,树立文化相对论的思想;通常借鉴文化人类学的研究结果,以目的语文化和受训者的本族文化为实例进行培训;具体方法有价值取向一览表、价值观排序表、个人意识建构、文化对比分析等。

4)认知行为调整。这是一个利用学习理论来解决跨文化调适中一些特殊问题的方法,就一些受训者感到特别困难的目的语文化的特点,让受训者列出在自己本族文化中被认为应该表扬或惩罚的活动,然后,帮助他们对相同活动在目的语文化中的不同形式进行分析和学习。

5)体验式学习。这是关于具体文化的培训,它不同于文化意识的培训,其目的在于把受训者的情感、行为和认知等各层面的因素都调动起来,采用实地考察、情境练习、角色游戏、文化浸入等体验式学习方法,使受训者在亲身经历和体验中学习。

6)互动式学习。通过将受训者与目的语文化群体的人或有丰富跨文化交际经验的人结对子,开展一些互动活动,帮助受训者更多地了解目的语文化。

对外语教师的跨文化交际能力和跨文化教学能力的培训涉及文化意识、文化知识、文化能力和文化教学等诸多层面的知识,需要由文化学、社会学、跨文化交际学等许多学科的专家共同努力才能完成。不仅需要培训教师精心准备和组织培训,也需要受训者全身心投入配合。教师培训是一个漫长的过程,教师不可能通过一次培训一次性获得所需要的所有知识和能力,因此教师培训的重点要放在使教师学会自我提高上,使教师自主提高,勇于研究与创新。

(4)教师跨文化教学方法的培训。

近年来,反思教学和课堂教学研究这两种方法受到教学研究者和教师的高度重视,越来越多地被用于教师培训和教师自我发展。

1)反思教学。反思是一种促进学习的方法。反思教学是教师针对自己的教学所做的理性思考,目的是发现教学中存在的问题和不足,为今后的教学提供经验和启示。反思活动可以是反思者自己或他人(如教师培训者)有意识发起的,也可以是教学中发生的某件事、产生的某种心情或遇到的某种困难等客观条件刺激的结果。教师在进行教学实践的同时,需要不断进行反思,才能促进自己业务水平的提高。

第三章 大学英语教学跨文化交际能力的培养

对于语言教学和文化教学有机结合的跨文化外语教学来说,教师进行反思教学的重要意义体现在三个方面。第一,通过反思,教师对自己的文化教学和语言教学的态度和认识进行自我批评。对于跨文化外语教学这样一种较新的教学思想,态度和认识决定一切,只有对文化教学的价值有足够的认识,对文化教学充满热情,才能保证文化教学的具体实施。反思为教师更新观念提供机会。第二,通过反思,教师可以了解自己作为一个学习者的进步和不足。语言能力和文化能力的培养是一个终身学习的过程。在跨文化外语教学中,教师设计教学活动、准备教学材料、引导学生进行学习的过程,其实也是教师自身能力不断发展和完善的过程。第三,通过反思,教师可以提高自身的教学能力和水平,不断改善教学效果。独立的思考可以使教师对自己的教学经历和体会进行反思、加以总结,从中发现问题、研究问题,进而找到解决问题的方法;教师也可以参加各种学术交流与教学研讨活动,与其他教师商讨解决问题的方法,分享自己的教学体会。因此,反思是独立的、个体的理性思维活动,也是集体行为。无论反思活动以哪种形式体现,都能反映出教师对教学理念、教学态度和教学方法所进行的深入思考,都会积极促进教师教学水平的提高。反思教学研究可以通过定量和定性研究的方法,由个人独自完成,如采用问卷调查、案例分析、深入访谈、教学笔记、教学日记、关键事件等;也可与其他教师共同合作进行讨论。

2)课堂教学研究。课堂教学研究是一种系统的资料收集和分析活动。在课堂教学研究活动中,教师可以运用已有的教学理论知识,总结自己的教学经验,针对教学中遇到的问题,寻找解决问题的办法,并对自己的态度和做法进行反思和记录,与其他同行交流体会,从而促进教学水平的提高和教学效果的改善。课堂教学研究不失为一种教师自我提高、自我完善的好方法。

课堂教学研究与反思教学有机结合可以使教师独立工作的能力极大提高。教师一旦形成经常对自己的教学行为进行反思的意识,就会引发对教学问题进行探究的愿望。反思教学和课堂教学研究方法的掌握可以使教师不断改进和完善自己的教学。

教学方法培训中,需要引起培训者和受训教师注意的是:由于每个教师身处的教学环境、面对的教学对象、从事的教学活动都各不相同,所以也不可能存在现成的教案和教学方法供所有教师拿来就用,教师只能根据他人的研究理论和实践经验,依据自己的教学需要设计适合自己的教案和教学方法,提高教学效果。因此,提高教师自主研究的能力和水平具有十分重要的意义。

可以说,跨文化培训可以提高教师的跨文化交际能力和文化教学水平,可以减轻教师的心理压力,增强教师文化教学的自信心,更加精力充沛地组织教学活动。教师在具备各项知识、能力和态度的同时,还要经常反思自己的教学,不断提高认识,继续学习、积累知识和经验、提升能力,应对跨文化外语教学对教师提出的巨大挑战。

随着人类进入21世纪,无论是在发达国家还是在发展中国家,对跨文化培训的需求都日益增加,跨文化培训方法因此层出不穷。实际上,我们并不缺少方法,问题在于如何有效使用这些方法去满足各种不同的培训需求,这是我们进行跨文化培训的关键。

2. 语言与文化有机融于课堂教学

课堂是跨文化教学的重要阵地,课堂实施是完成教学内容、实现教学目标的决定性环节。文化内涵发掘主要是针对语法、词汇、篇章等多个语言层面的文化探索。

(1)增加语篇与语法的文化分析。

语篇一般指文章、会话、面谈等比句子更大的语言单位。它是特定语境和社会文化中语言运用的产物,语篇的形成和样式反映了意义交流时的社会文化语境。口头篇章所涉及的交际风格和交际策略与文化密不可分、息息相关,而书面篇章则通过篇章结构及修辞风格来体现其文化内涵。语篇与文化有着密切的联系,不同文化背景的人所使用的、制造的语篇是不同的,不同的语篇也会建构不同的个人经验和社会现实。英汉语篇之间的差异主要源于两种语言分别倾向于采用演绎式和归纳式的话语模式,东、西方人在修辞策略方面的差异与各自的文化价值取向有着密切的关系。只有从文化的角度来分析不同语言的语篇修辞模式,才能真正厘清语篇与思维模式的关系。

教师在进行语篇教学实践时,要尽力将文化教学融入其中,即把文化教学作为教学目的和教学内容中不可分割的一部分,突出其重要性;而在教学实践中,可通过设计读前和读后任务以及相关文化的讨论和学习,将学习者的注意力吸引到具体的篇章内容上,既达到了分析语篇的目的,也能深入挖掘东、西方在思维模式、价值取向等方面的文化异同及其对篇章结构产生的影响,利用教材中的丰富资源不断完善学生的跨文化知识体系。

除语篇之外,语法结构也与思维模式等文化内容有着不可分割的关系。语法同人们的思维模式息息相关,包含着丰富的文化内容,也是人们表达内心感情世界的一种手段。

不同民族的哲学思想塑造了各自不同的思维模式,不同的思维模式造就了各具特色的语法形态,不同的语法形态特征又呈现出其特有的语言表达方式。各民族思维的方式、特征及风格一般都蕴含丰富的民族文化底蕴。换句话说,一个民族的语法系统和语法使用规则常会受到其所属语言群体的思维和文化特点的影响,带有一定的文化成分,因此不同语言组词造句的规则不尽相同。西方人的思维方式趋向于呈现由外向内的演绎思维,其特点是逻辑实证性较强。这种思维方式在句法方面表现为具有明显的词汇形态特征,便于保持句子成分之间的逻辑关系。与西方人不同,中国人趋向于呈现由内向外的归纳思维,对整体把握和意念体悟十分关注,其特点是逻辑实证性较差。这种思维方式在句法上表现为没有明显的词汇形态特征,其逻辑关系的保持是靠意义的理解而非靠形态句子成分之间的标记,因此,汉语句子常使用流水句,且句子短小精悍。

英语语法教学不同于汉语语法教学,其重点主要为时态、语序、句子结构。在教学中,教师可以通过区分不同语言中的时态,对比语序方面的异同以及句子结构的差异来寻找不同语言的文化根源,如思维差异,实现语法教学与文化教学的结合。

(2)加强词汇的文化教学。

词汇是文化的重要载体,也是外语教学的主要内容之一。在英语学习中,学生对词汇学习给予了极大关注,十分重视词汇学习。因此跨文化外语教学要充分利用学生对词汇学习的关注与兴趣,使词汇及其蕴含的文化意义的教学成为外语教学中跨文化教学的一个重要组成部分。

词汇主要包括单词、词组、习语(成语)、谚语及警句,它们标志着一个民族的语言、文化、习俗乃至整个社会的发展,并充分体现了其语言群体的思维模式、价值观念、文化环境、文明程度以及生活习惯。一种语言的词汇可以看成是该语言群体所关注的所有思想、兴趣和工作的总汇。

词汇与文化的关系还体现在词汇本身蕴含丰富的文化意义上,因此,词汇的具体含义往往要借助不同的语言的对比才能被挖掘出来。词汇文化差异的三种情况为:形式相同,意义不同;意义相同,形式不同;同形同意,分布不同。这一分类模式对于词汇教学意义重大,不仅能够帮助学生记住词汇的拼写与意义,而且能够帮助学生了解词汇的使用范围和文化内涵,并充分理解和掌握这些词汇。

由于词汇在不同时代、不同社会和不同地理环境中使用时会产生差异,因此词汇必须呈现在文化语境中,由此才能确保学生所学到的不是词汇孤立的字面意义,而应该是活的词汇意义系统,从而确保在不同的语言环境中,学生都能够恰当准确地使用他们所学过的词汇。

每个语言体系中的词汇都承载着大量的文化信息,丰富而多元化,而每个词汇都蕴含着深厚的文化内涵且富于变化,是任何词典与书籍都无法穷尽的。不仅如此,不同语言中的词汇还体现了说话者不同的价值观念。正因为每个语言系统的词汇及词汇的运用都与其民族文化紧密相关,带有明显的文化背景,所以教师在词汇教学中除了注重词汇的意义和用法外,还应该拓展该词汇的文化意义,如词语来源、使用语境以及使用该词汇的注意事项。把词汇的文化渊源、历史因素、社会内涵融入词汇教学中是实现词汇与文化教学相结合的重要途径。

(3)加强听说教学过程中的文化教学。

听说教学是语言教学的一个重要部分,也是学生最为感兴趣的一部分,因为听说活动可以让学生产生参与感,并有机会切实感受跨文化交际过程,使学生感知不同的文化差异并提高交际能力。大多数学生认为文化学习对外语听说能力的培养和提高具有积极作用。但是,需要注意的是,听与说都要建立在实际内容的基础之上,也就是说,认真选择、合理安排听说内容至关重要。在文化教学中,教师必须确保听说内容的真实性以及实用性,即听、说的主题要来自真实的生活,听、说的材料具有一定的意义,并能够反映出本族文化和目的语文化的不同侧面。因此,编写听说教材时不仅要考虑学习者的语言水平和学习需求,还要密切注意相关文化内容编排的一致性和系统性。在安排教学材料和教学内容时,要注意使文化教学的需要与语言教学的需要有机结合,使学习者在系统地学习语言知识的同时,也扩展了其他文化知识,增强了文化交际能力。即使教师有时会受到时间和篇幅的限制,很难做到将目的语文化的某一侧面细致全面地展现给学习者,也要注意提醒学习者在学习过程中对文化变体及个体差异给予足够的关注,避免由于以偏概全或者过度概括而引起偏见。

教师要注意利用课堂内外听说活动,将非语言交际技巧、交际策略融入学生语言交际能力的培养过程中,利用文字、图片、音频、视频相结合的方式来刺激学习者的感官,使他们有一种身临其境的感受。此外,多媒体教学也是进行跨文化听说教学的一个重要手段,通过将各种跨文化交际情境真实地展现给学习者,促进学习者跨文化交际能力的培养,为在外语教学中进行文化教学开辟了新的途径,尤其有利于从情感和行为层面上培养学生的跨文化交际能力。

(4)加强写作与阅读教学中的文化教学。

外语学习中,写作教学与阅读教学和听说教学齐头并进,贯穿于教学的始终。写作不仅体现了作者的个人经历、生活经验,更能呈现作者的思想价值观念,也就是说能够反映作者所处的文化环境。因此,写作常被看作讨论和学习日常生活、风俗习惯和价值观念等文化内容的理想基石。尽管写作的体裁不尽相同,写作内容和写作要求各有不同,但文化教学仍然可以与写作教学有机地结合在外语学习的各个阶段。

教师可对比同一主题下学生的作文与西方人的文章,引导学生思考,发现思维方式的异同;也可以指引学生寻找修辞风格的差异,如修辞格、引用方式、论证方式及谚语、俚语的使用,并进一步探索不同语言的深层文化根源。与背景知识导入相似,这部分教学以教师的讲授为主来增加学生的知识积累和提高跨文化意识。在写作与阅读教学过程中贯穿跨文化思维能力的训练,让学生通过了解东西方思维方式的异同,体会跨文化交际实践中形成跨文化思维的重要意义。

(5)运用案例分析,加强跨文化交际技能训练。

案例分析是通过对实际跨文化交际活动的个案进行讨论分析,从而在知识积累的基础上运用知识,掌握交际技巧。课堂上,跨文化教学的案例分析一般要遵循两个原则。第一个原则是要注重案例选择的关联性和针对性,也就是说案例内容与课文主题要紧密关联,使课堂教学形成系统的知识体系,针对跨文化交际能力的培养展开。第二个原则是案例分析要循序渐进,即教师首先要提出问题,然后学生带着问题阅读案例;阅读之后进行分析,接着进行分组讨论,得出结论,最后由教师进行总结。

案例分析以学生讨论分析为主、以教师指导为辅,突出强调了交际能力的训练,是跨文化外语教学所倡导的语言文化知识向跨文化交际能力转变的有效途径。

在课堂教学中运用案例进行实际场景模拟训练,可以使学生获得运用外语进行有效的跨文化交际的真实体验,为其实际解决跨文化交际问题提供方法指导和实践经验。案例内容十分广泛,既可涵盖跨文化语境下的各种日常交际活动,也可包含跨文化交际成功的经验或失败的教训等。案例的完成需要学生之间或学生与教师之间不断地在异文化和本族文化间变换角色,不断地解读、反思和调整,使学生能够换位思考,从异文化的角度思考、表达自己的观点。完成以案例为教学任务的活动需要学习者运用跨文化学科所包含的理论和实践知识,这样有助于他们形成系统的跨文化学科体系。案例分析将一些跨文化内容呈现在文化背景知识介绍或练习中,使学生在学习语言的同时学习跨文化交际知识和技能。

案例分析教学要求教师具备较强的案例教学调控能力。教师要提出能激发学生思考并且思路清晰、符合逻辑的问题,要能激发学生学习文化的好奇心,对问题解答要具有开放性。教师不但要掌握充足的文化知识和熟练的操作技能,还要能够准确解读案例的内容、合理设计教学活动,并能够有效组织与控制课堂教学,使学生能积极参与教学活动,发挥他们的主动性、创造性,通过活动将他们的知识转化为能力。

教师有的放矢的提问为学生的思考分析指明方向;阅读案例是获得语言文化知识、训练阅读技能的过程;分析案例使学生的思辨能力和判断能力得到训练,是跨文化意识得以形成的关键;分组讨论能够提升学生的语言综合运用能力和交际技巧;得出结论是对学生的概括、归纳能力加以训练的过程;教师总结则确保了知识的准确性和系统性,为案例分析画上了圆满句号。

案例分析是一个综合训练过程,它能对学生的跨文化知识、跨文化意识、跨文化思维和跨文化交际能力进行全方位的训练。运用案例教学法进行教学的目的在于培养学生的综合能力,其中包括分析、思辨能力和批判性思维能力、群体与人际协调技巧以及人际沟通能力,从而提高学生的跨文化交际技能。

3. 创设课外文化学习环境,培养学生自主学习的能力

(1)自主学习的概念与内容。

自主学习是一种对自己的学习做出决策并负责的学习方式,也是一种对独立学习的学习过程进行决策和反思的能力。自主学习指学生独立做出选择,想对自己的学习负责的愿望是学生的动机和信心。同时自主学习也是学生能够选择并且自己学习知识的能力,是学生的选择能力与执行能力。也就是说,学习者的动机和信心决定了他们独立行动的愿望,其知识和技能则决定了他们独立学习的能力。成功的学习者之所以能取得成功,具有专门知识和技能,主要是因为他们学会了学习,掌握了学习策略,具备了有关学习的知识和技能,能够独立于教师而充满信心地、灵活恰当地运用所掌握的知识和技能。

综合上述,我们可以把外语学习过程中的自主学习归纳为下述三方面内容。

1)态度方面。学习者要以积极的态度对待自己的学习,自愿承担自己学习的责任。

2)能力方面。学习者要有自己负责自己学习的能力,要研究学习策略,能够保证独立地完成自己的学习任务。

3)环境方面。学习者要有一个环境,在这个环境中,学习者有大量的机会来锻炼自己自主学习的能力。环境及环境因素影响和制约学生综合运用语言能力的发展,外语教学环境的诸多因素自然影响和制约着学生的外语学习。因此,教师要把自己看作教学环境中的信息传播媒介,既要考虑自己在外语教学中的主导作用,又要努力协调发挥教学环境的能动性,以有效的教学组织去激发学生自主学习外语的积极性。

(2)学生自主学习能力的培养。

自主学习要求学习者根据自己的实际情况确定自己的学习目标、制订学习计划、科学地评估自己的学习结果,这是一个体现学习者对自己的学习主动负责的过程。自主学习强调的是学习者的学习能力而不是学习过程。大学生要明确自己的主体地位,教师起的只是指导辅助的作用。在课堂上教师只是进行指导式的讲解,学生只有通过大量实践才能掌握技能。所以,自主学习在学好大学英语中扮演着一个很重要的角色。学生要以语言规则的认知、操作和掌握为基础,努力培养自我创新意识和能力,通过发掘和运用自身原有语言认知能力,提高对自身知识水平和学习风格的认识水平,逐步学会掌控个人的学习过程,学会选择学习方式和评估学习结果;最终克服英语学习中的畏难情绪,帮助自己建构个性化的、卓有成效的英语语言学习体系。

教师在课堂上所讲述的内容不可能满足各类学生的要求,那么第二课堂的开辟是很有必要的。它要求学生根据自身的特点,利用课余时间来安排个性化的学习计划及学习进度。因此,提高学生的自主学习能力可以从开辟第二课堂,营造鲜活的跨文化语境入手。学生对跨文化交流的教学活动还是很感兴趣的,教师要集思广益,努力挖掘各种不受时间和空间限制的学习资源,创建形式多样、内容丰富的第二课堂,培养学生自主学习的能力。

除此之外,还有其他许多灵活多样的课外教学形式。

1)广泛阅读课外文学作品,体验语言与文化的完美结合。广泛阅读外国文学作品是一种十分重要的获取外国文化知识的学习方法。文学作品中蕴含着丰富的民族文化内容,优美的语言形式和丰富的文化内容在文学作品中完美结合,是学生学习异国语言与文化的良好、有效途径。教师可向学生推荐优秀的外国文学作品书目,学生也可通过网上阅读或借阅阅读的方式进行。教师可以开展读书报告、文学作品赏析讲座、英美文学知识竞赛、外国文学作品沙龙等活动促进学生的课外阅读,检验学生自主学习的成效,以此提高学生的跨文化交际能力。

2) 观看英语影视作品,体验异国风情。很多教师认为多媒体和电影在跨文化教学中能起到积极的作用而采用这种教学方法。但课堂教学毕竟有限,教师完全可以把多媒体和电影的教学功能延伸到课外。在第二课堂,教师可以充分利用网络和多媒体资源,使学生观看英语影视作品,这是学生了解异国文化的重要途径。大部分电影和录像片的内容本身就是一种文化的缩影,能真实地记录和反映该国的历史地理、风土人情、生活习俗及自然环境等文化信息,学生可以通过视听感官去感受和体验异国文化。

3) 通过网络结交外国朋友,弥补语言环境的不足。拥有良好的英语环境势必进一步促进学生的英语学习,但现实中学生并没有很多机会与以英语为母语的人直接面对面地交流。令人欣慰的是,现代信息技术的发展从时空上拉近了世界上人与人之间的距离,人们拥有了更多可利用的信息和更多、更方便的交流的机会,因此,学生可通过网络与外国友人进行沟通与交流。网上与外国友人的交流是直接的文化交流,可以弥补面对面与以母语为英语的人进行交流的缺失。

4) 进行角色扮演和情境模仿,模拟实际交际场景。角色扮演、情境模仿是将学生置于模拟的实际交际场景中,使学生通过亲身体验和感受来提高跨文化交际能力的方法。其实施过程涉及三个阶段,即情境介绍、学生参与、教师总结。在教学活动过程中,学生是活动进行的主体,教师以引导者身份出现。教师的主要任务在于给学生提供合适的、特定的情境,并引导学生利用学过的跨文化交际知识、跨文化交际技巧来完成情境任务。为了使所选情境具有代表性,尽量接近真实跨文化情境,教师可以邀请留学生、外教共同参与,也可以利用互联网构建虚拟跨文化交际空间。

5) 开设"空中英语大讲堂",使跨文化教学超越时空限制。所谓"空中英语大讲堂"是指发动教师录制英语文化知识讲座,在早晚和中午的时间滚动式播放,学生在校园范围内,通过调频收音机和耳机就可以收听的一种课外英语学习方式。这种学习方式可以不受时间和空间的限制,学习内容可以无限扩充,且趣味性很强。

6)举办各类英语活动,调动学生学习积极性,对所学知识查漏补缺。定期举办有关英语文化或中英文化知识讲座,组织英语角、英语演讲比赛、英语辩论赛、英文歌曲演唱赛、英语播音主持比赛、圣诞文艺演出等活动,既能调动学生的学习热情,激发学生学习英语的积极性,又能使学生及时地对所学知识查漏补缺,有助于学生更好、更快地学习语言。

7)利用网络资料,提升学生学习能力。多看多听一些与英语国家有关的文字或音像资料,通过网络下载、浏览英语学习相关资料,使学生能够通过方便的视听感知英语语言素材。这种方式不仅能提升学生的听说能力,拓展学生的文化知识,同时也能使学生的语言基本技能得到训练,使学生运用英语进行思考和表达的能力得到培养,还能够弥补英语常规学习的不足,提高学生的跨文化技能,提高英语学习的效果。

总之,第二课堂作为课外学习的主体,是对第一课堂的完善和补充,有利于拓宽学生的知识面,调动学生的学习积极性,实现学生综合素质的全面提高,有助于学生跨文化交际意识与跨文化交际能力的培养。

第四章

跨文化视角下大学英语词汇与语法教学

第一节 跨文化视角下大学英语词汇教学

一、大学英语词汇教学简述

词汇教学是我国英语学习者提升词汇能力和语言能力的重要途径。在具体的词汇教学过程中,教师需要在了解其现状、原则的基础上,选用科学的教学策略,从而提升词汇教学的效果。本部分分析和研究大学英语词汇教学的现状、内容与意义。

(一)大学英语词汇教学的现状

在英语语言学习的过程中,词汇是基石,也是英语学习的关键,对于学习者的语言运用能力和交际能力都有着重要的影响。众所周知,我国传统的英语教学通常将重点放在词汇与语法教学上。教师花费大量的时间讲解词汇,课下学生把大部分的时间用在背单词上面,通过这种词汇教学方法,学生的单词量得到了很大的提升,但是造成的后果是大部分学生还是张口不成句,落笔错误百出。很多学生由于词汇掌握数量较少,在语言学习过程中不能读懂文章或者单词拼写错误,长此以往,学生对英语学习的兴趣会降低,语言学习过程中的自信心被一点点摧毁。因此,了解我国英语词汇教学现状很有必要,并应以此为基础进行有针对性的教学工作。下面从教师和学生两个方面对大学英语词汇教学的现状进行分析。

1. 教师方面

在大学英语词汇教学中,教师起着重要的引导作用,在一定程度上决定着学生词汇学习的效果。为了不断提升我国英语教师的专业能力和教学能力,必须对词汇教学中教师存在的问题进行梳理与探讨。具体来说,教师在词汇教学中存在的问题表现在以下几个方面。

(1)教学观念错误。词汇教学过程总是观念先行,教学观念影响着词汇教学的设计、实施乃至效果。然而,我国很多教师存在着错误的教学观念。一些教师认为,学习和记忆词汇是学生应该做的事情,因此课文讲解过程中仅偏重句子与篇章的讲解,忽视了对词汇用法进行总结。这种教学观念无法调动学生的学习兴趣与词汇发展潜能。教师也没有帮助学生逐渐形成适合自己的、行之有效的单词记忆方法。教学实践证明,教师应在语境中教学,使学生感受到词汇学习的乐趣。如果让学生觉得单词只是一连串毫无联系的符号,学起来太枯燥无味又很难记住,那么只会使学生产生厌学情绪。从这个意义上说,教师转变英语词汇教学观念是教学开始的必要前提。

(2)教学方法单一。我国传统的词汇教学模式比较单一,一般是教师对单词进行领读之后,学生来跟读,接着教师对学生不理解的单词进行讲解,课后要求学生背诵与记忆。这种词汇教学方式让学生的学习处于被动地位,使得词汇学习毫无趣味。长期下去,学生对词汇学习就缺乏兴趣。在新形势下,教师应对词汇教学方法予以丰富,在教学中不断提升学生的学习积极性,并保证学生的学习主体地位。

(3)缺少文化间的对比。词汇是语言的重要组成部分,语言则是文化的外在表现形式。因此,词汇教学需要对词汇背后的文化进行讲解。我国很多大学英语教师在教学中缺少文化间的对比,造成学生只了解词汇的表面意义,却不理解词汇使用中的深层内涵。这种教学方式不仅会直接导致学生理解上的错误,而且会影响学生的语言习得。教师在讲解词汇的同时要重视文化教学,因为文化辨析是词汇教学的一个重要组成部分。英汉两种语言反映着两种不同的文化,有同又有异,故增强文化间的对比应该成为英语词汇教学的必要组成部分。

(4)忽视词汇综合运用。词汇教学的最终目的是让学生进行词汇和语言的运用。但是,现如今很多教师往往忽视词汇的综合运用。教师对学生的词汇学习进行检测时,仅检测学生的拼写能力,学生为了顺利通过单词的检测,不得不花费很多的时间和精力记忆单词,这样缺乏理解和运用的记忆即使检测结果合格,也是暂时的。随着时间的推移,学生对词汇的使用频率下降,这些单词还是会被遗忘。教师的错误做法会直接影响学生对词汇学习方法的选择,使他们在词汇学习中脱离语境和运用,从而导致词汇学习效率低下。为了改变这种词汇教学现状,教师应该有意识地在整体教学中提升词汇运用的比重。

2. 学生方面

学生是大学英语词汇教学的主体,但是很多学生的词汇学习只是孤立地对单词进行死记硬背,词汇学习效果并不是十分理想。由于英语词汇有自身的结构,含义和用法纷繁复杂,并且英语和汉语在语言和文化方面存在着明显的差异,因此死记硬背英语单词的学习方式既花费时间又收效甚微。具体说来,学生在英语词汇学习方面主要有以下几个方面的问题。

(1)词汇接触受限。根据我国的英语教学大纲,英语被定位为我国学生学习的第一外语,但与母语相比,学生对英语的学习缺乏必要的先天条件。学生对词汇知识的学习仅停留在课堂上,因此很难真正地扩大词汇量。学生的词汇接触情况对我国的词汇教学效果造成了不利影响。虽然英语教学大纲对词汇量提出了较高的要求,但是由于学生接触的词汇量较小,很多学生并未达到大纲规定的要求。

　　针对词汇学习的这一现状,教师和学生都必须付出努力。对于学生来说,应该主动、积极地接触词汇,扩大自身的词汇量,并对新的词汇进行有效记忆;对于教师来说,应该给学生介绍一些词汇学习的方法与技巧,以便于学生词汇知识的积累与掌握。需要指出的是,提升英语词汇的接触面在很大程度上受到学生词汇学习主动性的影响。如果学生真心想要学习英语词汇,提高自身英语能力,就会主动积极地扩大自身词汇量,通过多种渠道了解英语词汇,如日常生活中的英文标识语、英文电视节目、网络英文资料等。因此,教师在教学中需要不断吸引学生的注意力,让学生了解英语词汇学习的乐趣。

　　(2)注重汉语意义。很多学生在初学英语词汇时,总是过分关注词汇的汉语意义。由于此时学生的词汇掌握数量较少,因此这种词汇学习方式的弊端并不十分明显。随着词汇数量的不断增加、英语教学的不断深化,这种记忆方式会增加学生词汇学习的难度,甚至让学生感到力不从心。长此以往,词汇的记忆就成为学生学习英语的最大障碍,随后学生便逐渐对英语产生畏惧、厌学的情绪,甚至放弃英语学习。鉴于此,在记忆单词的时候,学生应该从上下文和语境入手,不断积累词汇知识,同时要舍弃死记硬背的词汇记忆方式。

　　(3)词汇掌握失衡。学生在单词学习中往往只注重对词汇意义的把握,而忽略词汇在句子、语篇中的用法,这样很难学会词汇搭配、常用表达等,也很容易在阅读中不理解词汇的意义,在写作中不知道如何选择更为准确、地道的英语表达方式。实际上,对一些单词搭配、常用表达的记忆能培养学生的语言知识技能。在具体的应用中,词汇一般不会单独出现,而是以短语、句子等形式出现,因此学生应该多注意这一点。

　　(4)词汇疏于整理。英语词汇并不是杂乱的,而是存在着一定规律。但是,有些英语教材在编写过程中并没有按照词汇系统进行编排,这就导致很多学生仅仅会死记硬背单词,忽视了对英语词汇系统的整合与整理。

(二)大学英语词汇教学的内容

1. 词义

词义是随着社会的变化而不断变化的,并不是固定不变的,一些词汇在不同的时期其词义也不相同。因此,在英语词汇教学中,教师应该先让学生清楚词的含义。然而,一个单词的含义在很多情况下是受语境影响的,这就需要教师在词汇教学中根据词汇的特点和具体的语境,运用恰当的教学手段让学生了解词义的转变,明白词义是随着时间的变迁、社会的发展而不断变化发展的。具体而言,词义的演变体现在如下几个方面。

(1)词义的扩大。凡是词义从特定的意义扩大为普通的意义,或是从指"种"的概念扩大到指"类"的概念,使新义大于旧义,这种演变就称为"词义的扩大"或"词义的一般化"。通常而言,词义的扩大可以进一步分为以下四种类型。①从特指到泛指。例如:"cookbook"的意思从"烹调书"扩大到"详尽的说明书","butcher"的意思从"宰羊的人"扩大到"屠夫","journal"的意思从"日报"扩大到"一切期刊"。②从具体到抽象。例如:"arrive"的意思从"靠岸"扩大到"到达","bend"的意思从"上弓弦"扩大到"弯曲","pain"的意思从"罚款、惩罚"扩大到"痛苦"。③从术语到一般词语。近年来,随着科学知识的普及,很多学科术语走进人们的日常生活,它们的意义也得到扩大。例如,"精神分析"在西方一些国家经常出现,这类心理学术语进入日常生活后词义也不断扩大,如"complex"在心理学中指"情结""复合",如今用于指"任何的变态心理"。④从专有名词到普通名词。例如,ampere(安培),farad(法拉),newton(牛顿),volt(伏特)等原来均为科学家的名字,如今成了物理学单位。

(2)词义的缩小。凡是词义从普通的意义变为特定的意义,结果新义从指"类"的概念变成指"种"的概念,均称作"词义的缩小"或"词义的特殊化"。以"deer"一词为例,其之前的意义是"野生动物",可以指从鹿到老鼠的各种动物。如今"deer"一词的词义已经缩小到仅指一种动物"鹿",先前的意义分别由拉丁词"animal"和法语词"beast"所取代了。

通常,词义缩小可以分为如下五种类型。①从泛指到特指。一个可以指有类似之处的、不同的事物的词变为专指其中的一种事物。假如这种用法在语言中通用起来,这个词就获得了新的特指词义。②从抽象到具体。例如,"probe"(调查,检验)的意思可以引申为"宇宙探测器",其词义缩小到具体的意义。③从普通名词到专有名词。例如,"cape"(海角)写成"the Cape"时,指好望角(the Cape of Good Hope)。④从一般词语到专业术语。很多专业术语均来自一般词语,如"memory"的含义是"记忆",但在计算机领域中指"存储器";"pack"的原义为"包裹",但在摄影技术中指"软片暗包",在医学领域中指"包裹疗法"。⑤外来语的词义缩小。例如,拉丁词"liquor"的含义是"液体"(liquid),但在英语中常指"烈酒"(ardent spirits),这一拉丁词的法语变体"liqueur"在英语中的词义范围则进一步缩小为"甜酒"(aromatic cordial)。

(3)词义的升格。词义的升格是指词义朝着褒义方向发展的过程。例如,"inn"一词原意是"小客栈",特别指设备简陋的农村或者公路旁边的小旅馆,但如今一些大旅馆也用 inn 命名,如 Holiday Inn(假日旅店),此时"inn"的词义就得到了升格。

(4)词义的降格。词义的降格是指词义朝着贬义方向演变的过程。例如,"silly"在古英语中有"幸福的"的意思,甚至有"神圣的"的意思;到了中古英语时期则演变成"天真的,无害的"的意思,是用来形容智力不发达的人的一种委婉表达;如今的意思为"愚蠢的"。

2. 词汇信息

词汇信息具体涉及词的分类、构词法及单词的发音、拼写等。这些信息不仅是教师在词汇教学过程中要讲授的基本信息,而且是学生词汇学习中应掌握的最基本内容。学生只有掌握每个词语的基本信息,才能全面地掌握词汇,从而更好地学习短语、搭配和句法等。

(1)词的分类。词类也称"词性",英语单词根据词义、句法作用与形式特征及在句子中的作用,可以分为如下十类:①名词。名词是用于表示人或事物的名称的词。②动词。动词是用于表达动作或状态的词。③形容词。形容词是表示人或事物的性质或特征的词。④数词。数词是表示数目多少或顺序的词。⑤冠词。冠词是用在名词前帮助说明名词所指的人或物的词。⑥代词。代词是代替名词和数词等的词。⑦副词。副词是表示动作特征或形状特征的词。⑧介词。介词是用在名词、代词之前说明与别的词之间关系的词。⑨连词。连词是用来连接词与词、短语与短语或句与句的词。⑩感叹词。感叹词是表示说话时感情或语气的词。

(2)构词法。有关英语的构词法我们在第三章介绍英汉语言差异时有所涉及,而构词法也是大学英语词汇教学的一项重点内容。因此,这里有必要对其做简要论述。词汇的构词法主要包含如下几种。

1)复合法。通过复合法可以创造一些新的词,即"复合词"。具体而言,复合词是指将两个或两个以上的单词合成在一起而构成的新词。

2)缩略法。通过把词的音节加以省略或简化而构成新词的方法就是缩略法。

3)词缀法。

英语前缀一般不会改变词性,仅改变词义。①表示否定意义的前缀:"dis-",如 disagree(不同意)。"un-",如 unhappy(不高兴的)。"in-/im-",如 incorrect(不正确的)。"ir-",用于以 r 开头的单词,如 irregular(不规则的)。"il-",用于以 l 开头的单词,如 illegal(不合法的)。"mis-",如 misuse(错用)。"non-",如 non-smoker(非吸烟者)。②表示其他意义的前缀:"a-"表示"……的",可以构成表语形容词,如 alone(单独的),alike(相像的)。"re-"表示"再、又、重",如 rewrite(重写)。"tele-"表示"远程的",如

telephone(电话)。"en-"表示"使",如 enlarge(扩大)。"inter-"表示"关系",如 Internet(因特网)。

英语后缀一般会改变词性,通常可以构成意思相近的其他词性的词(能改变词义的后缀只有少数)。①形容词后缀:"-ful",如 care→careful(小心的)。"-less"表示否定,如 use→useless(无用的)。"-ly",如 year→yearly(每年的)。"-ish",如 self→selfish(自私的)。"-en",如 wood→wooden(木质的)。②动词后缀:"-fy",如 beauty→beautify(美化)。"-en",如 sharp→sharpen(削)。③副词后缀:"-ward"表示"方向",如 eastwar 向东。④名词后缀:"-ment",如 move→movement(运动)。"-ness",如 busy→business(事务)。"-tion",如 dictate→dictation(听写)。"-er"表示"人",如 buy→buyer(买主)。"-or"表示"人",如 sail→sailor(海员)。"-ist"表示"人",如 science→scientist(科学家)。"-ess"表示"人或动物",如 lioness(母狮子)。"-ful"表示"量",如 handful(一把)。"-th"表示性质、状态、行为,如 long→length(长度)。⑤数词后缀:-th 构成序数词,如 six→sixth(第六)。

4)转化法。英语中的词性非常活跃,如名词可以转换成动词,动词可以转换成名词,形容词可以转换成动词等,这种将一种词性用作另一种词性的方式叫作"词性的转化"。①动词转化为名词。如 Let me have a try.(让我试一试)。②名词转化为动词。如 It can seat 1,000 people.(它能容纳 1000 人);We will back you up.(我们将做你的后盾);They lunched at the hotel.(他们在宾馆吃了午饭)。

3.词汇的用法

词汇的用法包含搭配、风格、短语等。例如,对于"hot",人们多用其形容"热",但这只是书面用法,如果是口语,意义则会有所不同,如"a hot guy",并不是"热小伙"的意思,而是形容这个小伙的长相十分有魅力。在词汇的用法中,词汇的搭配是非常重要的内容。在英语中,一些词汇的搭配是固定的,如"permit"后只能接动名词,不能接带 to 的不定式。再如:"out of the question"（不可能）和"out of question"（没问题），虽然只相差一个"the"，但是含义完全不同，这些词组的含义都是固定的，不能混淆。

英语习语与自由短语、自由词组不同，自由短语或词组可以从每个词的字面意义对整个短语或词组加以判定。相比之下，英语习语有两个明显的特征：一是保证语义的统一，二是保证结构的固定。因此，与普通的短语或词组相比，习语更为固定与系统，不容易分割。同时，即便人们清楚每一个单词的意思，也很难猜出整个意思。

另外，英语中有很多一词多义现象。从社会语言学的角度来说，社会对词义的改变有着极大的影响。随着社会的发展，一些新思想、新事物会不断产生，为了对社会的变化与发展进行准确的传达，所属的语言就需要不断创造出新词，这样才能让人们区分不同事物的意义。但词汇的总量是有限的，因此一个词就引申出一些与往常不同的意义。

（三）大学英语词汇教学的意义

在英语教学中，词汇教学有着重要的作用。众所周知，语音、词汇、语法是英语的三大组成要素。如果学生的词汇量不充足，那么将很难建构语言知识体系，也很难理解语篇。词汇的掌握是语言运用的关键，因此大学英语词汇教学意义非凡，具体体现在如下两个方面。

1. 有利于提高学生口语表达的流利性

大部分话语都是在记忆中得以存储的词块，因此语言运用重复的现象是非常常见的。一方面，这些词块的表达往往具有约定俗成的特点，有利于学生避免出现口语失误，因此被广泛运用。另一方面，这些词块有助于减轻信息处理压力，保证语言表达更为顺畅。

2. 有利于提高学生的语篇理解能力

无论是口语还是书面语，发话人在表达自己的思路时，往往会运用话语、语篇指示语。话语、语篇指示语是指在说话或写作中，发话人与写作者选择恰当的结构与词语对某些知识信息加以传递。由于交际必然与时间、地点等相关,因此话语、语篇指示语与时间指示信息、地点指示信息等也有着密切的关系。其实在很多情况下,话语、语篇指示语本身就是时间指示信息、地点指示信息,如"the next…"与"the last…"等。

在不同的语境中,话语、语篇指示语可能是前指关系的话语指示语,也可能是后指关系的话语指示语。例如:

综上所述,养鸟是对鸟的一种爱护,而不是伤害。

The following is from the received Robert Stevenson Production of Jane Eyre for Fox.

上述两句话中,"综上所述"就是一个前指关系的话语指示语,"the following"是一个后指关系的话语指示语。可见,这些词语的运用有助于加强听者或读者对语篇的理解力。

二、文化差异对大学英语词汇教学的影响

语言是文化的折射镜,通过一个民族的语言可以窥见该民族绚丽的文化形态。一个民族的文化最先通过语言中的词汇表现出来,而不同民族间的文化差异在词汇上的表现也最为明显。因文化的不同,英汉词汇的内涵与外延都有着极大的不同,这种差异也对英语词汇的学习以及教学有着重要的影响。

(一)英汉词汇的概念意义相同或相似

同一个词汇在英汉语言中可能有着联想意义和指示意义相同或相似的情况。例如,"fox"既有"狐狸"的意思,又有"奸诈,狡猾"的意义。再如,"swan"既有"天鹅"的意思,又有"高雅的人或物"的意思。在英语词汇教学中,当遇到这种词汇时,教师应详细讲解它们的联想意义和指示意义的相同和不同之处,让学生清楚它们的异同,进而掌握它们的具体应用方法。

(二)在英语或汉语中有特定文化内涵的词汇

有的词汇在特定的文化中有着特定的文化内涵。以植物词汇为例,英语中一些植物的名称有着独特的联想内涵,如"yew"(紫杉)通常在墓园中种植较多,所以含有一种悲哀的情绪;"lily"(百合花)在西方人看来是大自然的恩赐,一般用于象征纯洁、高贵、完美无瑕,但这种花在汉语中仅为一种植物的名称。

汉语也常常用植物抒发一些特殊的情感,不同植物的特定形态和习性往往可以引发不同的联想。例如,红豆有相思之意。王维的《相思》"红豆生南国,春来发几枝。愿君多采撷,此物最相思"就赋予了红豆一种浓厚的感情色彩。再如,成语"胸有成竹"主要表达坚定的决心和信念,并且"竹"本身也代表崇高、坚定和谦逊的品格以及情操。此外,一些来自古希腊神话、古罗马神话以及汉语文学作品中的词汇有着特定的文化内涵,所以应该基于特定文化背景了解它们的文化内涵。

由于文化具有独特性,因此也会出现一种词汇在另一语言中的语义空缺,即"词汇空缺"的现象。这种空缺的词汇常常会使处于另一种文化背景的使用者很费解。例如,英语文化中的"hippie"(嬉皮士),"montage"(蒙太奇)等虽然可以用汉语表达,但一般都是音译或假借而来的,其实在汉语中并没有真正的对应词汇。又如,中国传统文化中的"风水""阴阳""乾坤"等概念在英语中并不存在。很多学生习惯利用英汉语言的对应来学习英语,但是面对词汇空缺的情况,学生很容易手足无措,自然会影响大学英语词汇教学。因此,面对这一情况,教师适宜采用释义法,对这些词语的含义及使用情况进行详细的说明,这样学生就不难理解了。

三、基于跨文化交际视角的大学英语词汇教学的原则

英语词汇教学是英语教学的必要组成部分,因此词汇教学中也需要遵循英语教学的普遍原则。

1. 选择性原则

选择性原则要求词汇教学不应该是盲目的、分不清主次的教学。具体来说,教师应该有选择地进行教学。首先,选择经常出现的重要词汇。其次,选择能够用于其他活动的词。最后,选择具备其他词汇特点的词,这样掌握了这一词汇,就可以很容易地让学生学到与之类似的词汇。

2. 系统性原则

系统性原则要求每一个词语的教学应该与其他单词相联系,展开综合教学。虽然词汇有上千万个,但都是由 26 个字母组合而成。因此,英语中的很多单词都是有关联性的,这就要求词汇教学应该具有系统性,让学生学会单词与单词之间的联系,便于记忆。

3. 实践性原则

词汇学习的目的在于交际,因此词汇教学也需要坚持实践性原则。具体来说,教师在单词讲解时可以为学生创设多种情境,在情境中让学生了解单词、记忆单词,这样教学才能更有活力,学生掌握得也才能更快。

4. 循序渐进原则

英语学习不能一蹴而就,而应该循序渐进。也就是说,大学英语词汇教学应该具有层次性,从简单到复杂,一步步地推进,这样才能让学生形成由旧到新的认知,掌握词汇具体的意义与用法。

5. 重复性原则

根据遗忘规律可知,学生学得快,忘得也快,那么他们该如何记忆单词呢?这时候就需要教师坚持重复性原则,对之前讲过的词汇要不断复现,进而加深学生的记忆。当然,对于词汇的重复,可以与听、说、读、写、译相结合来进行,通过多种方法与手段,让学生巩固自己的记忆,并灵活运用所学单词。

四、大学英语词汇教学中跨文化交际能力的培养

跨文化交际能力的培养在英语教学中占据着十分重要的地位,因此大学英语词汇教学也应重视对跨文化交际能力的培养。具体来说,可以采用如下几种方法。

(一)语境法

当一个词被用于新的语境时,那么新词就诞生了。就狭义角度而言,语境即词所处的特殊环境。就广义角度而言,语境范畴非常广泛,如交际语境、非语言语境等。英语中有很多一词多义的现象,要想判断同一个词在不同词组或句子中的意义,就必须结合具体的语境。可见,语境对词汇意义的影响极大。例如:"heavy news"(令人悲痛的消息)、"heavy crops"(丰收)、"heavy sea"(汹涌的大海)、"heavy road"(泥泞的道路)、"heavy eyebrows"(浓眉)。这些短语都包含"heavy"一词,但是由于后面接的名词不同,含义也有所不同。因此,在大学英语词汇教学中,教师需要引导学生根据语境来断定单词的意义。

另外,上下文之间存在着紧密的关联,这种关联也构成了特定的语言环境。正是基于这种特定的语言环境,读者才能判定词义,并衡量所选择的词汇意义是否准确。事实上,不仅某一个单词需要从上下文进行判定,很多时候一个词组、一句话也需要根据上下文来判定。例如"Fire!",可以看作是一个词,也可以看作是一句话。如果没有上下文的辅助或者一定的语境,人们是很难理解其含义的。这个词可以理解为上级下达命令"开火",也可以理解为人们喊救命"着火了"。但是,要想确定其含义,必须将其置于具体的语境中。

人们可以根据文中所叙述事物的内在关系来判定词义,也可以根据组成文章词句之间的语法关系来判定词义。到底选择哪一种,需要根据具体的文章来判定。例如:

Suddenly the line went limp. "I'm going back." said Smith. "We must have a break somewhere. Wait for me. I will be back in five minutes."(引爆线突然耷拉下来。史密斯说:"我回去看看。一定是某个地方断了线。等一下,我五分钟就回来。")

一般来说,"have a break"意思为"休息一下",但是在这个句子中这么理解显然不合适,根据第一句话可以判断出,其意思为"断了线"。

(二)文化融入法

语言与文化有着密切的联系,在英语词汇教学中,教师的教授不能仅限于词汇层面,而应该将词汇教学的视角放宽,通过词汇背后的文化来研究词汇,将词汇文化融入词汇教学中,从文化层面对学生进行引导,最终让学生掌握词汇的演变规律与具体的词汇意义。

(三)词汇训练法

词汇训练是词汇教学的重要内容之一,也是当前英语教学中词汇记忆的重要手段。在具体的训练中,教师应该从不同单词的特点出发,对词汇教学进行设计。

1. 归类记忆

有的词汇有多种词性,教师在对具有多种词性的词汇进行训练时,最好采用归类记忆法,让学生的学习形成系统性。下面以"like"为例进行说明:"like"作为介词,意思为"像……一样";"like"作为名词,意思为"类似的人或物、喜好";"like"作为形容词,意思为"相同的"。

2. 词块记忆

词块记忆为学生的词汇学习提供了一个新视角。在词汇教学中,教师不仅要让学生记住词汇的发音、拼写等,还要让学生把握词汇搭配、短语、不同的词义等。

在英语中,很多句子、短语都是约定俗成的,尤其是习语。对于这些,学生需要掌握具体的词汇特点与规则,提升自己的英语思维能力。在进行记忆时,学生以词块作为单位,从英语的思维出发对词汇加以运用,这样才能保证词汇运用的正确性。

3. 词汇运用

在词汇教学中,词汇运用法有很多,下面是几种常用的方法。

(1)用词造句法。用词造句可以帮助学生在使用词汇的过程中有效地联想、记忆词汇。在造句前,学生应掌握词汇的意思,对教材或词典中提供的例句进行分析,通过对例句进行模仿,灵活地改变句子的成分。

记忆典型例句并辅以造句等实践训练,比单纯记忆单词效果要好。通过造句,学生可以明确词汇的词性及用法,从而更好地记忆单词,同时使用所学词汇进行表达交流,达到学以致用的目的。由此可见,造句是记忆、积累和掌握单词的一个非常有效的方法。

(2)接龙游戏法。学生还可以使用接龙游戏法来运用词汇。接龙游戏可以采取字母接龙、句子接龙或扩写句子等方式。在词汇教学中,教师通过加入适当的游戏活动,可以使学生在轻松和谐的课堂气氛中练习词汇。

字母接龙游戏,即每一短横线填一个单词,每个单词最后一个字母是下一个要填的单词的首字母。字母接龙游戏可以帮助学生更好地记忆单词的拼写形式。句子接龙游戏可以帮助学生复习所学过的词汇。扩写句子既可以练习词汇,又可以练习语法和句型。

(3)作文练习法。作文练习法也是一种常见的词汇运用方法。所谓作文练习法,即让学生在写作训练的过程中熟悉、掌握词汇的用法。让学生写作文,既有利于巩固学生对词汇的记忆,熟悉词汇的用法,又有利于锻炼学生的写作能力。

具体而言,在词汇教学中,教师可以给出一个作文话题及相关词汇,要求学生运用这些词汇进行写作。通过这样的方式,学生可以在写作文的过程中逐渐熟悉、巩固新学的词汇。

(四)联想教学法

1. 同义联想

同义联想就是在对某一个特定单词进行讲授时,联想到与其具有相同意义的单词,并同时进行讲授的方法。

2. 反义联想

反义联想就是在对一个特定单词进行讲授时,联想到与其相反的词,并同时进行讲授的方法。

3. 同属联想

同属联想就是在对某一特定单词进行讲授时,联想到与其有着共同属性的单词,并同时进行讲授的方法。

4. 种属联想

种属联想就是在对某一特定单词进行讲授时,联想到与之有上下位关系的单词,并同时进行讲授的方法。

5. 混合联想

混合联想法是同义、反义、同属、种属方法两种或以上的结合。

不难发现,这种发散思维的方法在词汇记忆上发挥着重要的作用。在词汇教学中,培养学生进行联想式学习,是我们提倡的一种教学方法。

(五)任务教学法

任务型语言教学将设计、执行和完成任务作为教学的主要手段,强调语言习得者互相交流的重要性。任务教学法的核心是"以学习者为中心"和"以人为本"。任务教学法更注意信息的沟通,活动具有真实性,并且活动量较大,这也是任务教学法与传统教学法的不同之处。教学任务应包含以下六点:①任务目标;②构成任务的输入材料;③基于材料的各项活动;④任务所隐含的教师的作用;⑤任务所隐含的学习者的作用;⑥任务所执行的环境。

任务教学法具有交际性、真实性的特点,同时有助于激发学生学习英语的兴趣与动机,真实自然的教学任务有利于学生更好地学习语言知识,同时做到"言行"一致,情景交融,加深学生的印象。在英语词汇教学中,教师可以根据课程需要设计不同的任务,把词汇学习寓于任务之中。在完成任务的过程中,促使学生利用已知词汇进行交流、互动,并在互动中积累新的词汇,从而轻松地掌握单词。

在英语词汇教学中运用任务教学法,应注重设计与学生实际相符的任务。任务教学法应涉及准备阶段、任务准备、任务实施、任务结束与评价几个阶段。

(1)准备阶段。在课堂开始前,教师可以根据教学目标导入与课堂内容相关的主题,设置好学生感兴趣的切入点,为下一步任务的实施做好准备。教师可利用影音设备让学生通过跟读、复读和大声朗读等方式对已提供的生词建立起音、形、义的初步印象和概念。在词汇的口语和视听之间建立联系,使学生在听到或说到该词时能迅速做出反应。

(2)任务准备。当学生对已提供词汇达到一定的熟悉程度时,教师可以分配和布置任务。任务设计、任务选择、任务执行应做到科学实际、灵活开放、以人为本、注重实践。在实际的英语词汇教学中,教师可以根据具体的教学目标和教学内容采取不同的任务形式,或将两种或两种以上任务形式结合使用。英语词汇教学中常见的任务形式有:①分组讨论。②分组竞赛。③表演自编故事。④根据情境表演任务。⑤单词串联,故事接龙。⑥词形联想,找出规律。⑦复述课文,强化记忆。⑧每日几题,巩固词汇。⑨自编对话,奇思妙想记单词。教师可以根据任务的不同以及教学效果将学生分成几组,从而增加互动性和竞争性。在该环节,教师应明确给出任务的要求与规则,为下一阶段任务的实施做好准备。

(3)任务实施。任务实施是任务教学法的关键。在对已提供词汇基本熟悉的基础上,学生将头脑中已有的知识体系与教师布置的任务结合在一起,充分发挥自身的主观能动性,多思考,多与其他学生讨论与沟通,不断完善旧的知识体系,同时构建新的知识系统,使被动学习变为主动学习。在此过程中,教师担任着任务组织者与活动监督者的角色,应对学生予以鼓励与引导,并提供适当的帮助。学生成为课堂的主人,其学习兴趣才会得到提高。

(4)任务结束与评价。任务结束后,教师可以组织学生互评,及时发现问题和检验任务效果。对于学生在学习过程中出现的错误,教师要及时指出并予以更正。教师要有针对性地进行评价,并且评价应以鼓励为主,促进学生对词汇的理解和记忆。

任务教学法虽然对词汇教学有一定的成效,但是在使用任务教学法时,教师还要注意以下几点。

(1)教学面向全体学生。任务型教学方法的核心是要求教师根据学生的不同水平设计不同层次的任务,尽可能使每位学生都得到有效的发展,这样才能使学生感受到成功的快乐,从而产生更持久的学习热情。

(2)任务要有利于激发学生学习的主动性。在设计任务时,教师应保证设计的任务内容和方式尽量真实,并且具有实际意义。也就是说,教师应选择贴近学生生活的任务,激发学生的兴趣,使学生主动参与到任务中。在完成任务的过程中,学生可根据已有的经验对未知内容进行推测,并通过小组成员的写作最终得出优化的结论。

对于英语词汇教学而言,游戏是一种可以激发学生学习主动性的行之有效的方式。通过游戏,学生可充分利用小组成员内部之间的合作以及小组之间的竞争来学习词汇,增添了学习的趣味性,使他们更易于记住所需掌握的词汇。小组内部的合作就是小组成员互相帮助的过程,而小组之间的竞争更有利于培养小组成员的集体荣誉感,促使每个成员都积极认真准备,学习效果自然较好。需要注意的是,教师所设计的任务应确保可以激发学生学习的积极性与主动性,从而使课堂教学生动、有趣。

(3)教师要及时总结课堂教学。教师对课堂教学情况应进行及时总结,内容涉及对学生成果展示的评价以及对所学单词用法的补充。教师在对学生成果展示进行评价时,应确保具有针对性。另外,针对学生在完成任务过程中出现的错误,教师应及时加以纠正,善于发现学生的闪光点,并多表扬学生。此外,采用任务教学法教词汇,教师需要在任务结束后做适当的补充,并总结教学内容,帮助学生抓住要点和难点。

(4)教师应提供适时的帮助。教师在布置完任务后应尽快到学生中间去,如果学生在完成任务的过程中遇到问题,教师可以帮助学生及时解决。在英语词汇学习过程中,一些学生在单词建构阶段可能存在发音问题,也可能会难以理解单词在书中的用法,这就需要教师提供帮助,否则可能会对学生学习的积极性造成一定的影响,进而影响教学效果。

第二节 跨文化视角下大学英语语法教学

一、大学英语语法教学简述

大学英语语法教学旨在帮助学生获得语言内部结构的一般规律,在大学英语教学中有着重要的作用与地位,不仅有助于对学生语言知识与技能的培养,而且是学生交际能力提升的基础。

(一)大学英语语法教学的现状

1. 教师方面

(1)教学观念陈旧。教学观念对教学实践有着直接的影响,如果教师的教学观念陈旧,那么在教学中往往采用机械的教学方法。在大学英语语法教学中也是如此,传统的教学观念往往侧重于语法规则等的教学,忽视对句子得体性、与语境是否相符等层面的教学。正是这种陈旧的教学观念,使得语法教学很难与语境联系起来,也使学生很难在具体的场合传达出恰当的句子并完成交际。

(2)教学方式单调。在大学英语语法教学中,很多教师并不讲究教学方法,对语法概念等进行单调的教授,之后就带领学生做题,这种方式让学生感到非常枯燥,因此很难收到理想的效果。这样的教学方法导致学生感觉在课堂上虽然学会了,但是在实际生活中仍然不会运用,也很难真正地将语法现象之间的差别区分开来。

2. 学生方面

(1)对语法没有明确认识。分析现阶段我国学生的语法学习情况,很多学生都缺乏语法敏感性,这导致他们不会将学到的语法灵活运用到听说交际中。例如,当他们完成英语写作题目之后,由于不能精确地理解语法知识,便不能发现自己写作中存在很多的语法错误,也不能立即进行改正。

(2)缺乏有效学习的方法。很多学生在语法学习中会存在一些困惑,因为语法规则很多,有时候需要记忆下来,但是也有一些例外的情况存在;很多学生做了大量练习题,但是在运用时仍把握不准。这些情况都是因为学生对语法知识的掌握过于零散,并没有形成体系,是一种被动的学习,同时并不能对语法学习产生兴趣,这对于语法知识的巩固非常不利。

(二)大学英语语法教学的内容

1. 词法、句法、章法

(1)词法与句法。初级阶段的语法教学包括两大部分:词法和句法。词法可进一步分为构词法和词类。构词法具体涉及词缀、词的转化、派生、合成等。词类包括静态词和动态词。句法主要有三个部分:句子成分、句子分类、标点符号。其中,句子成分涉及主语、谓语、宾语、定语、状语、表语、同位语、独立成分等。对于句子的分类,按照句子的目的可以分为陈述句、疑问句、祈使句和感叹句;按照句子的结构可以分为简单句、复合句和并列句。此外,与句子有关的还包括主句、从句、省略句等。标点符号也是句法中的重要组成部分。

(2)章法。随着社会经济的发展,英语教学的内容在不断丰富,语法教学的内容也更进一步深化,除了词法、句法外,还包含章法。章法是高级阶段语法教学的主要内容。学习者对于词法和句法进行一段时间的学习之后,已经打下坚实的语法基础,此时再进行章法的学习就比较容易。章法的教学内容主要涉及句子之间的逻辑关系、篇章的结构逻辑等。例如,表示比较对照的词语,如 by contrast, by comparison, unlike;表示顺序的词语,如 first, second, then, finally 等都属于章法的范畴。

2. 向心结构与离心结构

(1)向心结构。从功能上而言,向心结构的分布与其成分的分布具有同一性,成分可以是一个单个的词,也可以是一组词。一般来说,名词短语、动词短语等通常都属于这一结构形式。

按照组成成分之间的关系,向心结构可以分为并列结构和从属结构两类。两个或者两个以上的成分用 but, and, or 等连接起来,就是并列结构。从语法地位上说,前后部分的地位是同等的。而从属结构指将语言单位进行连接,使各个单位具备不同的句法地位的过程,其中一个单位对于另一个单位是依赖的关系,并且往往是另一个单位中的一个成分。

(2)离心结构。离心结构与向心结构相反,指的是在一组句法上相关的词,在功能上并不与整个词组有着相同的功能,即词组中并不存在中心词。

3. 直接成分分析

在英语语法体系中,成分是一个大的语言单位,是在句子结构分析中针对各种语法单位而产生的术语。例如,在"The boy ate the apple"这个句子中,句子用 A 替代,the boy 用 B 替代,ate the apple 用 C 替代,这三者分别代表一个成分,而 B 与 C 可以被认为是 A 的直接成分。A 是 B 与 C 的母节点,而 B 与 C 可以被认为是姐妹节点。这种简单的树形图可以表达出 A 与 B、C 的关系,也可以表达出 B 与 C 是按照一定的次序进行排列的。

上述这种将语法结构分解的方法就称为直接成分分析法(immediate constituent analysis),简称 IC 分析。直接成分分析法非常强调句子层级结构,认为句子中的词首先构成词组,只有这样才能将句子的内在结构显示出来。

4. 句法关系

(1)替代关系。所谓替代关系,指的是在同一个语法位置上,有些词或词组可以替换。例如"The girl smiles",其中的"girl"可以替换为 boy,woman,man 等。另外,替代关系并不仅仅指词与词的替换,还可以用特定集合的由多个词构成的词组来进行替代。

(2)同现关系。同现关系是指不同组分句中的词语可以要求或者准许与另一组词语同现,构成句子的某一部分,如名词短语前可以设置形容词或限定词,后跟动词短语等。可见,同现关系部分属于组合关系,部分属于聚合关系。

5. 语法层级

(1)短语。短语通常是由一个或多个词构成的单一成分结构。短语在结构等级中位于小句和词之间。短语往往围绕一个中心词展开。中心词是在短语中起语法作用,同时受其他词所修饰的词。根据中心词词性的不同,英语短语可以分为名词短语、动词短语、副词短语等。

(2)句子。在传统意义上,句子是语言中可表达思想的最小语言单位。从结构上对句子进行二分,可将句子分为简单句与非简单句。根据句子的功能,句子可分为陈述句与祈使句。二者均可以做进一步的划分。

(三)大学英语语法教学的目标

关于大学英语语法教学的目标,《高等学校英语专业英语教学大纲》提出了具体要求,介绍如下:

(1)入学要求:①能识别词类。②区分名词的可数性和不可数性,区分可数名词的单、复数形式。③基本掌握各种代词的形式与用法、基数词和序数词、常用介词和连词、形容词和副词的句法功能、比较级和最高级的构成及基本句型、冠词的一般用法。④了解动词的主要种类、时态、语态及不定式和分词的基本用法、句子种类、基本句型和基本构词法。

(2)二级要求:掌握主谓一致关系、表语从句、宾语从句、定语从句和状语从句等句型、直接引语和间接引语的用法、动词不定式和分词的用法、各种时态、主动语态、被动语态和构词法。

(3)四级要求:①熟练掌握主语从句、同位语从句、倒装句和各种条件句。②初步掌握句子之间和段落之间的衔接手段。

(4)六级要求:①较好地掌握句子之间和段落之间的衔接手段,如照应、省略、替代等。②熟练地使用各种衔接手段,连贯地表达思想。

(四)大学英语语法教学的意义

在我国传统英语教学中,语法教学一度占据核心地位。然而,随着英语传统教学模式的弊端逐渐暴露以及交际教学法等的兴起,大量淡化英语语法教学的现象随之出现。有人认为,试卷中考查语法的题目较少,分值比重也很少,不值得花费太多的精力去学习。因此,语法教学又一度失宠。实际上,无论从语言的本质、语言教学的特点还是从对学生认知能力的培养角度来说,语法教学都是基础英语教学中的一个重要组成部分,其意义主要表现在以下几个方面。

1.语法教学是英语教学的重要手段

语法简单来说就是语言的组织规律,它在英语教学中的作用决定了其在英语教学中的地位。之所以说语法教学是英语教学的一个重要组成部分,是因为语法能够使概念和语境之间建立起联系,从而帮助学生提高英语水平。当前我国的语法教学存在一个严重的问题,即只是为学语法而学语法。这一现象背离了语法学习的目的,往往导致语法教学效果欠佳。事实上,语法只是学生学好英语的一个途径,而不是英语学习的最终目的。因此,语法教学应该做到以技能为核心、以实践为纲领,并引导学生掌握正确的语法学习思路。

2. 语法教学使英语听说能力趋向精确化

通过英语语法教学,学生的听力理解和口语表达能力能够向精确化方向发展,并且能使听力理解和口语表达更加精确。语法是一种语言组织规则,在学生词汇量有限的情况下,能够帮助他们遵照相应的语法规则创造出无限的句子。从这一点上进行分析,进行语法学习较好地迎合了语法交际任务这一目的。假如在实际的交际环境下频繁使用没有语法规则的句子,必然会给交际活动带来负面影响。交际任务应成为语法教学的中心,在具体的交际过程中,应将交际与语法知识进行恰当、适时的融合,这不仅有利于交际的顺利进行,而且能够提高交际的精确性。

3. 语法教学有利于英语语言技能持续发展

语言学习过程中不可避免会遇到"石化"现象,即在第二语言或外语学习过程中,学习者的语言能力达到一定水平后停滞不前,难以进一步提高的现象。语法教学不仅可以帮助学生夯实语言基础,还能有效解决"石化"现象,提高学生对语言知识与现象的分析能力。此外,校内的语法学习有利于学生参加工作以后对英语的自学,从而使英语真正成为学生的一项有效的交际工具。

二、文化差异对大学英语语法教学的影响

(一)正视母语学习对英语学习的正负迁移

学生在学习外语时,他们的母语系统已基本确立,母语思维习惯也已形成,根据行为主义学习理论,原有的习惯会对新习惯的养成产生影响,因此根植于大脑的母语文化会对外语学习产生影响,即迁移作用。当母语文化有助于外语学习时,就会产生正迁移;当母语文化干扰外语学习时,就会产生负迁移。通常而言,根植于大脑中的母语文化会对外语学习的顺利进行产生干扰作用,如"中式英语"以及跨文化交际中的语用失误等都是源于母语文化对外语学习和交际中产生的负迁移作用。因母语文化的负迁移作用,在学习外语的过程中学习者需要付出更多的努力。对此,为了提高外语学习效果,首先需要充分了解母语文化在外语学习中的负迁移作用,然后采用相应的方法消除负迁移作用的影响。

1. 母语迁移的表现形式

"迁移"实际上是一种认知活动,属于心理学范畴,具体是指学习者在学习过程中自身已有的知识或技能对新知识和新技能的获取所产生影响的现象,体现了学习者的心理加工过程。语言迁移理论在20世纪50年代被提出,是一种心理过程,具体是指学习者在外语学习的过程中用目的语进行交际时,因不能熟练掌握目的语规则而有意或无意地用母语规则来处理目的语信息的现象。

母语迁移源于不同语言之间的异同,具体包含两种形式。

(1)正迁移。当母语与目的语相同或相似时,会出现正迁移,正迁移会促进外语学习。例如,当表达相同含义的汉语语序与英语语序时,就有利于汉语学习者学习英语,如"He comes from Beijing."与"他来自北京。"通常,在外语学习的早期母语的促进作用比较明显。

(2)负迁移。当母语与目的语在某些方面有较大的差异时,学习者在运用目的语的过程中就会借助母语的一些规则,这样就会产生负迁移,负迁移会阻碍外语学习。研究表明,母语负迁移是外语学习中普遍存在的现象。

2. 母语文化在语法学习中的负迁移作用

当学习者对目的语语法掌握得不够熟练时,在表达一些新的意义时常会用母语的语法知识来辅助。当表达同一含义的母语与目的语在语法形式上有所差异时,负迁移作用就会产生。具体而言,母语的语法负迁移表现在以下几个方面。

(1)句子不完整。无论是英语还是汉语,"主语+谓语"都是句子的基本结构形式,而且主语和谓语在一个完整的句子中不可或缺,在这一点上英语和汉语是一致的。但在汉语中,有时可以省略主语或谓语,受母语负迁移的影响,有些学生在表达时常会使用结构不完整的英语句子,如中国学生在用英语表达句子时常丢失主语。汉语是代词省略型语言,句子中可以不出现主语,但英语要求每一个句子都必须有显性主语,即使没有实质主语,也要加上形式主语。例如:

So the park will more beautiful.

上述句子中的错误是英语形容词不能单独作谓语,它必须和系动词或助动词一起构成谓语。总体而言,英语句子成分残缺主要源于两点:一是没有掌握正确的英语句型结构,二是受母语干扰。

(2)时态误用。在时态上,英汉语言各具特色。例如,英语动词会随时态的不同而变化,但汉语动词在形式上不发生改变,在表示动作发生的不同时间时,常会借助表示时间的副词或者一些后缀来表达。受汉语时态的影响,学生在表达英语语法时常会用到汉语语法模式,从而出现语法错误。例如:

他父亲已经死了两年。

误:His father has died for two years.

正：His father has been dead for two years.

他已完成作业两个小时了。

误：He has finished his homework for two hours.

正：He finished his homework two hours ago.

(3)语序排列不对应。在句子分类方面,汉语句子种类较少,而英语句型多种多样。由于英汉语言句法结构中句子成分的不对应,很容易产生汉语语法规则对英语语法的负迁移。例如：

这件事我是见证人。

那件事是他经手办的。

上述两个汉语句子中有大主语和小主语之分,大主语是"这件事"和"那件事",表示受事,小主语是"我"和"他",表示施事。但英语中并没有这类结构,因此这类句型常会对学生的英语学习产生负迁移作用：

This event I am the witness.

That matter he did/handled himself.

正确的英语表达应该是主系表与主谓宾结构：

I am the witness of this event.

He is the one who handled the matter.

(4)关联词语不对应。在关联词方面,"因果""转折"等关联词在英汉语言中都存在。汉语中,"因为……所以""由于……因此"等是表示"因果"的关联词语,"尽管……但是""虽然……但是"等是表示"转折"的关联词语,而且这些关联词语是连词并用。英语中并不存在这种语法现象,英语中在表示"因果"关系的句型中"because"与"so"不能同时连用,在表示"转折"关系的句型中"although"与"but"不能同用,只用其中的一个就能起到表示"因果"和"转折"关系的作用。受汉语负迁移的影响,学生在英语学习过程中常会产生连词并用的语法错误。例如：

Because I was very tired,so I fell asleep the moment my head touched the pillow.

Although I used to watch television a lot, but I hate it now.

（二）对中西方文化差异和思维差异的分析

我国学生在学习英语这门语言时，出现语法错误的频率是非常高的，尤其体现在主谓语不一致、数不一致、时态不一致、结构不完整等方面。之所以出现这些错误，主要还是因为学生对中西方文化差异与思维差异的不理解。下面主要介绍几种具体的语法错误。

（1）主谓关系混乱。例如：

We wear clothes are made of cotton. （我们穿的衣服是棉质的。）

（2）主语词性错误。例如：

Does happy equal a fun-filled, pain-free life? （幸福就是充满快乐、没有痛苦的生活吗？）

（3）从句缺少主语。例如：

The writing ability, I think she is the best in my class. （论写作能力我认为她是我们班最好的。）

对上述三个例子进行分析不难看出，都存在明显的语法错误，且这些语法错误主要受母语思维方式与表达习惯的影响。在英语语言中，存在着明显的形态变化，但是在汉语中是没有的，因此需要对词性、词类等加以改变，从而保证原义更为恰当。上面三个句子正确表达为：

The clothes we wear are made of cotton.

Does happiness equal a fun-filled, pain-free life?

As far as the writing ability is concerned, I think she is the best in my class.

另外，汉语中主谓关系往往是用来表达某一主题与对其的说明、描述之间的关系，但是在英语这门语言中，主谓间是主动—被动关系。如果对这种差异不了解，用汉语的思维来套用英语格式，那么必然出现错误。

三、基于跨文化交际视角的大学英语语法教学的原则

在开展语法教学时,教师需要遵循一些基本的教学原则,这是指导教学实践的重要层面。

(一)层次性和系统性相统一原则

一个语法项目通常会将多个内容包含在内,因此教师在授课时需要注意层次性,讲解的内容要从简单到复杂,从表面到深层,对语法教学的顺序进行合理安排。同时,英语语法教学需要注意系统性,因为大部分教材对语法现象的安排都比较分散,如果教师看到什么讲什么,那么教授给学生的知识也都是分散的,学生很难形成系统性,也很难在以后的实践中恰当运用。因此,在语法教学中,教师应该做到从点到面,以成系统。

(二)形式、意义和语用相统一原则

在英语语法学习中,一些学者主张让学生先接触语言形式,然后为学生解释语法规则,并通过一些真实的交际活动实践语法规则。虽然语言教学对语言形式给予了一定关注,但是语法教学不仅要对形式有所关注,而且应该让学生学会在具体的交际场景中灵活运用,即不断培养学生的语用能力。在形式、意义与语用三者的关系中,形式是最基本的部分,意义是语法学习的关键,语用则是语法学习的目的。

(三)综合性原则

大学英语语法教学中要坚持综合性原则,即做到内容、方法与技能的综合运用,避免单一的情况,力求实现显性与隐性的结合、语法与五项技能的结合。在实际的教学中,教师应该遵循语法学习规律,将隐性教学作为主要层面,并结合显性教学形式,逐渐培养学生的语言运用能力与语法意识。另外,语法的学习是为听、说、读、写、译技能的提升服务的,因此在教学中也需要与五项技能相融合,在五项技能培养活动中提升语法能力。

(四)针对性原则

大学英语语法教学中的针对性原则要求教师在教学中要考虑学生的语法薄弱情况,针对这些薄弱环节展开教学。由于大学生的学习能力、基础水平等存在明显的差异,因此教师的教学要有针对性,从学生的基本情况出发进行教学。如果学生的语法基础好,那么可以直接进行巩固性交互活动。如果学生的语法基础较差,那么教师应该清楚学生差的地方,对学生普遍性较弱的环节展开重点教授,尤其是处理个别语法问题。通过针对性教学,教师与学生教与学的效率都可以有较大提升。

四、大学英语语法教学中跨文化交际能力的培养

有了语法学理论的指导,教师在语法教学中才能得心应手。在英语教学中,语法教学起着十分重要的作用。具体来说,教师可以通过以下几个方法开展语法教学。

(一)归纳法与演绎法

归纳法遵循从具体到一般的过程,强调以学生为中心,主张引导学生自己发现语法规则。在归纳的过程中,学生必然要对语法的使用规则、条件与范围进行比较与分析,从而可以在不知不觉中提高思辨能力。教师引导学生进行归纳时,通常可采取以下步骤:①提炼语言材料。②由学生自己对语言材料进行筛选、归类以及重构。③在分析、归纳语言材料的基础上,学生能将普遍适用的语法规则叙述出来。

此外,由于语法教学的抽象性特点,因此运用演绎教学法进行语法教学非常普遍。这种教学法具体指的是运用一般的原理对个别性论断进行证明。具体来说,教师可先简单地向学生提出抽象的语法概念,紧接着进行举例分析和说明,将这些具有抽象性特点的概念引入具体的语言材料中,并借助大量类似的练习材料来帮学生学会独立地运用。

（二）微课程教学法

随着"互联网+"时代的到来和国家间跨文化交流的日益频繁,语言教学模式、教学方法等也发生了相应的革新和变化。语法教学应结合并借鉴传统经验,充分考虑新时代下学生的个性化需求和特点,展开与时代发展相贴近的语法教学。微课程教学法就是一种结合移动终端设备并通过利用网络资源进行的比较有意义、有价值的语法教学方法。具体而言,微课程教学法是指以"云环境"背景为依托,倡导"导学一体"的一种教学方法,主要包括三个模块:课前自主学习任务单、配套学习资源、课堂教学方式的创新。

（三）语法训练法

语法训练法作为大学英语语法教学中的一项重要手段,最终目的是让学生能够将知识运用到实际中,从而更好地培养学生的综合语言素质和能力,这需要教师对语法训练进行科学、合理的选择和设置,有效地组织学生进行语法项目的操练。但是,采用语法训练法操练语法并不是盲目进行的,而是分阶段进行的,通常需要遵循循序渐进的原则。

一般而言,语法训练法通常包括以下几个步骤:

（1）机械式训练。教师通过模仿、替换、不断重复来进行机械式的训练。机械式训练要求学生不用理解句子的含义就能做出迅速、正确的反应。

（2）内化训练。在完成机械式训练之后,教师可通过造句、仿句、改句、改错、翻译等内化训练方式帮助学生巩固所学知识。内化训练通常要求教师围绕教学内容进行,要求学生能够达到熟记、理解的程度,并能做出正确的反应。

（3）交际操作训练。在机械式训练与内化训练的基础上,教师可借助场景对话或问答形式类的口语训练进行最后的交际操作训练。这种训练方式要求学生能将所学的语法知识综合运用,通过组织语言迅速做出反应或回答问题。

(四)语境呈现法

语法都是在具体的语境运用中得以呈现的,因而与具体的语境相结合来阐释语法知识也是使用频率比较高的大学英语语法教学方法。学生在语境中对语法规则进行体验、感悟、总结和运用,不仅能够很好地学以致用,而且对学生交际能力的提升大有裨益。借助语境进行大学英语语法教学有效弥补了传统语法教学中忽视外在语言环境这一不良情况,教师具体可通过以下几种方式来设计语境,从而有效开展大学英语语法教学。

1. 借助多媒体教育手段来设计语境

多媒体具有集图、文、声、像于一体的优势,多媒体可以为语法规则的学习和教学提供具体语境,并且能够使静态化、枯燥的语法知识变得更加立体、有趣,从而充分调动学生学习的主动性和积极性。因此,在具体的大学英语语法教学中,教师可充分利用多媒体创设语境,让学生在模拟交际的过程中掌握语法知识。

2. 借助现实场景来设计语境

英语教学通常是发生在特定的时空和场合的,是在师生间展开的。一些表面上看似单调乏味的日常教育实际上蕴含着一些鲜活的情景语境,因而教师应学会发现这些现实场景并进行充分利用,结合语法规则的特点来设计语境。以祈使句这一语法项目的讲解为例,祈使句主要表达命令、指示和请求,或者可以用来表示劝告、建议、祝愿和欢迎等意义。在具体的大学英语语法教学中,教师可以利用师生、生生间的身份并配合一定场景来开展相应的情景教学。

3. 借助语篇来设计语境

语篇是包含特定语境的各类语法形式的有机组合形式,其能够为语法规则的归纳、比较与总结等提供较好的上下文语境。大学英语语法教学中的一些常见的语法知识点和项目,如冠词的使用、时态、主谓一致关系和非限定性动词的使用等通常都应置于一定的上下文语境中,学生只有在语境中学习这些语法知识,才能更加充分地理解这些语法项目所蕴含的意义。

就时态教学来看,传统的大学英语语法教学都是运用句子来讲授各种时态的,各个时态间相区别的标志也是句中所出现的一些标志词,如 just now,often 等。这种形式的教育有其固有的局限性,单纯地局限于句子使学生很难全面地掌握某一时态的具体用法,且学生很难依照语义需要来正确地选择具体的时态。因而,不管句型操练多少遍,如果该时态在某一语篇的具体语境中出现,学生依然无法熟练运用这些时态。

借助语篇来设计语境,能够让学生在一个比较高的层面上对时态的意义和用法有全面的把握。但是借助这种方法来教授语法,对教师提出了更高的要求,需要教师精心地设计和选择语篇,并进行备课。

第五章

跨文化视角下大学英语听力与口语教学

第一节 跨文化视角下大学英语听力教学

一、大学英语听力教学简述

（一）对听和听力理解的界定

1. 听

听是一个包含主观能动性的过程，它涉及听者主动选择信号，然后对信息进行编码加工，从而确定正在发生的事情以及发话人想要表达的意图。

有学者特别指出了"听"和"说"的内在联系，他们认为要想成功地"听"，必须在"说"上下功夫，但是"听"的同时会受其他声音信息和画面信息的影响，这就要求听者在已有经验的基础上根据语境来对话语进行准确的把握。另外，"听"不是单一的，是一种连续不断的处理过程，包含以下几个部分：①如何将语音进行划分。②如何对语调形成一种认识。③如何对句法进行详细的解读。④如何把握语境。通常，这一过程是在人们无意识中悄悄进行的。

此外，学者就"听"和"读"的联系与区别进行了阐释，并认为与"读"相比，"听"的作用更加显著，具体包含以下几点：①让人感受到一种韵律的美。②让人产生一种追逐速度的急切心理。③对信息的加工和反馈都在最短的时间内完成。④耗时较短，通常不会重复进行。

"听"与"读"都是一种对信息的输入，但是在大学英语听力教学中教师绝对不能将"听"看作阅读的声音版，而应该认真研究"听"的本质属性，并据此去组织教学，从而帮助学生获得一定的听力技能。

2. 听力理解

听力理解涉及的对象是第一语言和第二语言，所要做的事情就是理解这两种语言。但是，对这两种语言的理解是有本质区别的。其中，对第二语言的听力理解比较关注语言的结构层面、语境、话题本身以及听者本身的预期。从信息论的角度来讲，听力理解是对信息进行认知加工的过程。"听力理解"呈现出以下几种特征。

（1）时效性。时效性是指听力理解要求听者在一定的时间内高效地对声音信息进行加工。要做到这一点，听者需要认识到时间的紧迫性并且能够快速地判断。声音信息输入的流线型特点同样要求听力理解具有时效性。听力理解是否具备时效性，往往是衡量一个人听力能力的关键指标之一。在大学英语听力教学中，教师可以将听力理解的时效性特点向学生进行详细的解释，这样可以督促学生制订出更好的听力计划，促使学生监控和评估自己的听力能力。要想保证理解效度的最大化，听者就需要解决自身的听力时效性，如果不能解决这一问题，那么听者就很难理解发话人接下来的话语。

（2）过滤性。过滤性是指听者在听力理解的过程中能够准确地筛选出有用的信息，而剔除那些无用的甚至是干扰信息。简单来讲，过滤性就是"抓关键信息"。显然，听者不需要原原本本地将听力内容在头脑中放映一遍，但是必须能够把握住听力内容的中心思想。因为听力理解的内容是一连串连续性的语言符号,人们必须从整体上把握内容,而不是孤立地关注某一个因素。想要把握听力内容的中心思想,不偏离听力内容的大方向,就必须先获取发话人的"主题",然后围绕这一主题探索事件的时间、地点、过程以及发话人的思想情感等边缘要素,主题和边缘要素具有一种内在的连贯性。

(3)即时性。即时性是指听力理解无法提前安排和计划,都是随时进行、随时结束的。这就使得我们不可能提前对听力理解进行演练,从而导致了听力理解的不可预知性,这正是它的难点所在。因此,在听力教学中,教师应该尽可能地培养学生对听力材料的适应能力,能够对各种情况做到随机应变。

(4)推测性。推测性是指听力理解是通过推理进行的。其实,只要是含有理解的行为,就少不了推理的存在。具体来说,推理就是依靠自己的主观能动性不断验证先前假设的认知过程。在一次完整的推理中,有两个环节是必不可少的:第一,预测将要发生的事情;第二,对结果进行推断。当然,这两个环节有其存在的前提,也就是我们不能做无缘无故的预测,那是妄想,而是要根据已有的知识经验来推测未知的事物。已有的知识经验和未知的事物之间是有着内在关联的,听者需要通过这些显性或者隐性的关联来寻找发话人的信息,从而推测出发话人的意图。

(5)情境性。情境性是指听力理解发生在特定的时间、场合下,时间、场合就构成了听力理解的情境。随着时间和场合中任何一方面的改变,情境就会改变,这就导致不同听力情境的出现。听者之所以要关注听力理解的情境,是因为这些情境中包含着很多重要细节,它们决定了听者对话语意义的理解,也为即将产生的话语提供理解的线索。在日常的听力教学中,教师要提醒学生注意情境,有意识地提高学生对情境的敏感度,从而促使学生对话语有更准确的理解。另外,教师应该尽量为学生创设真实的情境,因为语言的运用就是在真实的情境下发生的。

(6)共振性。"共振性"这一概念是从物理学中移植过来的,表示一种瞬间感应性。听力理解具有共振性是指听力理解是在对应原则的基础上发生的,有着自己独特的经验和惯性。具体来讲,在听力理解中,一些新信息不断地刺激大脑,从而激活大脑中的已有知识,新知识和已有知识之间的交流就是共振。那就意味着,学生拥有的知识总量和学生的感知能力的高低是成正比的,和学生的共振效率也是呈正相关的。听力理解的共振性和信息加工理论中的"编码—解码"程序具有很大的关系。

(二)大学英语听力教学的弱点及强化路径

1. 教师端

在全球化的影响下,一些先进的听力教学理念不断涌入国内,但是一线教师由于主观或者客观上的阻碍依然难以摆脱旧的、落后的教学观念的影响。目前,在大学英语听力教学中,教师在教学过程中存在以下几种不足之处。

(1)教学目标和模式单一。在应试教育理念的驱使下,一切课程的学习似乎都是为了在考试中有好的表现。听力课的课时本来就有限,在这样的教学目标的指引下,听力教学往往采取题海战术,让学生感觉乏味。

(2)教学内容匮乏。目前,听力教学主要依据的还是教材,但教材的内容相当有限,而且有的教材没有做到与时俱进,这就使得听力教学的质量大打折扣。在互联网时代,知识更新速度快,信息传播快且无边界,学生希望从这个包容的世界里获得更多信息。所以,仅靠教材上的内容,显然难以抓住学生的注意力。

(3)教学方式有缺陷。由于大学里英语师资的配置有限,因此英语听力课程基本还是沿袭大班授课制,这就难以实施个性化教学。

(4)教学评价体系有失公平。学校对学生评价的依据主要是学生的平时成绩和期末考试成绩,其中期末考试成绩占据的比例要大一些。这种做法应尽快改进,因为只有将平时成绩的比重提上来,学生的活力和热情才能更好地被激发出来。

基于以上弱点,可采取如下强化路径。

(1)引进新的教学模式。在如今的信息技术时代,翻转课堂作为一种教学模式吸引了学界的颇多关注,无论是研究专家还是教育一线工作者都在讨论。翻转课堂的特色在于重新调整课堂内外的时间,真正将学习的主动权还给学生。教师提前给学生布置好学习任务,让学生通过视频讲座、广播等形式完成自主预习,然后学生带着预习的成果在课堂上参加教师组织的任务性活动和交流性互动,以此进一步消化知识。

翻转课堂看似简单,实则需要满足以下一些条件。首先,教师必须精心挑选输入的素材信息,应广泛地从教材、网络、课外书籍中选取,素材的内容要贴近现实或具有时事性质,如名人演讲、获奖影片的片段、时事热点等,这样才能激发学生学习英语的热情。其次,通过少数生词的讲解引入背景知识,促进学生对背景知识的理解,从而提高他们对听力内容的预测能力。再次,在课堂上的小组任务活动中,每个组选出一名学生代表发表本组的预习成果,并由教师打分,以便最后进行评比。小组可以就视频内容进行表演活动或者其他的一些互动,从而让英语学习变得更有趣。最后,有限的听力课时对于教学目标而言是远远不够的,因此学生应充分利用课后时间,利用移动设备进行海量的泛听,这样才能真正提高听力水平。

(2)建立多元化的评价体系。在评价学生的听力能力时,不能以一成不变的标准来进行。评价的标准也不能只是依据成绩高低,还要关注学生在听力学习中投入的精力、心思和情感态度。教师可以让学生组成评价小组,首先让学生进行自我评价,其次小组成员进行相互评价,最后教师根据学生的课堂表现、进步大小以及成绩进行评价。这种多元化的评价不仅能让评价分数高的学生获得成就感,而且不会打击评价分数低的学生的英语学习积极性。

2. 学生端

大学英语听力教学的弱点在学生端主要体现在以下方面：①语法不严谨。学生书面或口头表达出的英语句子存在结构混乱的情况，有的甚至是词语的机械叠加。②口音重。很多大学生在初学阶段没有掌握标准的语音，不标准的语音长期沿袭下来，以至于进入大学后带着浓重的口音。③英语学习习惯欠佳。有的大学生在课外很少进行听力和阅读的训练，并且记单词时只注重单词的拼写而不注重语音，这也给听力教学造成了很大的障碍。

基于以上弱点，可采取如下强化路径。

（1）教师应该将英语学习的目的明确地告诉学生，并确保学生理解并认同这种英语学习目标。只有目标明确了，学生才会变得更加主动，从而努力去提高自身的英语能力。

（2）教师要重视和学生之间的情感互动。教师为学生创造一种仁爱、宽容的人际氛围，这样有利于提高学生的积极性，并消除可能存在的焦虑感。相比于那些外向、活跃的学生，教师更应该关注内向、沉默的学生，要让他们的英语学习情绪放松下来，不断增强他们的学习成就感，从而逐渐建立自信。

（3）教师应该将有关单词的构词法知识传授给学生，这样有利于学生对词汇有一种更全面的认识，也有助于对词汇的记忆和理解。

（4）教师应该按照组内异质、组间同质的原则建立学习小组，由英语听力能力较强的学生担任组长，协助教师，为发音不标准的学生提供帮助。

（5）为了让学生了解更多的文化知识，教师可以适度地引入西方国家的习俗、生活方式、思维方式、人文地理、政经制度等文化元素，这些可以穿插在各种不同的情景对话中进行，也可以通过英文歌曲、英文电影、广播节目、网络视频等形式进行。另外，教师可以进行中西方文化的对比，这样能让学生对文化差异有更鲜明的认识。

(三)大学英语听力教学的内容

1. 听力基础知识

(1)语音知识。语音知识是听力的基础,句子的重音、连读、语调等语音知识的掌握程度直接影响着学生对听力材料的理解。由于英汉语言之间存在诸多差异,我国学生在英语听力过程中经常会受到母语的影响,学生需要具备一定的语音知识才能适应英语的节奏、语调等。汉语的读音是由拼音形成的,英语的读音则主要依赖于音标,对此学生必须对英语的音标和单词的读音有深刻的了解,教师在英语听力教学中必须加强对学生语音基础知识的培养。

(2)语言知识。语言知识是指学生对英语语言体系的了解程度。语言能力是交际能力发展的基础,如果学生不了解英语句子和语篇的基本结构、特征等知识,也就无法理解所听到的内容;如果学生不能根据具体语言环境、话题、交际对象与目的选择适当的语言表达形式,也就无法进行语言交际。因此,语言知识是听力教学的基本内容,是学生理解听力材料的前提。

(3)语用知识。语用知识也是听力教学的重要内容,它是指对听力材料中说话者所说话语内在含义的理解。学生如果缺乏语用知识,会很难理解说话者的真正意图。

2. 听力理解

听力理解内容的讲授旨在提高学生的理解能力,帮助学生理解所听到的内容。听力理解既是自下而上的意义解码过程,又是自上而下的意义阐释过程,还是二者相结合的过程。听力理解也是英语听力教学的重要内容。

3. 听力策略

英语听力水平的高低不仅取决于学生的英语基础知识,而且取决于基本的听力策略。有时听力材料的信息比较多,学生需要在众多的信息中运用自己的知识和策略将材料中的重要信息筛选出来。针对不同的听力题型,教师应该教会学生使用不同的听力策略。听力技巧主要包括猜词义、听关键词、听过渡连接词等。掌握正确的听力技巧,可以有效提高听力理解的能力。另外,学生应该掌握一定的记笔记技巧,以快速记录有效信息。

4. 交际信息

所谓交际信息,是指谈话中信息的指示语、话题转换的指示语、话题终止指示语等。交际信息还包括语篇中的逻辑指示语、衔接语等,这是学生理解文章内容和结构的关键,也是帮助学生提高英语听力水平的一个重要因素。英语语感也是英语交际信息的一部分,教师在英语听力教学中注重学生英语语感的培养,有助于提高学生对听力材料的理解速度。

二、文化差异对大学英语听力教学的影响

(一)语言语用失误

语言语用失误是指学习者将本族语对某一语言表达方式的语用意义套用在外语上所造成的失误。在听力教学中,语用失误可能会带来严重的后果。语用失误意味着说话人所表达的真实意义不是听话人所感知的话语意义,并引起说话人和听话人之间的误解,进而导致交际的中断。何自然指出,语言语用失误可能是由以下几种原因造成的。

1. 不恰当的母语迁移

母语与英语具有很大的文化差异,具体表现在结构、逻辑等方面。学生最早接触的是母语,并且长期浸泡在母语的环境里,只是从学龄阶段才开始学英语,因此母语已经深深地扎根于学生的大脑中。在英语听力教学中,学生因为习惯母语而不自觉地将母语知识迁移到英语中,进而导致或大或小的错误,这种现象就是负迁移。负迁移无疑是学习英语的一种干扰力量或者制约因素。在负迁移影响下,学生容易产生生硬、不自然的表达方式。

2. 不了解汉、英词语的文化差异

由于英语和汉语存在较大的语言文化差异,因此英语词语和汉语词语

无法一一对等。英语学习者不能从字面意义推断出说话人的真正用意。由此我们可以猜测,英语学习者对西方文化中的其他元素也是知之甚少的,包括习俗、思维与心理等要素。这导致英语学习者在与英语本族语者交流时,会站在自己的文化立场看待英语本族语者的话语,从而使交际陷于尴尬境地或引起误解。

3. 违反英语语言习惯

英语学习者可能因为不了解英语的语言习惯而造成语言表达方式上的误用。例如,一位外国友人在无意识中挡住了中国学生的道路,中国学生想要外国友人让路。通常而言,中国人想要别人让路一般都会说"对不起",于是中国学生就将汉语的语言习惯套用在英语上,因此就说"I am sorry",殊不知在英语国家想要请求别人做事应该说"Excuse me",这才符合英语语言习惯。

(二)社交语用失误

社交语用失误是指由于交际双方有着不同的身份、价值观等,并且对话题了解的程度也不同,因此在语言形式选择上发生了失误,这种失误与人们的身份、话题熟悉程度及价值观念有关。在跨文化交际中,导致社交语用失误的原因主要有以下几种。

1. 价值观对社交语用失误的影响

中国人以谦逊为美,争强好胜、好出风头是不被看好的,所以自古就有"枪打出头鸟"这样的俗语。另外,中国人群体意识强,强调集体价值高于个人利益。因此,中国文化认为双数是个很吉利的数字,人们喜欢在双数的那天办事。汉语中有关双数的词语往往都是褒义的,如"好事成双""双喜临门""六六大顺""十全十美"等。

西方人倡导征服自然,强调个人奋斗的价值,对于个性、自由非常推崇,注重自我实现。个人主义有助于个人的创新与进取,但是如果过分强调个人主义,可能会影响整个社会的亲和力。所以,西方人喜欢单数,西方文化认为单数吉利,表达更深的程度时,常在整百整千的偶数后面加"一",如 one hundred and one thanks(十分感谢)。

2. 民族性格对社交语用失误的影响

民族性格是一种民族文化下的大多数成员身上都会出现的性格结构的核心。民族性格推动着民族群体的共同行为和共有观念,并且以其固有的强大力量把民族成员的性格塑造成固定模式。学界存在很多有关民族性格的说法。例如,美国人乐于挑战和竞争;英国人善于在逆境中求生存;中国人保守、忍耐、和平;澳大利亚人公正、有怜悯心;德国人有责任感、守规矩;意大利人喜欢分享、辩论等。由于不同的地理环境、社会历史、风俗等因素的积累,不同的民族就形成了不同的民族性格。通常而言,民族的历史越悠久,性格就越稳定、越丰富。民族性格的形成虽然有先天原因,但是后天的时代变迁也对民族性格的改变带来影响。民族性格中的某些方面是由体制和时代环境造成的,当这些因素改变了,民族性格也会随之改变。

民族性格的缺点和优点就像一枚钱币的两面,彼此不可分割。因此,要慎重评价民族性格,不能夸大本民族的某些优点和其他民族的某些缺点,这是不理性的。

3. 态度对社交语用失误的影响

态度是以一种方式对特定对象所持的一种习得性倾向。态度一旦形成,就会对人产生持续性的影响。态度由认知、情感和意动三部分组成。其中,认知部分是指个体对态度对象的带有评价意义的观念。情感部分是指人对某些人或物的评价、爱好和情绪反应。意动部分是指态度中的行为意向成分,反映了个体行为的准备或预备倾向。意动成分受认知和情感成分影响。作为态度的两种重要类型,定式和偏见都是人们基于社会和文化经验对特定对象所产生的一种认知、情感和行为倾向。

(1)定式。

定式也称为刻板印象,是简单地对外界事物分类的感知过程的产物,可视为一种相对简化、粗糙的识别事物的态度。在跨文化研究的视野中,定式是在群体同质性的基础上对其他文化群体特征的过度概括,往往夸大群体差异而忽略个体差异。定式相当于一种过分简化的意见和不加鉴别的判断。由于环境的复杂性,人们无法亲自去认识所有人和事物,因此就创造出一种简化的认识方法,将某个群体的成员都纳入预定的形象中。定式对于人们的信息加工是有一定的加速作用的。

定式主要分为社会定式和文化定式两种类型。其中,社会定式可分为思维定式和行为定式,前者指人们头脑中稳定的认识,后者指习惯的行为模式。文化定式也可分为自定式和他定式两种,分别反映了对本文化、本群体以及其他文化、其他群体的固有认识和形象概括。

一种定式能在多大程度上发生影响,取决于信息量。人们得到的信息量越少,就越可能依赖定式,定式发挥的影响就越大。定式的存在不一定是坏事,我们不能简单地否定定式,否则就会迷失方向。关键问题在于要努力使定式更准确、具体,而且承认个体差异,如此定式便能发挥其自身的积极作用。

定式的特点包括以下几个方面:①指向性,它是指该定式是持肯定态度还是否定态度。②强度,它针对的是定式的强弱程度。③具体性,它是指针对比较具体的定式更容易找到解决的办法,也能以非常明确的概念进行思考。④准确性,它指的是定式描述其他群体时具有的准确度。

(2)偏见。

偏见主要是对特定群体的偏离事实的、不成熟的判断,也是人们固有的一种否定性态度,往往难以改变。偏见常被划分为如下五种类型:①公然型,它是指公开展示对其他群体的厌恶和歧视,并且有可能采取暴力手段。②自负型,它是贬低其他群体,低估其他群体的价值观、处事方式、专业技能或社会能力。③象征型,持有这种偏见类型的人往往会否认自己有偏见,但会担心权力关系现状受到外群体的干扰。④门面主义型,它是指意识到内心对其他群体的消极情感但不承认,并且会通过表面文章伪装。⑤若即若离型,它指的是在没有本群体的成员在场时可以与外群体成员和平相处,但当有本群体的成员在场时就冷落外群体成员。

有多种原因会导致偏见,如生理、社会化、社会利益和经济利益等方面。在生理方面,当人们面对陌生环境时,神经上的焦虑感会迫使他们采取相应的行动。偏见能够简化认知过程,并使人及时采取相应措施。在社会化方面,传统和传媒对偏见形成的影响最大。传统的影响是指偏见是从已有的习惯性态度中继承过来的。偏见一旦为群体所接受,就会对个体产生巨大的影响和压力。传媒的影响是指外界宣传的形象影响着人们的反应。社会利益对偏见形成的影响包括三个方面:首先,持有偏见可以得到相似的人的支持;其次,一个群体越想维护自身的社会地位,就越会排斥其他群体;最后,偏见可以是优越感的来源。在经济利益方面,偏见的强烈程度与竞争激烈的程度呈正相关。

由于偏见产生的基础和定式很像,因此较强的定式可能会演变为偏见。定式和偏见一样都是从文化中继承的。定式中有符合事实的部分,也有不符合事实的部分,不符合事实的定式就是偏见。在生活中,到处都存在着偏见,人们消耗在证明自己观点上的时间远多于了解对方的时间,大部分人承认偏见是有害的。

4. 礼仪对社交语用失误的影响

礼仪主要是针对人际交往而设定的一些行为规范,包括仪式、礼节等,目的在于使彼此能够和平共处。礼仪的发展也是人类文化发展的一种记录。礼仪源于原始社会中对神的敬意表达,在奴隶社会和封建社会发展为对社会上层结构和统治者的敬意,在近代社会则发展为对人的尊重。

不同时代、地域、民族、国家的人们,对礼仪有不同的看法。中国素来有

"礼仪之邦"的称谓,由此可见礼仪在中国的地位。古汉语常常将"礼"和"仪"单独使用,其中"礼"几乎包含所有的生活规范。中国传统社会中的"礼"不仅影响着政治和公共领域,还左右着日常生活,可以说涉及面相当广泛。尤其是儒家提倡"以礼治国",形成了博大精深的礼学,并成为中国传统文化模式的重要特质。在中国,"礼"与民族生活和民族精神融为一体,因而是比较固定的。

5. 习俗对社交语用失误的影响

习俗是人们在日常生活中的行为模式,是人类最早形成的规范,并且不受法律的制约。习俗一旦形成,就具有很强的稳定性和延续性,它的传承主要依靠信仰、心理需要和习惯。习俗对人们有一种强大的约束力,并且有着深刻的感染力,指引着人们的社会行为。遵从习俗一般会得到两种积极的效果:一是得到乐趣;二是被周围人接纳,获得归属感。在一种环境中,如果大多数人遵从习俗,而某一个人不遵从,他就会很快感到对周围环境的不适应。习俗是个体成为社会成员的资格证,人就是在潜移默化中成为合格的社会人的。

习俗包含七种类型:①惯例。惯例是社会生活中人们共同遵守的某种规定。②社交庆典。社交庆典是为进行集体交往和娱乐而定期出现的习俗,如竞技、赛会等。③日常格调。日常格调是人们在饮食、服饰、居住等方面的特殊模式。④人生礼仪。人生礼仪是根据个人的生命发展而定期出现的习俗,如生日、婚礼、生育、丧葬。⑤禁忌。禁忌是在社会活动过程中所产生的被禁止或忌讳的言行。禁忌是习俗的重要组成部分,是指不能接触的事物和不能谈及的事情,包括事物和事情两个方面。至今,禁忌因为历史的悠久和复杂的背景而难以确定源头,但这不影响它对社会成员的约束。⑥岁时节令。岁时节令是根据时间推移而周期性出现的一种重要习俗,如中国的春节、元宵节,西方的圣诞节、感恩节。⑦原始信仰。原始信仰是人们根据共同的向往或信念而形成的行为模式,如中国农村的祭灶习俗。

6. 制度对社交语用失误的影响

制度是一定社会组织在某个社会活动领域的各种基本规范的综合,包括社会关系和社会行为。由于制度是社会或社会组织确定的,因此制度属于社会中最稳定、最基本的规范。制度保证了社会的正常秩序,是社会存在的前提条件。

(1)制度的要素。制度包含原则、奖惩与权威三种要素,三者缺一不可,否则无法实现制度的基本功能。对于原则,制度规定了社会成员的权利与义务,并且这种规定是外部强加的。社会如何规定成员的权利与义务,需要与成员的社会地位相匹配。奖惩是制度的本质,因为制度是社会对一定社会关系与社会行为后果进行处理的基本方式。原则是确定奖惩的依据,原则中倡导的部分是奖励的对象,原则中禁止的部分是惩罚的对象。倡导与禁止的中间地带是容忍,容忍程度的高低反映了一种制度的弹性。权威是组织与设施彰显的精神力量,在制度中始终存在。例如,在人类早期社会,氏族制度的权威来自氏族组织;在阶级社会,权威来自一般组织以及专门的机构与设施。

(2)制度的类型。依据社会的活动领域,制度可划分为如下五种类型:①政治制度,是关于各个阶级在国家政权中的地位与相互关系,以及行政、公共秩序、国家安全等方面的基本规范的总和。②公共制度,是关于由政府机关举办的公用事业,以及个别人的直接社会服务方面的基本规范的总和。③经济制度,是关于生产资料归谁所有、产品如何分配与交换、行为主体相互关系的调整等方面的基本规范的总和。④文化制度,是思想观念的创作与运用的基本规范的总和,包括对教育、科技、哲学、道德、文学、艺术等方面的规定。⑤私人制度,是关于婚姻、生育、亲属以及非家庭的私人生活等方面的基本规范的总和。

不同的文化在这几个方面会体现出差异,并且制度的变更反映了社会历史的发展,因此可以依据制度来理解文化和历史变迁。

三、基于跨文化交际视角的大学英语听力教学的原则

（一）进行充足的文化输入原则

1. 给予声、像、图、文多种信息刺激

如今信息技术非常发达，我们可以将信息技术的优势充分发挥在听力教学中。在听力课堂教学中，教师可以利用多媒体技术为学生提供声、像、图、文等多种形式的信息刺激。例如，学唱英文歌曲可以很好地辅助学生的英语学习，特别是英语听力的学习。通过看电影等直观的方式也能纠正学生不标准的语音，并学习地道、自然的发音。信息技术的开发使许多英语听力网站应运而生，它们内容丰富、板块完善，为学生提供了一个充分体验视听美感的平台。这些方式可以有效地弥补传统教学手段的不足，可以在轻松、愉悦的氛围下激发学生的学习热情。

2. 将精输入和泛输入相结合

精输入就是精听。精听要求教师详细讲解听力中遇到的基本句型，反复播放难以听懂的部分，或者对学生难以理解的句子进行解释。在学生回答问题时，不要因为他们的错误而中途打断他们，而应该让学生换一种表达方式，这样才不至于引起他们的焦虑情绪。

泛输入就是泛听。泛听注重的是听的广度，讲究听大意和中心思想。因此，学生要力求做到在最短的时间内听最多的内容。要保证这一点，教师需要将听力材料的难度降低到一定程度，将生词量控制在百分之五以内，这样可确保内容的可理解性。

（二）引导学生重视语境原则

语境在一定程度上指的就是上下文，即听力材料中某个词或某个句子的前言后语。一个语言单位只有放在具体的语境中，它的意义才是真实的。语境包括文化语境，它是指听话者或者说话者所属的语言社团的文化。在

跨文化交际中,人们总是习惯按照自己的文化标准来判断对方,这样容易造成误解。

英语教师应有意识地指导学生去提高听力技能,让学生利用文化语境来理解意义。实际上,学生之所以感到听力困难,主要是因为听力技能的薄弱。他们无法将零散的语言单位整合成有意义的语言事实,也不能将正在听的内容和自身已有的经验相结合。听力理解的过程其实就是预测、调整和证实语境的过程。预测便于学生确定有用的信息,进而可以有选择性地听,这样就大大地节省了时间。

(三)知识载体多样化原则

美国语言学家斯蒂芬·克拉申(Stephen D. Krashen)在他提出的"输入假设"中强调,只有当语言习得者理解语言输入时,语言习得与学习才能遵循自然顺序发展。克拉申的"可理解语言输入"包含以下三层含义:第一,必须有一定的语言输入数量。第二,语言输入应保持较高的质量,输入的语言必须纯正、地道。第三,输入的语言应该为学习者所理解,即语言输入的难度既应适合学习者的水平,又应略高于学习者的水平,即达到所谓 i+1 的要求。可见,可理解的语言输入对学好英语的重要性是不言而喻的。随着科技的发展,多媒体技术越来越多地运用于教学领域,教师应在听力教学中充分发挥多媒体技术的优势。

(四)完善有关语言知识原则

在很多情况下,学生不理解听力材料的内容,不是由于学生没有听懂单词或句子,而是由于欠缺与听力理解相关的知识。概括来说,这些知识包括情景语境知识、文化语境知识和语用知识,下面具体来分析。

1.情景语境知识

(1)物理环境。物理环境对听力过程的各个方面都有影响。首先,环境决定话题。例如,在学校就很可能与学习有关,在医院的谈话内容多与看病有关。其次,环境决定语体。例如,公开演讲通常需要用较为正式的语言,与朋友交谈往往使用非正式语言。

(2)上下文语境。所谓上下文语境,是指交际过程中某一话语结构表达某种特定意义时所依赖的上下文,即听力材料中某个词或某个句子的前言后语。上下文语境常有助于理解单词或片语等的具体意义。

2. 文化语境知识

文化语境指的是交流过程中某一话语结构表达某种特定意义时所依赖的各种主客观因素。其中,客观因素包括时间、地点、场合、话题等;主观因素包括交际者的身份、地位、心理背景、文化背景、交际目的、交际方式、交际内容所涉及的对象以及各种与话语结构同时出现的非语言符号(如姿势、手势)等。具体来说,教师可以从风土人情、文化词语、英语习语三个方面帮助学生了解英语国家的文化背景知识。

(1)风土人情。学生平时应多积累有关英语国家的社会风俗和生活习惯的知识。例如,西方人欢度节日时往往注重欢乐与交往。在复活节时人们通常会玩滚彩蛋比赛,感恩节时会有足球比赛与游行,万圣节时孩子们会挨家挨户去敲门,并大声喊着"不给糖就捣乱"。在这些节日活动中,比赛的胜负或游戏的结果并不重要,重要的是人们在活动的过程中增进了感情,收获了快乐。其他一些注重人们参与和快乐分享的节日还有圣诞节中的赠送圣诞礼物、圣诞游行活动等。

从饮食方式上来看,西式宴会最常见的宴请方式就是自助餐。此法是将所有食物一一陈列出来,大家各取所需,不必固定在位子上吃,走动自由,这种方式便于个人之间的情感交流,不必将所有的话摆在桌面上,也表现了西方人对个性、对自我的尊重。宴会的核心在于交际,通过与邻座客人之间的交谈达到交际的目的。

(2)文化词语。具有文化内涵的词语就是指蕴含着丰富的社会文化意义的词或短语,这些词在英汉两种语言中的文化内涵往往相去甚远。例如,龙在中国是主宰自然、法力无边的神,可以呼风唤雨,因而被人神话成了权力和地位的合法象征。但是,"dragon"在英语国家通常以罪恶与恶魔的形象出现。

(3)英语习语。英语习语指英语词汇中结构固定,语义、语法形式完整,以独立的单位表达交际功能的词、词组或句子。例如"a wolf in sheep's clothing"(披着羊皮的狼,伪善的人),"wait on someone hand and foot"(侍奉得无微不至)。如果在平时的教学活动中,教师能够结合所学课文内容适时向学生讲解类似习语中包含的丰富多彩的民族文化内涵,学生在听力理解过程中遇到类似习语时就不会感觉陌生或晦涩难懂,也就能正确地把握和理解其传达的信息。

3. 语用知识

除情景语境知识和文化语境知识外,适当掌握语用知识也非常重要,因为听者的语用知识会影响其对听力语篇内容的理解。学生应了解交际过程中交际者何时说话、何时不说、特定场合下说什么、如何开始以及如何结束会话。换句话说,听者应具有一定的社会语言学和语用学方面的知识,了解基本的会话规则。例如,听到"Thank you",就应该知道下面的回答可能是"You're welcome"。如果学生不了解上述这些互动模式,就很难做出合理的推测。

综上所述,听力理解离不开情景语境知识、文化语境知识和语用知识。对这些知识特点的掌握和灵活运用既是提高英语听力理解能力必不可少的条件要求,也是培养学生英语交际能力的基础。

四、大学英语听力教学中跨文化交际能力的培养

(一)依托体裁分析理论

大学英语听力理解的内容很多来自新闻报道,因此教师可以充分运用

体裁分析理论帮助学生了解具体体裁的结构以及词汇和语言特征。

英语新闻大多采用"倒金字塔"结构,也就是分为新闻导语和正文内容两个部分。一则新闻中可能包含多个事件,对这些事件进行重要性的评级,然后按照重要性递减的顺序排列起来,这就体现了"倒金字塔"结构。其中,新闻导语是用一句话概括新闻事件的主旨,包括时间、地点、人物、事件、原因等。教师可以选取与学生生活较为贴近的听力材料,学生对这类与自身相关的信息一般比较关注,也不会分心,这样有利于教师教学的顺利开展,提高学生对新闻导语的捕捉能力,从而有效解决学生对该类听力材料的心理学习障碍。

如今的英语新闻在词汇的使用上越来越有自己的特色。新闻中到处可见专用名词和缩略词,这对于大学生的听力学习来说是一个难点。为了帮助学生渡过英语听力难关,教师在新闻听力教学前,要先把该新闻中所包含的专用词汇梳理清晰,按照一定的标准进行归类,降低学生的词汇学习难度。例如,在英语灾祸新闻中,关于灾祸的词汇主要包括两种类型:一种是自然灾祸词汇,另一种是人为灾祸词汇。

(二)启动问答教学法

由于教学在一定意义上也是一种交际的过程,因此问答教学法就成为一种很重要的教学方法。有些教育专家大力推崇问答教学法,认为教师的提问不仅可以推动学生主体作用的落实,而且可以让学生在表达中进一步发展认知和情感方面的能力。

教师的问题分为以下三种类型:第一类是针对语言的问题,也就是文本直接或间接提供的内容。第二类是针对信息的问题,分为基于客观信息的问题和基于主观信息的问题。第三类是认知层面的问题,包括回忆、辨认、创作等。这几种类型的问题相互作用、相互补充,共同为听力教学服务。

对于不同类型的问题,教师应该将它们应用在恰当的听力教学阶段。听力教学分为理解阶段和习得阶段。这两个阶段不是孤立存在的,而是相互融合的,理解是习得的基础,而习得反过来促进理解。

在理解阶段,对于那些比较重要的语言结构或者文本内容,教师可以进行提问,并且要以展示性和开放性问题为主,如获取大意和细节理解等,这样就使得学生对重要的语言结构及其使用规则更加明确,并且检验了学生的听力理解情况,从而为后续的习得阶段以及语言内化做铺垫。在听力结束后,教师要通过提问进一步确认学生的理解情况,以开放式和参考性问题为主,如推理和赏析等主观性问题。同时,教师通过这些问题引导学生不断反思自己的理解过程,重组文本中的要点,以培养学生评估和解决问题等方面的元认知策略。

在习得阶段,最显著的活动就是听说结合。教师可以让学生回答一些关于语言重组的问题,使得听力输入转化为口语输出,最终促进语言的内化。教师首先就语言进行提问,主要是提醒学生注意新的语言形式或者语言功能;然后设计信息重组类或文本类问题,从而让学生创造性地使用刚刚在听力中注意到的语言形式。

第二节 跨文化视角下大学英语口语教学

一、大学英语口语教学简述

(一)口语的内涵

1. 口语是综合性的语言素养

口语作为一种日常交流与沟通的重要工具,在英语教学领域是非常重要的。口语这一技能并不是孤立的,而是与其他技能具有交叉、重叠的关系。在英语教学过程中,口语教学很难与其他技能的教学区分开来。简言之,英语教师在进行口语教学的过程中,往往也会涉及其他技能的教学。对于学习英语口语的学生而言,他们想要使用英语进行口语表达,首先需要掌握一些英语的基础知识,如英语的节奏感、语音、语调、元音、辅音等,同时需要掌握一些会话的技巧,如在交际过程中如何礼貌地打断他人,如何礼貌地回复他人等。

可见,英语口语能力的提升并不是一件容易的事情,学生除了要掌握发音,还要掌握这门语言其他方面的知识内容,如语言背后的社会习俗、文化背景、交际方式、社会礼仪等。所以,语言交际看似简单,其实比较复杂,是上述所有内容的一种综合体现。

2. 口语能力分析

人们对口语能力这一概念的理解往往不同,不同的理解通常会带来不同的教学效果。英语作为一门语言,是随着社会的发展而发展的,其学习理念同样会发生变化。以前,人们认为英语教学的理念就是发展学生的语言能力,让学生掌握基本的语音、词汇、语法、句法,学生只要对这些知识有了充分的掌握,就会自觉流利地使用这门语言进行沟通与交流。然而,现实情况往往与人们的想法大相径庭,而这种理念引导下的教学弊端也日益凸显出来。

20世纪80年代,西方国家涌现出大量的移民,在这一情况的影响下,语言学领域的研究者以及作为一线工作者的教师开始质疑语言学习的传统模式,他们的理念开始发生转变。这些人认为,学生只掌握语言的语音、词汇、语法等知识并不能真正学会英语,更不意味着可以流利讲英语,甚至不能利用自己所学的这门语言在社会上谋生。随后,学者以及教师开始将英语语言能力看作交际能力的一个组成部分。有的学者认为,交际能力是语言学习者与他人利用语言这门工具进行信息互动,所生成的一种有意义的能力,这种能力是区别于做语法、词汇知识选择题的能力。然而,学习者要想获取更加高级的交际能力,就必须对所使用语言的社会环境、文化环境有一定的了解。

(1)社会语言能力。

社会语言能力往往指的是使用语言的人在不同的场合与环境中运用语言的能力,这一能力涉及的层面有:①语域,即正式语言或非正式语言的使用。②用词是否恰当。③语体变换与礼貌策略等。

场合不同,个体就应该使用不同的用语,从而确保自己的话语合乎语法规则以及所在环境,表述过程中发音要清晰,如"walking"在一些正式场合就需要发音完整,而不能发成"walkin"。另外,在表述时用词要相对正式,应该用"father"这一单词的时候就不可使用"dad"来替代,应该用"child"的时候就尽量不要使用"kid"。

语体变换指的是交际者根据不同的交际场合来变换语体,使用不同的语言形式。例如,教师分发试卷的时候会请学生来帮助,此时教师使用不同的句型可以体现不同的礼貌程度,不过核心内容还是要表达出来的。

A:Hand out the papers.

B:Please hand out the papers.

C:Would you please hand out the papers?

D:I'd appreciate it if you would please hand out the papers.

上述四个句子中,句子 A 中"hand out"这一谓语动词与直接宾语"the papers"组成了祈使句结构,体现的语气比较生硬,传达了一种命令的信息。句子 B 相较于 A 要友好一点,加入了"please"这一礼貌词。句子 C 则使用的是疑问句式,将表示礼貌的标记词"please"嵌入进去。句子 D 使用的是条件句,使用了"if"这一单词。通过分析可以看出,这四个句子的语气从生硬逐渐变为客气。

(2)策略能力。

策略能力指的是交际者在表述过程中巧妙利用一些语言策略来弥补自己语言表述能力方面的不足。例如,你在宾馆给前台服务员打电话,想告诉她你需要使用吹风机来吹干头发,但是你不知道"吹风机"这一单词,那么你可能会使用以下表述来传达自己的意思。

A：It is,uh,the thing that make the hair hot. You know,when you clean the hair and then after that thing that make the hair hot when the hair has water. It's, um,it use electric to make the hair hot. It's not in the room and I want to use it.

B：So,uh,now,my hair is wet. And I must go to the party. So now,I need that machine,that little machine. What is the name? How do you call it in English?

C：We say in Spanish secadora-the dryer, but is for the hair. The dryer of the hair. Do you have a dryer of the hair? I need one please.

分析上述三个例子可以发现，传达"吹风机"这一含义的方式是各不相同的，但最终都达到了自己的交际目的。可见，虽然说话者有时候自身的词汇量可能不足，不知道有些话语如何表达，但这并不会严重影响交际双方的交往，他们可以采取别的方式来传达自己的信息，同样可以实现自己的交际目的。换言之，交际双方如果可以恰当使用一些交际策略，就可以顺利实现交际，实现自己的想法。

（3）语篇能力。

语篇能力是指讲话者所说的句子的连接关系，内容包括衔接与连贯两个层面。衔接是指一句话中各成分之间的语法、词汇之间的关系，它包含指代、运用同义词等多种手段。例如：

Tina：Hey,Cheng,how's it going?

Cheng：Wow,I just had a test and it was really hard!

Tina：Oh,what was the test about?

Cheng：Algebra! All those formulas are so confusing!

Tina：Yeah,I don't like that stuff either.

在上述对话中，句子虽然简短，不过依然有一些表示衔接的例子。其中，Cheng的第一次回答中，"it"指代的是他刚刚完成的"test"；在Cheng的

第二次回答中,"algebra"(代数)和"formulas"(数学公式)也隐含他刚完成的test。这些手段的使用,保障了二人之间的交谈可以顺利衔接和完成。

所谓连贯,即一则语篇中语段、句子、话语意义之间所具有的复杂意义关系。通常而言,如果一段话中所有的句子都是围绕主题来展开的,那么这段话的连贯性就较高。连贯的话语有助于听者有效把握发话人的话语内容,在日常交际过程中,即便是使用母语,人们也难免会遇到这种状况:说话者滔滔不绝地讲了很多,听者却难以把握其主题意思。这并不是因为我们自身的听力有问题,而是因为讲话人所讲的话语缺乏连贯性与逻辑性。

连贯性不仅体现在整段话语的每个单词中,而且连贯性的强弱与听者自身所具有的文化背景知识有着极大的关系。有的话语从字面上看虽然体现不出连贯性,但表述的隐含意义是连贯的。例如:

Lisa:Could you give me a lift home?

Sarah:Sorry,I'm visiting my sister.

Lisa 的提问与 Sarah 的回答之间没有任何语法与词汇的联系,但由于 Lisa 和 Sarah 都知道 Sarah 姐姐的住处与 Lisa 家方向相反,因此对话具有连贯性。

以上梳理的便是口语能力的主要要素。社会语言能力要求人们根据不同的场合、对象,将自己的意思准确、清楚、得体、流利地传达出来,充分维护自身的人际关系。策略能力可以帮助人们将一些难以表达出来的内容利用其他方式传达出来,如肢体动作等,从而顺利展开交际。语篇能力则要求人们可以清楚、有效地传达自己的信息,从而帮助听者顺利理解其中的意义。

(二)大学英语口语教学的内容

1. 语音

语音是学习英语口语的基础,口语能力强的人,语音也是清晰标准的。具体来说,语音训练就是掌握正确的语音和语调,包括重读、弱读、连读、音节、意群、停顿等。

2. 词汇

没有足够的词汇量就没有足够的输出语料,也就不能进行信息的交流和沟通,可见词汇是沟通的基础和前提。因此,在英语口语教学中,应注意加强学生词汇量的积累。

3. 语法

语法是单词构成句子的基本法则,要想实现沟通的目的必须构建出符合语法规则的句子。只有句子符合语法规则才可以被听者理解,因此语法也是口语教学涉及的重要内容。

4. 会话技巧

口语教学的最终目的就是交际,学习并运用一些会话技巧可以使交际顺利进行。下面介绍几种常用的会话技巧。

(1)开始会话(Openings)。这是指如何通过问候、提问、评论等方法打开话题。例如:

Good morning!

Excuse me, aren't you Mr. Smith?

(2)倾听(Showing you are listening)。倾听并不仅仅是听懂对方说话,还包含对方发话之后自己做出的一系列反应,如高兴、怀疑等。例如:

Maybe. Well,…Oh, really?（表示怀疑）

Interesting! Great! Terrific!（表示高兴）

(3)打断会话(Interrupting)。例如:

Excuse me, but could I ask a question?

I'm sorry to interrupt, but…

(4)话题转换(Topic-shifting)。例如:

By the way, have you ever been to America?

Oh, I knew there was something I meant to tell you,…

(5)结束会话(closing)。例如:

I've enjoyed talking with you.

I'd like to talk about this some more, but…

5. 文化知识

文化知识也是英语口语教学十分重要的内容。交际的得体性决定了学生必须掌握一定的文化知识,包括普通的文化规则和不同文化之间的交际规则。这就是说,学生除了要具有扎实的语言基础知识外,还要具备一定的文化知识。文化对语言的影响和制约主要表现在两个方面:影响词语的意义结构;影响话语的组织结构。

(三)大学英语口语教学的目标

对于大学英语口语教学的目标,《大学英语课程教学要求》进行了具体的说明,并划分为三个层次,具体如下:

一般要求:

(1)学生可以在学习过程中用英语交流,并能就某一主题进行讨论。

(2)学生可以就日常话题用英语进行交谈。

(3)学生可以经准备后就所熟悉的话题做简短发言,表达比较清楚,语音、语调基本正确。

(4)学生可以在交谈中使用基本的会话策略。

较高要求:

(1)学生可以用英语就一般性话题进行比较流利的会话。

(2)学生可以基本表达个人意见、情感、观点等。

(3)学生可以基本陈述事实、理由和描述事件,表达清楚,语音、语调基本正确。

更高要求:

(1)学生可以较为流利、准确地就一般或专业性话题进行对话或讨论。

（2）学生可以用简练的语言概括篇幅较长、有一定语言难度的文本或讲话。

（3）学生可以在国际会议和专业交流中宣读论文并参加讨论。

（4）学生可以使用较高的讲话技巧，如引起听众的注意、维持听众热情、协调与其他讲话人的关系等。

二、文化差异对大学英语口语教学的影响

（一）词汇文化因素对大学英语口语教学的影响

要想清楚表达自己的思想，学生首先需要掌握大量的词汇。同时，由于不同语言所处的文化背景不同，因此词汇的文化内涵有时会表现出很大的差异。在英语口语教学中，教师应有意识地向学生介绍词汇文化之间的差异，丰富学生的词汇文化知识，为学生的口语表达奠定基础。

以"wink"一词为例，英语里关于"wink"的习语有很多，教师可以将这些习语有意识地导入口语教学中。例如，现代社会很多人都有失眠的经历，"I didn't sleep a wink last night"（我昨晚一夜都没合眼）这里的"wink"是"眨眼"的意思，但是在"forty winks"中，其含义并不是"眨四十下眼睛"，而是"小睡"的意思。教师可以通过此类习语引导学生将其巧妙运用于自己的口语交流中。

（二）思维模式因素对大学英语口语教学的影响

英汉两种语言的思维模式存在诸多差异，这自然会对英语口语教学产生重要影响。例如，由于受母语迁移的负面影响，很多学生习惯了说"中式英语"，因此表达的句式不符合英语语法，这会给学生的交流带来很大的障碍。此外，思维模式的差异对学生表达的流利性会产生影响。很多学生习惯了用汉语进行思维，在用英语进行表达时，经常会一时找不到英语对应词，从而在表达中出现停顿、犹豫等现象，这就不利于与外国人的顺利交流。

(三) 社交文化因素对大学英语口语教学的影响

中西方社交文化存在诸多差异,这些差异直接影响着口语交际者在交际过程中的应答或反应。因此,学生有必要多了解中西方社交文化方面的差异。

1. 寒暄

中国人初次见面时常常会问及对方的年龄、工作、家庭情况等,如"你今年多大了?""你是做什么工作的?""你结婚了吗?"等问题,有时也会表现出对对方的关心,如"你好像瘦了,要注意身体啊!""你脸色不太好,是不是不舒服?"等。在平日的寒暄中,中国人通常会说"去哪啊?""吃饭了吗?"等,表示对对方的关心。但是对于西方人来说,如果他听到"吃饭了吗?"会以为对方是想请他吃饭,从而容易产生误会。

西方人见面寒暄时往往不会谈论个人的年龄、收入、家庭情况、住址、信仰等问题,因为这是个人的隐私。他们经常讨论的话题是天气,这是因为英国的天气变化无常,有时一天中甚至会出现犹如四季的变化,这导致人们对天气产生了一种特殊的感觉。总之,学生在跨文化交际过程中应多了解这些不同的文化背景,避免因触犯个人隐私而引起别人的反感。

2. 关心

在跨文化交际中,中国人有时会出于善意去关心对方,这在中国人看来是很自然也是会令人感动的事情。然而,由于文化差异,这样的举动可能会导致对方不高兴,从而造成不必要的误解。

3. 客套

在表达客套这方面,中国人一般很注重形式,讲究礼仪,重视表象;而西方人多是直线性思维,讲求效率和价值,没有过多的繁文缛节。以打电话为例,中国人在打电话时常常用下面的话作为开头:"请问您是谁?""喂,您好。麻烦您请××接电话。"而西方人在打电话时通常是以下面的方式开头:"Is that ×× speaking?""Could I speak to ×× please?"此外,西方人在接电话时通常先说明自己的身份,例如:"Hello, this is Tom. Could I speak to John, please?"

4.迎客

中国自古以来都是礼仪之邦,因此非常重视礼仪。当有尊贵的客人来访时,主人通常会出门远迎,在见面时会采用握手礼或拱手礼,在一些较为庄重的场合甚至要行鞠躬礼。汉语中问候语也有很多,例如:"欢迎!欢迎!""别来无恙?""您的到来令敝舍蓬荜生辉。""与您见面真是三生有幸!"

西方人除了在外交场合会出门远迎客人外,在一般的场合都没有这种习惯。此外,西方人多采用握手礼,在一些庄重的场合还要行拥抱礼或吻颊礼。问候语则通常是"How are you?"或"Glad to see you again"。

三、基于跨文化交际视角的大学英语口语教学的原则

(一)先听后说原则

听与说之间具有密切的关系,二者属于一个问题的两个方面,彼此相辅相成。人们在利用口语展开交际的过程中,听话人只有先听懂发话人的话语,才能给出自己的合理回应,从而确保交际的顺利展开。可见,口语教学的过程离不开听力,必须坚持先听后说的原则。因此,在英语口语教学过程中,教师应该引导学生先通过听来积累词汇量以及各方面的语言信息,在这种积累达到一定程度之后,学生的内心就会出现表达的欲望,就会自觉展开口语层面的表达,从而实现口语交际能力提升的目的。

(二)内外兼顾原则

内外兼顾原则,顾名思义就是考虑问题时要顾及内外两个方面,不能仅顾及一个方面或者顾此失彼。在这一原则的指导下,教师在口语教学的过程中不仅要重视课堂教学,还需要引导学生合理利用课外活动来练习口语。

事实上，学生的口语学习应该以课堂教学为主，并且将课外活动中的口语学习作为课堂学习的一种补充，二者相互促进、相互配合。在课堂教学练习的基础上，学生开展相应的课外活动，可以将课堂上所学习的知识在课外活动中进行充分实践，从而达到复习、巩固知识的目的。此外，学生在课外活动中可以运用课堂上所学习的理论知识，将知识转化为技能。与课堂活动相比较而言，课外活动的氛围比较轻松，学生的心情也会十分愉悦，在这种放松的心情下练习口语将会取得令人意想不到的效果。同时，在课外练习时学生可以获得教师的适当指导，进而在不同的场合、环境下顺利展开交际。

在课程结束之后，教师为学生安排作业与练习之前，可以将学生分组，让学生以小组为单位来完成作业，通过相互讨论小组任务，学生提升了自身的口语能力，同时发展了沟通、理解以及团队能力。

（三）互动原则

口语练习是一件需要花费大量时间与精力的事情，而且本身比较枯燥，学生如果没有良好的练习口语的环境，那么时间久了就会产生厌烦心理，而这种心理会导致学生排斥英语学习。因此，口语教学应该坚持互动原则，口语练习应该具备情景化、互动化特点，这样学生就可以长久保持对口语学习的兴趣，自觉练习口语，从而有效提高自己的口语表达能力。如果教师依然沿用传统的口语教学方式，学生在课堂上只是围绕教师提出的问题进行回答，这种参与往往是被动的，会在很大程度上影响学生口语能力的提高。因此，教师为学生设计的话题应能够使学生展开互动性的练习活动，使学生之间进行有效的互动练习。

（四）循序渐进原则

英语口语的学习是一个渐进的过程，口语能力的提升同样如此，因而教师在口语教学的过程中应该遵循循序渐进的原则，由易到难、由理论到实践，层层深入，逐步进行。我国大学生来自国内不同的地区，不仅英语水平参差不齐,而且发音会或多或少受自身方言的影响。因此,教师在口语教学的过程中首先应该解决学生语音层面上的问题与困难,纠正他们的错误发音,让学生根据从简单到复杂的原则,从语音、语调、句子、语段等逐步进行锻炼。另外,教师在安排与设计教学步骤时要遵循科学原则,充分把握难易程度。教学目标如果太高,学生在学习过程中的心理压力就会比较大;如果太低,那么学生的学习积极性也会受很大影响,因而教学目标的设计与安排要适度。

(五)科学纠错原则

学生在口语学习中免不了出错,这是非常正常的事情,因此教师对学生在口语活动中出现的错误一定要采取科学的态度。一般来说,如果是学生正在进行口语对话训练,教师对一些无关紧要的语法问题可以酌情忽略,不要听到学生出现错误就立即打断并纠正,这样很容易打击学生说的积极性。教师应当在学生对话训练结束之后,统一指出训练过程中的错误,并提醒学生加以注意。当然,对一些重大的错误,教师也要在训练结束后立即指出,以免再犯。

(六)鼓励性原则

学生在英语学习尤其是口语练习中很容易出现焦虑情绪,此时教师应当多鼓励学生,对其多多表扬,树立其口语表达的自信心。教师鼓励学生大胆开口说英语是十分重要的。为此,教师应该为学生创设真实的语境,让学生在放松的氛围中自由交谈,不必担心他人的嘲笑,想怎么表达就怎么表达,最大限度地开展口语练习。对于学习程度较差的学生,教师还可以采用一些特殊的方式来鼓励他们,如"支架式"(为学生搭建向上发展的平台)教学等,从而帮助他们克服学习中的困难,保持对口语学习的兴趣。

(七)生活化原则

教师在设计口语教学的活动任务时,必须遵循生活化原则,即所设计的教学活动应该与学生的日常生活十分贴近,让他们有更多的发挥余地,调动他们参与的积极性,只有学生对话题有兴趣,他们才乐于开口、勇于开口。具体来说,教师可从以下方面入手:①应努力提高话题、主题的趣味性。②应对学生的愿望与实际需求进行深度挖掘。③应将教学内容与学生感兴趣的话题有机结合在一起。

四、大学英语口语教学中跨文化交际能力的培养

(一)大学英语口语教学中跨文化能力培养的方法

1. 情境教学法

英语学习的最终目的就是交流,交流不是在"真空"中进行的,而是发生在一定的情境中,因此英语学习需要依托一定的情境才能有更好的效果。口语学习更是如此。举例来说,一个刚出生的婴儿如果在一个英语环境中,他学会的自然就是英语。又如,即使一个学生之前的口语很薄弱,出国一段时间后,其口语水平也自然会有很大的提升。这提示教师一定要注意口语教学中情境的重要性,要尽量把真实的语言情境引入口语教学,让学生在真实的环境下学习口语,这样学生的表达才会更加地道。一般来说,角色表演和配音活动是两种有效的情境创设方式。

(1)角色表演。角色表演是深受学生喜爱的口语练习方式,因为学生往往都活泼好动,也有表演的天生欲望,而角色表演正好符合学生的这种特点,而且角色表演能让学生告别枯燥单一的课堂授课,很容易调动学生表达的积极性。所以,教师在口语教学中要多组织角色表演活动,把主动权交给学生,让学生自行分工、自行排练,然后进行表演。表演结束后,教师不要急于评价,最好先让学生就表演技巧、语言运用等方面发表一些建议,然后进行总结和点评。

(2)配音。配音也是一种很好的锻炼学生口语表达能力的活动。在配

音练习中,教师可以选取一个电影的片段,先让学生听一遍原声对白,在听的过程中教师可以适时讲解其中一些比较难的语言点;然后,让学生听两遍原声并要求他们尽量记住台词;最后,教师将电影调成无声,安排学生进行模仿配音。教师在选择需要配音的电影时,要注意遵循以下几个原则:

1)电影的语言发音要清晰,语速要适当,容易被学生学习和模仿。有些电影虽然很优秀,但是语速过快,对英语水平要求较高,学生在配音时很难跟上节奏,这就很容易打击他们的积极性。因此,教师在选择影片时要充分考虑学生的英语水平,尽量选择情节简单、发音清晰的影片供学生配音。

2)电影的语言信息含量要丰富。有些电影尤其是动作片,虽然很好看,学生也很喜欢,但是这类电影往往语言信息较少,甚至充满暴力,因此不适合进行配音工作。

3)电影应当配有英语字幕,有中英双字幕更好。如果没有字幕,教师可以要求学生提前将台词背下来,如果学生对电影情节比较熟悉,也可以不背。

4)影片内容要尽量贴近生活。由于影片大多和人们的真实生活很贴近,语言也贴近生活,因此配音相对容易些,更重要的是能让学生学以致用,让他们真正体会到学习英语的实用意义。

2. 文化植入法

(1)文化植入的概念。

"植入"最初是医学用词,后被广泛地应用于非医学领域,其中用得最多的概念是"植入式广告"。现在,我们在很多影视剧和综艺节目中都能看到植入式广告。简单来说,植入式广告就是为了达到营销目的,将产品及其服务的视听品牌符号融入影视或舞台产品,从而给观众留下深刻的印象。

在英语口语教学中,文化植入与广告植入的理念类似。具体来说,如果让人们直接看广告,即使广告再精彩,看多了也会厌烦,甚至适得其反。文化学习也是如此,如果只是生硬地开设文化课,学生会因为文化内容的博大精深而退却,从而失去学习的兴趣和动力。如果在英语教学中植入文化,那么就能对学生产生潜移默化的作用,从而加深他们对文化的印象,同时产生文化学习的兴趣,最终提高口语学习的效果。

(2)文化植入的原则。

在选择文化植入的内容时,要遵循一定的原则,具体来说主要有以下几个原则。

第一,在精不在多原则。在口语教学中,教师在进行文化植入时,要注意找到一个恰当的切入点。因为文化知识背景复杂、内容繁多,通过切入点进行植入,可以激发学生对于相关文化内容的兴趣和关注,也有助于学生对口语进行学习和操练。一旦打开文化世界的大门,学生会自己主动学习。

第二,适当原则。植入的时候并不是无原则地随意植入,植入的内容应当符合学生的兴趣爱好,并且能深入浅出,切实帮助学生提高口语水平。教师首先要充分了解学生的兴趣所在,并找到学生感兴趣的文化内容。其次,要在深入了解植入内容的基础上,尽量通过直观、简易的方式呈现出来。总之,所植入的文化内容难度要适宜,既不能太肤浅也不能太深入,否则文化植入不仅不能帮助学生进行口语学习,反而会成为学习过程中的阻碍,严重地甚至会削弱学生的学习兴趣。

第三,服务于口语教学原则。文化植入的一切内容都要围绕口语教学进行,并与主题紧密相关。这是因为文化植入的最终目的是帮助学生更好地应用口语,掌握口语课的教学内容,所以文化植入的内容一定要凸显其服务功能。

(3)文化植入的方式。

文化植入并不是生硬地插入,否则和一般的文化课程就无异了,因此教师在教学中要采用合适的植入方式,将内容很自然地融入教学,使其服务于口语教学,这里要注意不能喧宾夺主,而是要起到潜移默化的效果。具体来说,文化植入的方式主要有直接呈现和间接呈现两种。

直接呈现是指教师选择与教学内容密切相关的文化主题,然后在课堂上将其直接呈现给学生,引导学生理解这个文化主题。教师在呈现时,可以通过一定的手段导入教学内容,如借助多媒体教学设备进行呈现。例如,在学习有关建筑物的口语课堂上,很多有关建筑的描述和表达方式需要进行呈现和练习。此时,教师可以利用多媒体设备,将不同建筑的时代背景、风格特点等展示给学生,同时融入教学所要求掌握的一些表达方式。这些内容能引导学生了解学习内容,并使用所学内容进行操练。通过呈现,学生在其表达练习中会更有针对性,也更容易加深印象,掌握知识。

间接呈现是指教师根据教学要求和学生实际情况,灵活设计一些小活动,如游戏、竞赛等,并将文化内容有效植入这些活动中。例如,在有关商务用餐的口语表达学习中,教师要植入酒文化。在学生经过前期学习,对酒文化有一定了解的基础上,教师可以口头组织"抢答竞赛"的小活动。具体来说,教师口头设计一些实用又有趣的英文选择题,供学生抢答,每题结束后再结合直接呈现方式,通过图片、视频等向学生介绍该题所包含的文化内涵。这样,学生在互动中锻炼了自身的口语能力,同时拓宽了知识面。

3. 文化渗透法

文化渗透和文化植入有一定的共同之处,都是在教学中导入文化因素。具体来说,由于不同语言处于不同的文化背景中,因此需要结合文化来理解语言的具体含义。教师在口语教学中可以进行总结归纳,通过在教学中渗透英语文化来快速提高大学生的英语口语表达能力。具体来说,教师可以采取以下几种方式进行。

(1)文化对比法。在口语教学中,教师可以通过对比英语文化与母语文化,帮助学生了解不同文化之间的差异,培养跨文化意识。教师可以首先向学生传授有关中西方文化的各种差异,然后指出学生在交流中容易犯的错误,并表明这些错误正是由于不注意中西方文化差异造成的。在反复对比和理解中,学生就能掌握英语和汉语及中西方文化间的差异,并在以后的交流中多加注意。此外,学生通过了解不同文化间的差异,能更加尊重不同文化的风俗与习惯,并形成正确处理语言与文化关系的能力。总之,文化对比法是一种行之有效的口语教学方法。

(2)交流学习法。大学生经过几年的英语学习,一般已经有了一定的英语水平,有的也有一些跨文化交际的经历。因此,教师可以充分利用大学生的这些特点,开展课堂交流,通过交流促进学习。

(3)教师引导法。教师在口语教学以及与学生的交流中,应当时刻注意进行有效的引导。特别是在学生产生交际障碍时,教师及时进行启发性的引导,既充分尊重了学生的主体地位,又对学生进行了文化知识的熏陶,激发其学习和运用语言的思维。

4. 探究教学法

探究教学法的核心就是"探究",简单来说,它是指英语教师利用现代教育手段与媒介,综合多种教学资源,以学生为中心,以教师为主导,以学生的自主学习、自我探索和自我研究为主的方式完成语言知识和口语技能习得的教学方法。

(1)探究教学法的特点。

探究教学法与传统的教学模式相比,体现出一定的优势,主要包括以下几个方面。

1)开放性。开放性是大学英语口语教学中探究教学法的显著特点之一,主要体现在教学内容、教学组织形式和教学管理三个方面。首先,在教学内容上,探究教学的内容以教材为基础,但并不受教材的制约与束缚,其涉及的内容要比教材内容广泛得多。探究教学往往针对某一主题进行深层次的考究,无形之中就会涉及多领域、多学科的内容。其次,在教学组织形式上,探究教学常常在学生与学生之间或学生与教师之间的交流、协商、讨论中展开,这种教学活动组织形式与传统的教学方法相比,具有明显的开放性。最后,在教学管理上,探究教学以学生的自主探究为主要的学习方式,教师起着监督与指导的作用。

2)合作性。合作性是探究教学法的另一个显著特征。这里的合作主要是指教师和学生间的合作。具体来说,仅仅依靠学生的自主探究来完成知识的学习和技能的掌握是不现实的,还需要教师的监督与指导以及同伴间的合作学习。此外,每位学生的学习技巧、学习方法、学习能力等都是存在差异的,也是可以进行互补的,因此要拓宽探究内容的广度与深度,就必须加强合作性,增进互补性。

3)实践性。大学英语口语探究教学的实践性是由大学英语教学的目标决定的。当今社会对英语人才提出了更高的要求,不仅要具备扎实的语言知识和技能,还要具备熟练的英语运用能力。探究教学为学生提供了充足思考和使用英语的机会。

(2)探究教学法的步骤。

在英语口语教学中,探究教学法大致包括五个步骤,即确立探究问题、收集数据、分析解释、讨论交流以及展示评价反思。

1)确立探究问题。确立探究问题是探究教学法的第一步。旧问题解决后,会产生新的问题,因此探究教学是一个循环往复的过程。口语教学实践中会产生多种问题,但是探究问题的选择和确立需要考虑多方面的因素。一方面,有些问题产生的原因简单,很容易解决,因此不必探究。另一方面,有些问题用其他方法讲解会更加浅显易懂,因此不适用于探究教学法。所以,教师在确立探究问题时要进行深入的分析和精心的选择。首先,务必要考虑到课程内容和先前教学中的知识积累。探究问题要在整个教学知识结构中起到承上启下的作用。问题的深度与广度的选择还要符合维果茨基的最近发展区原则,即学生通过自我探究和教师的指导能够切实解决问题。其次,要考虑问题的情境。教师以教材内容为基础,创设出能够自然导出问题的情境。最后,要考虑学生的学习兴趣与学习动机,用更加新颖的方式提出问题。

2)收集数据。大学英语口语教学探究教学法中数据的收集指的是与语言有关的语料,以及与文化、语言使用有关的艺术与策略的材料的收集。这一环节的实施需要教师的严格监控,并给予学生收集内容、方向与来源方面的指导和建议。这样才能起到事半功倍的效果,否则就会白白浪费时间和精力。

3)分析解释。分析解释是探究教学法的第三个步骤,这一环节对下一环节的讨论交流有重要的影响。对收集的数据进行分析,主要围绕语义和语用两个方面进行思考,对特定的交际情景和交际目的中所涉及的词汇、语法、句式、文化、交际策略等方面的因素在交际中的功能做出解释和总结。

4)讨论交流。讨论交流贯穿于大学英语口语教学的始终,体现在课内与课外的各种交际活动中。在探究教学法中,学生完成课外探究之后,结合所得在课堂上与同伴就教师所给的探究材料进行有目的的交流讨论,同时做好记录。

5)展示评价反思。展示评价反思是探究教学法最后一个环节,也是不容忽视的一个环节。这一环节需要注意两个方面,一是学生的展示行为是否规范,二是教师的点评内容与评价方式是否得当。

(二)大学英语口语教学中跨文化能力培养的实践

1. 主题报告

以两人对话或小组的形式来讲述每个人难忘的旅行经历,从而引入主题:旅行计划以及旅行前的准备。教师可以组织学生分享自己旅游的照片和视频,让其他学生感受其中的乐趣并了解相关的旅游知识。

设计意图:以"我的一次旅行经历"为主题,让学生根据自己的亲身经历,向别人介绍以及展示照片,让其他学生一起感受自己当时旅游的乐趣。在一种轻松和谐的气氛中引入本课的中心话题:旅行。

学情预设:利用学生熟悉的话题,有效地激发学生的学习兴趣。但是要想做到每个学生都参与进来,就要使学生之间增强互动。教师可以将学生分成小组进行口语对话练习,不仅可以增加学生的自由表达时间,还可以提高学生其他方面的英语知识,如语法等。

2. 图片展示

Show some pictures about the places of interest in the world on the screen, and ask the students to guess. The places of interest are Tian'anmen Square, the Great Wall, the Potala Palace, Wuyi Mountain, Eiffel Tower, Pyramid, Sydney Opera House, Disneyland, Hawaii, the Statue of Liberty, and so on.

译文:在屏幕上展示一些世界名胜古迹的图片,让学生猜一猜。这些名胜古迹包括天安门广场、长城、布达拉宫、武夷山、埃菲尔铁塔、金字塔、悉尼歌剧院、迪士尼乐园、夏威夷、自由女神像等。

设计意图:这些图片都是学生较为熟悉的中外著名景点和名胜古迹,在复习景点名称的同时,可让学生领略各地的风景,活跃课堂气氛,拓展学生的视野及知识面。

学情预设:有的名胜古迹的名称学生可能表达不上来,教师可以给予适当的提示,如 the Statue of Liberty,可提示 statue 或 liberty,再引导学生组织语言说出"自由女神"的英文表达。这样可使学生加深印象,也给学生提供了记忆的方法。教师可以根据学生的兴趣向学生介绍一些感兴趣的旅游景点。

3. 观看视频

Watch a video about Oahu in Hawaii. After that, answer the following questions:

(1) What should you prepare or consider if you go there? (Money, clothes, sun glasses, hat, swimsuit, water bottle, umbrella, raincoat, tent, first aid kit, map and compass, etc.)

(2) What other things you should pay attention to? (Learning something about their cultures and customs before traveling. Besides, learning some words and expressions for everyday use will help to communicate with the local people more easily.)

(3) How do you like travel? (In my opinion, travel is interesting and helpful. When I travel I can learn a lot. I can enjoy local customs, cultures and beautiful scenery.)

译文:观看一段关于夏威夷瓦胡岛的视频。之后,回答以下问题:

(1)如果你去那里,你应该准备或考虑什么?(钱、衣服、太阳镜、帽子、泳衣、水瓶、伞、雨衣、帐篷、急救包、地图和指南针等。)

(2)你还应该注意哪些其他事项?(旅行前了解他们的文化和习俗。此外,学习一些日常用词和表达将有助于更轻松地与当地人交流。)

(3)你对旅行有什么看法?(在我看来,旅行是有趣且有益的。当我旅行时,我可以学到很多东西。我可以享受当地的风俗、文化和美丽的风景。)

设计意图:播放一段关于夏威夷瓦胡岛的视频,让学生从此视频中获取相关的信息,如旅行前所需的物质准备和知识准备,以及交通路线的换乘方案等。这有助于培养学生从视频材料中提取信息的能力,还能让学生身临其境地做好旅行前的计划。这项活动旨在提高学生自主学习的能力,扩大学生的知识面,并且进一步锻炼学生的英语思维以及听说能力。

学情预设:在看完视频后的三个问题中,前两个问题学生都能回答出来,教师可以给予适当的提示与引导。第三个问题由学生自由发挥,表达自己的观点,让学生提高用英语思考问题的能力。另外,如果学生对景点不熟悉,教师可以进行简单的补充介绍;或者更换另一著名景点的视频,视频最好配有英文简介。

第六章

跨文化视角下大学英语阅读与写作教学

第一节 跨文化视角下大学英语阅读教学

一、大学英语阅读教学简述

(一)英语阅读的定义

阅读是作者与读者之间进行的一种心灵交流,并且是主动获取信息的交流,在这一过程中,读者接收信息、认识世界,并获得审美体验。阅读文本在于找到满足关联条件的一种解释。有了阅读,读者才能获得有关作者的情感和思想的信息。阅读一部好的作品,可以开阔读者的视野,丰富情感,提升人格。总而言之,阅读就是读者赏析、探究文章的一种行为活动,在这个过程中,读者和作者可以形成思想上的默契。

英语阅读是学生将自己的已有经验带进去的一种对文字的理解,另外学生需要具备关于英语语言的基本知识、文化知识以及母语知识等。在英语阅读中,学生不仅要理解词汇、语法和句意,还要通过背景知识和已有经验不断地体会、领悟作者的写作意图和文章主旨。学生只有做到了这些,才能掌握文章的深层内涵,也才能达到阅读的最高境界。

(二)英语阅读模式

英语阅读模式包括三种:一是自上而下模式,二是自下而上模式,三是交互作用模式。每一种阅读模式都有优势和劣势,学生应该根据自己的目标或者具体情况来选择相应的阅读模式。只要学生掌握了一定的阅读技巧,就能快速地摸索出一条属于自己的阅读道路。教师也应该根据时代的要求不断创新自己的教学方法,以满足学生的学习发展需要。

1. 自上而下模式

简单来讲,自上而下模式就是按从宏观到微观的顺序来理解文章。运用这种阅读模式首先要从整体上理解文章的主旨和背景知识等较高语言层面的知识,然后带着理解的成果去把握词汇、句子和段落等较低语言层面的知识。

自上而下的阅读模式反对逐词、逐句的阅读模式,更多的是站在语篇的角度来理解整个文章。所以,这种阅读模式适用于略读,因为略读要求学生能够快速浏览篇章,抓住中心思想。更何况在现在这个网络信息时代,信息更新速度快,网络上充满了各种信息,人们需要大量的阅读获取信息,所以培养快速阅读能力就成了实施素质教育的内在要义。另外,在考试中,如果在阅读上消耗过多的时间,那么就无法有质量地完成其他试题,这就对总的考试成绩有很大的影响。由此可见,阅读速度的培养是当今阅读教学的一个重要方面。但是,该模式的劣势也是很明显的。如果学生的英语基础比较差,在使用这种模式进行阅读的时候会显得力不从心。

2. 自下而上模式

与上面的阅读模式正好相反,自下而上模式是从微观到宏观的理解。也就是说,自下而上模式是先理解词汇、语法等较低的语言层面知识,然后在此基础上理解语篇的中心思想和作者的情感意图。事实上,自下而上模式对于当前的英语教学改革是有一定的阻碍作用的,无法真正提高学生的阅读能力。原因在于,学生在运用这一阅读模式时,只需要关注语言形式方面的信息,而不需要对上下文或者背景知识进行思考或者分析。

3. 交互作用模式

交互作用模式实际上是前两种模式结合后的产物,也称作"图式理论模式"。运用这种阅读模式,学生可以更加深刻地理解篇章,更有效地领悟作者的写作意图。更重要的是,这种模式对于学生英语综合技能的提高至关重要。

在现代英语阅读教学中,教师大多倾向于让学生使用这种模式,也就是先运用自上而下的模式从整体上把握篇章,然后运用自下而上模式来理解语言知识。基于这种模式,教师一般采用三段式教学法:阅读前教学法、阅读中教学法、阅读后教学法。

(三)当下大学英语阅读教学存在的问题

英语阅读教学的地位在整个英语教学体系中举足轻重,是我国英语教学的重点和难点,并且依然存在着一些问题。

1. 学生方面

(1)英语阅读的动力不足。从中学进入大学后,学生摆脱了家长和教师的严格监督,因此大学的学习主要依靠自主性来推动。如果学习的自主性不强,学生就会浪费大把时间。另外,很多学生进入大学后一下子松懈了,错误地将考试当作唯一的学习目的,英语阅读的动力明显不足。如果阅读材料的篇幅过长,或者难度过大,学生就更加没有动力完成阅读了。

(2)词汇量和阅读量偏小。篇章是由许多词汇构成的,没有一定的词汇量,英语阅读是无法进行下去的。学生要想提高英语阅读能力,词汇量是基础,足够的阅读量是前提。在词汇量薄弱的情况下,扎实的阅读技巧是没有用武之地的,也是无效的。进入大学以后,英语阅读所需要的词汇量相较于中学阶段有了巨大的提升,加之同义词、近义词繁多,词义之间的区别和差异模糊、难以辨认,这给学生的学习增加了难度。英语阅读能力的提高,需要学生在掌握充足的词汇量的前提下进行大量的阅读。当然,词汇量和阅读是相辅相成的,阅读可以积累词汇量,而词汇量又可以推动阅读的进行。

(3)文化背景知识的缺乏。当前,我国学生在阅读学习中还存在一个显著的问题,即缺乏文化背景知识。原版的英语文章都是以西方文化为背景来进行写作的,中国读者在阅读的时候就要转换思维。中国读者只有具备充足的西方文化知识,才不会给阅读带来障碍。但是,如果不了解西方文化,英语阅读可能就无法顺利进行。例如:

The eagle always flew on Friday.

这句话的字面含义是"老鹰通常周五飞来",但如果这样理解可就大错特错了。实际上,美国以老鹰作为国家的象征,常常在货币上使用老鹰的图案。因此,本句中的"eagle"实际上指的是美国钱币,这句话的本义是"美国人总是在周五发工资"。可见,如果读者缺乏文化背景知识,那么在阅读过程中遇到一些具有特定文化内涵的词汇时就难以理解其真实含义。

2. 教师方面

(1)教学模式落后。在一些英语阅读课堂上,传统英语教学的影子还没有完全消失。尽管教育学界的一些专家都在倡导使用先进的英语教育理念,但是要真正让这些理念得到落实,还是困难重重。我们还是会在大学英语阅读课堂教学上看到这样的情景:教师在上面讲得津津乐道,学生在下面认真聆听,并且还做着笔记。教师是在逐句讲解文章里的新词汇、句型、语法等,然后分析文章里的问题,这样的英语阅读课有点变味了,倒像是一堂语法课。关键问题是学生习惯了这样的教学模式,久而久之养成了被动的学习习惯,自己缺乏思考、缺乏实践,课堂缺乏互动,这样不仅降低了学生的阅读兴趣,而且无法真正提高学生的英语阅读能力。

(2)缺乏课外监督。大学英语的课时有限,因此很多的阅读都是在课外完成的。虽然教师布置了课外作业,但是由于学生长期形成依赖教师的习惯,如果教师不抽时间检查学生的课外作业,学生可能就不会认真对待课外作业。课堂的阅读量很小,加上学生对待课外阅读不认真,这样就更无法提高阅读能力了。

(四)大学英语阅读教学的内容

大学英语阅读教学包含培养学生的各种阅读技能,通常包含以下几个方面的内容:①辨认单词。②猜测陌生词语。③理解句子之间的关系。④理解句子及言语的交际意义。⑤辨认语篇指示词语。⑥通过衔接词理解文字各部分之间的意义关系。⑦从支撑细节中理解主题。⑧将信息图表化。⑨确定文章语篇的主要观点或主要信息。⑩总结文章的主要信息。⑪培养基本的推理技巧。⑫培养跳读技巧。

二、文化差异对大学英语阅读教学的影响

英汉文化之间的差异,导致学生在进行英语阅读理解时会有一些需要转换立场的地方。文化差异对英语阅读教学的影响主要表现在语言和非语言方面。

(一)语言方面

语言包括词汇、句子、语篇和修辞等成分,英汉文化差异会具体体现在这几个方面。其中,词汇作为英语语言中的基础单元,承载着英语阅读中的主要文化差异。通常情况下,词汇的意义还是语境中的意义,需要在特定的语境中理解词汇的意义。相同的词汇在不同的语境中,具有完全不同的意义。如果学生缺乏这种理解词汇的意识,就容易在英语阅读上碰壁。

(二)非语言方面

英汉文化在思维和价值观上表现出较大的差异,只有通过对比,学生才能有更清晰的认识。在大学英语阅读中,学生经常会阅读原版的英语文学,

如果不从文化角度把握英语文学,就无法理解英语文学的内在本质。英语文学和汉语文学体现了不同的价值追求。西方文学起源于模仿外物,中国文学起源于心物感应。具体而言,西方文学起源于模仿外物论,文学必然具有叙事的特征;而中国的文学起源于心物感应论,文学必然具有抒情的特征。

三、基于跨文化交际视角的大学英语阅读教学的原则

(一)立足于语篇和语境

在英语阅读理解中,有的学生知道某个词汇的意思,但是仍然无法将上下文联系起来理解,形成一个连贯的意义。有的学生按照阅读中文的习惯去阅读英语,这同样会给英语阅读带来一些障碍。为了解决这些问题,教师就要从语篇整体的角度进行教学,培养学生的全局意识,提高学生的综合阅读能力。这就要求教师做到两点:第一,向学生详细介绍英汉语言的逻辑连接差异;第二,向学生讲解英汉语言的表达方式。

1. 介绍逻辑连接

(1)显明性与隐含性。所谓显明性,是指英语中的逻辑关系是依靠连接词等衔接手段来衔接的,语篇中往往会出现 but,and 等衔接词,这可以被称为"语篇标记"。相反,所谓隐含性,是指汉语语篇的逻辑关系没有用衔接词来标示,但是通过分析上下文可以推断与理解。英语属于形合语言,汉语属于意合语言,前者注重形式上的接应,逻辑关系具有高度的显明性;后者注重意念上的衔接,因此具有高度的隐含性。

(2)浓缩性与展开性。除了逻辑连接上的显明性,英语在语义上具有浓缩性。显明性是连接词的表露,是一种语言活动形式的明示,但是浓缩性并未如此。英语具有独特的思维方式与语言特点,这也决定了表达方式的高度浓缩性,习惯将众多信息依靠多种手段来表达,如果将其按部就班地转化

成中文,那么必然是不合理的。汉语中呈现展开性,即常使用短句,节节论述,这样便于将事情说清楚、讲明白。

(3)直线性表述与迂回性表述。英汉逻辑关系的差异还体现在表述的直线性与迂回性上。英语侧重开门见山,将话语的重点置于开头,然后逐层介绍。汉语侧重铺垫,先描述一系列背景与相关信息,最后总结陈述要点。

2. 讲解表达方式

(1)主语与主题。英语属于主语显著的语言,除了省略句,其他句子都有主语,且主语与谓语呈现一致性关系。对于这种一致关系,英语中往往采用特定的语法手段。汉语属于主题显著语言,结构上往往包含两个部分,一部分为话题,一部分为对话题的说明,不存在主语与谓语之间的一致性关系。例如:

The strong walls of the castle served as a good defense against the attackers. (那座城墙很坚固,在敌人的进攻中起到了很好的防御效果。)

显然,英语原句有明确的主语,即 The strong walls of the castle,且其与后面的谓语成分呈现一致关系。相比之下,翻译成汉语后,结构上也符合汉语的表达,前半句为话题,后半句对前半句进行说明。

(2)主观性与客观性。西方人注重客观性思维,因此英语侧重物称,往往采用将没有生命的事物或者不能主动发出动作的事物作为主语,并以客观的语气加以呈现。中国人注重主观性思维,因此汉语侧重人称,习惯采用有生命的事物或者人物作为主语,并以主观的语气来呈现。受这一差异的影响,英语中的主动、被动呈现明显的界限,且经常使用被动语态,而汉语往往以主体作为根本,不拘泥于形式,句子的语态也是隐含式的。例如:

These six kitchens are all needed when the plane is full of passengers. (这六个厨房在飞机载满乘客时都用得到。)

显然,英语句子为被动式,而汉语句子呈现隐含式。

(二)重视课前预习

在当今信息技术如此发达的时代背景下,学生可以利用互联网和电子设备进行课前预习。这就要求教师提前将每节课的教学目标公布给学生,以便学生进行有针对性的预习。假如某节课的教学主题是中西方建筑,那么教师设定的教学目标可以是以下形式:

(1)通过略读和寻读,了解中西方建筑的差异。

(2)体会中西方建筑蕴含的文化价值,并能用一些词汇和句型介绍中西方建筑的差异。

(3)深入思考中西建筑文化差异的根源,形成文化自信。

学生完成了课前预习之后,教师可以在上课之前检查他们课前预习的情况。以中西方建筑为例,教师可以让学生以小论文的形式介绍中西方建筑的差异。

(三)力求课后提升

结束了师生在课堂上的探究之后,学生需要通过课外作业来巩固课堂上所学的知识,这样可能会让学生有新的收获。以上面列举的中西方建筑为例,教师在课堂上让学生说出自己最喜欢的中西方建筑,并用英语表达中西方建筑的差异。通过对比中外文化的异同,学生能够更加深刻地理解中西方文化。当然,因为在课堂上学生都对彼此提出了意见,那么在课外学生们就需要结合这些意见进行复习。所以,课外作业可以是以中西方建筑为主题的写作,这与课堂内容紧密联系,但又不同于课堂内容。通过不断思考、对比及查阅资料,学生找出了形成不同文化的历史根源,这个过程就有利于对学生思维能力和文化意识的培养。

(四)融入背景知识

英语阅读教学以阅读材料为中心来展开,但是材料的背景知识,如作者背景、文章主题等对于文章内容的理解非常重要,因而也是教学中必须加以考虑的因素。教师应准确理解关联性原则,在运用关联性原则时,应激活与材料相关的话题、图式、作者背景以及词汇语法知识,但是也不能大肆介绍背景知识而忽视材料的主体地位。正确的做法是在阅读教学中将这些背景知识自然而然地融入进去,切勿喧宾夺主,应把握好比例,即在背景知识的基础上对材料进行讲解。

(五)进度适当

阅读能力与阅读速度是既有联系又有区别的一组概念,二者之间没有绝对的关系。例如,有的学生阅读速度较慢但理解能力强;有的学生阅读速度很快但理解能力差。因此,教师应该从阶段和目的出发,对阅读效果、阅读任务、阅读方法等因素进行综合考虑,对学生的阅读速度进行调整,使其达到张弛有度,具体可采取以下两种手段:第一,教师在英语阅读教学的起始阶段应将学生对阅读材料的理解作为重点,因此可适当放慢阅读速度。第二,随着英语阅读教学的不断深入,学生在词汇量扩充、语法知识的增加以及语感提升方面都会逐渐取得进步,教师可向学生提出阅读速度方面的更高要求。此外,为阅读训练规定时间要求或加大阅读训练的强度都是十分有效的方法。总之,教师既要重视学生的阅读速度,还要注重学生的阅读理解能力。

四、大学英语阅读教学中跨文化交际能力的培养

(一)教师自身文化意识的提升

教师必须认识到跨文化能力对学生的重要性。要想提高学生的跨文化交际能力,教师就要不断提高自身的跨文化能力。教师只有具备了较高的跨文化能力,才能有意识、有计划地在阅读教学中培养学生的跨文化能力。教师需要从以下几个方面做好充足的准备。首先,教师应该检查自己的英语基础知识,确保没有较大的空缺。也就是说,教师应该拥有丰富的词汇,

对语音有足够的了解,听、说、读、写等技能较高。其次,教师应该扩展阅读的广度和深度,通过阅读国外原版的经典文章来增进对西方文化的认识,不断建构自身的西方文化图式,也能进一步提升个人文化修养。最后,教师不仅应该学习西方文化,更应该重视对本国文化的学习。只有充分消化本土文化,建立文化自信,才能更好地吸收西方文化。

(二)针对学生方面的改进

1.思维能力的提高

在英语阅读中,学生会自觉地将阅读和思考结合起来。可见,思考能力是学生阅读中必备的能力。进行英语阅读,学生就需要运用英语思维。中西方的思维方式是有差异的,如果用惯用的母语思维去思考英语对话和行为,往往产生疑惑。因此,教师要改进教学方法,培养学生对文化差异的洞察力,从而使其高效地理解文章内容。为了达到这一目标,教师除了选取符合学生兴趣的当下热门的阅读材料外,还应为其提供课后互相交流、探讨的时间。这样不仅能够提高学生的阅读理解能力,还能锻炼学生的思考、口语能力。学生自己也要有意识地打好语言基础,在拓宽知识面的基础上运用知识。

2.利用教材扩展学生的跨文化知识

阅读作为一种认知活动,它需要跨越语言和文化的障碍。因此,语言知识和文化知识是跨文化能力的重要组成要素。在英语阅读教学中,教师要好好利用教材向学生传授跨文化知识。这有三个方面的原因:首先,教材相对来讲还是比较权威和可靠的教学依据,学生可以依据教材来学习和模仿英语,以便达到语言输入的准确性。其次,教材是作者在特定语境下发表的见解或者表达的思想感情,包含表层文化和深层文化。因此,学生通过教材能够了解多元文化。要想使跨文化交际顺利地进行,学生必须掌握一定的语言知识、表层文化知识和深层文化知识。最后,即使学生缺少某些跨文化理论,但是教材提供的深层文化知识能够对这个缺陷进行一定程度的弥补,进而有效减少、消除跨文化交际中的失误和冲突。

研究表明,学生对教材中的文化知识进行学习和讨论,对理解语篇有一定的帮助,尤其是从不同文化视角探究作者的"言外之意"。由此可见,教师深度、全面地挖掘教材语篇中的文化内容,引导学生吸收跨文化知识,就很好地发挥了语篇阅读教学的效用。

3. 强化跨文化意识

为强化学生的跨文化意识,教师应充分重视文化渗透在阅读教学中的重要性。具体来说,应意识到阅读不仅是对各式各样的文字表达的理解,还渗透着十分浓重的文化因素。如果没有在思想层面树立渗透文化的重要性,或者忽略文化知识的客观存在,就极易导致理解层面的差异。因此,这就需要英语教师在阅读教学实践中强化跨文化意识,摒弃传统以基础知识为主导的教学指导思想,并在课堂教学中重视文化知识的教学。

在跨文化交际意识形成的最后一个阶段,行为主体能够初步评价自己所属文化中的某些现象,并且能够对其他文化的某些方面作出判断和评价。行为主体的认知水平在这一阶段已经能够超越具体文化,看到不同文化中的优点和缺点,成为世界公民,找寻文化的共通之处,评价世界文化的活力和多样性。在这一阶段的教学活动中,教师应培养学生尊重不同文化的能力,但此时,教师应提醒学生在注意尊重其他文化的同时,也要保留不同的看法和意见。

(1)采访外国人。教师要求学生就某些特定问题采访一些外国人,并引导学生比较不同受访者作出的回答,以及他们对采访和采访问题所表现出的态度和反应。

1)活动目的:该课堂活动旨在帮助学生了解不同文化对某些事物的看法和态度的异同。

2)活动步骤:第一步,教师课前布置给学生就某些共性的问题对外国人进行采访的任务。最好每1~2位学生采访1位外国人,这有助于学生拥有足够的信息资源进行比较。第二步,采访结束后,教师在课堂上引导学生就采访结果进行比较和讨论。第三步,教师引导学生对采访过程进行讨论,可以讨论如下几个问题:你是否对采访对象的某些言语或行为感到惊讶?为什么?假如你是受访者,你会如何回答这些问题?你如何评价自己在这次采访中的英语交际能力?第四步,教师要求学生阅读一首小诗,并抒发其感想。第五步,学生讨论该课堂活动的目的和从中获得的启发。

(2)辨别高语境文化和低语境文化。语言是人类交流最主要的工具,而人们的交流总是在特定的语境中进行的。按照文化对语境依赖程度的不同,可以将文化分为高语境文化和低语境文化。通过辨别不同的文化现象使学生了解高语境文化和低语境文化。

高语境文化是指对语境的依赖程度较高,主要借助非语言符号进行交际的文化。低语境文化是指对语境的依赖程度较低,主要借助语言符号进行交际的文化。高语境文化与低语境文化的成员在交际时容易发生冲突。高语境文化的成员往往认为事实胜于雄辩,有时一切可尽在不言中。相对于高语境文化来说,低语境文化更重视语言信息,要求交际对方的语言表达尽可能清晰、明确,否则他们可能产生困惑,就会再三询问,这时高语境文化的人常常会感到不耐烦甚至恼怒,从而产生误解。

(3)文化适应。20世纪70年代,美国著名学者舒曼(John H. Schumann)提出了"文化适应假说",该理论认为第二语言习得过程是向目的语文化适应的过程,第二语言习得只是文化适应的一部分,学习者始终处于从不适应过渡到适应的连续体中,第二语言学习者对目的语文化的适应融合程度决定着第二语言学习的掌握程度。舒曼假定,文化适应程度的每一个等级都与第二语言习得的某个水平相对应。

舒曼把文化适应分为两类。第一,学习者希望被目的语社团的文化完全同化而成为其中的一员。第二,学习者在心理上对其语言持开放态度,但不愿被其文化同化。这两种文化适应均能有效地促进第二语言习得的发展。这与兰伯特（Wallace E. Lambert）提出的"削减性双语现象""附加性双语现象"功能类似。削减性学习者被目的语文化同化；附加性学习者既保留母语文化的归属感，又获得目的语文化。

文化适应分为四个阶段：一是最初接触新文化时的兴奋阶段；二是对目的语文化产生抵触情绪的文化休克阶段；三是对新文化的抵触情绪逐渐减小的文化初步适应阶段；四是对新文化基本上产生认同感的文化基本适应阶段。相对于成年人而言，儿童因母语文化的意识程度较低，在社会文化方面的弹性相对较大，所以更早地完成文化适应的各个阶段。

文化适应要消除文化定式、减少偏见。文化定式是把某一文化群体中的每一个成员都当作该文化的代表的一种倾向，其结果是文化群体的每个成员都被当作其所属群体的代表而具有此群体的文化特征。偏见是以一种错误的或不可变通的概括为基础的反感心态。偏见和文化定式一样固执，是一种不合理的心态。

文化适应指学习者在社会和心理两方面都能融入目的语群体之中。第二语言习得是一个社会化的过程，对这一过程产生主要影响的因素是社会距离和心理距离。

社会距离指第二语言学习者群体与目的语群体之间的关系，它影响着第二语言学习者与目的语群体接触的程度，因而也影响着第二语言学习者语言习得水平的提高。具体来讲，两个群体之间的社会距离越远，接触越少，越不利于第二语言习得；相反，两个群体之间的社会距离越近，接触越多，越有利于第二语言习得。社会距离主要包括以下八个要素，它们彼此相关。

第一，文化相似性。文化相似性指第二语言学习者群体的文化与目的语群体文化的相似程度。两个群体文化的相似程度越高越有利于第二语言习得。

第二,计划居住的时间。计划居住的时间指第二语言学习者群体是否计划在目的语群体所在国长期居住。和短期居住相比,计划长期居住的第二语言学习者更可能与目的语群体频繁交流,因而第二语言习得效果更好。

第三,社会主导模式。社会主导模式指第二语言学习者群体与目的语群体的平等程度,包括主导地位、从属地位、平等地位三个等级。平等程度不同,即第二语言学习者所属群体的社会地位不同,对第二语言习得效果的影响也不同。舒曼认为,在社会主导模式的三个等级中,第二语言习得群体和目的语群体在政治、经济、文化、科技等方面基本上处于平等的地位时,能够对第二语言习得起到促进作用。如果第二语言学习者所属群体在政治、经济、文化、科技等方面的地位优于目的语群体,第二语言学习者将不愿意学习目的语,习得效果差。相反,如果第二语言学习者所属群体在政治、经济、文化、科技等方面的地位劣于目的语群体,习得效果也不好。

第四,凝聚程度。凝聚程度指第二语言习得群体内部成员之间的密切程度。如果成员间的紧密程度低,学习者能获得更多的机会与目的语群体交流,第二语言习得效果好;如果第二语言学习者群体内部成员之间紧密程度高,学习者与外界交流的机会少,第二语言习得效果就会受到影响。

第五,融入策略。融入策略指第二语言习得群体面对目的语群体文化时可能采取的态度和做法,包括保留策略、同化策略、适应策略三种。但是,融入策略并不是成功的第二语言习得所必备的要素。保留策略指第二语言习得群体拒绝了目的语群体的生活方式和价值观,保留了自己的生活方式和价值观。这一策略拉大了两个群体之间的距离,因而采取这种策略的学习者习得效果往往不好。相反,同化策略指第二语言习得群体面对目的语群体时,放弃了自己原有的生活方式和价值观,接受了目的语群体的生活方式和价值观。同化策略增加了两个群体之间的接触,因而会推动习得进程。适应策略是同化策略与保留策略的折中,指第二语言习得群体不仅保留了自己的生活方式和价值观,而且接受了目的语群体的生活方式和价值观。

这种策略带来的习得效果由两个群体之间的接触程度决定,接触越多习得效果越好。

第六,群体大小。群体大小指第二语言习得群体人数的多少。紧密程度和群体大小直接相关,群体小,紧密程度低,群体大,紧密程度高,因此所在群体人数少的学习者更容易取得好的语言习得效果。

第七,封闭程度。封闭程度指第二语言习得群体和目的语群体共同享用社会设施、共同工作的程度。如果第二语言习得群体与目的语群体出入相同的学校、工作场合、娱乐场所,封闭程度低,两个群体之间的接触多,会为语言习得创造好的环境;反之,如果第二语言习得群体把自己封闭起来,只和本群体成员在一起生活、工作,语言环境不适合第二语言习得。

第八,态度。态度指个体对客观世界所持有的一种具有一致性与持久性的倾向。外显行为是判断态度的依据,但是态度不等于外显行为。态度的内涵除了行为的成分之外,还包括情感和认知。态度分为积极的态度和消极的态度。语言态度指不同语言的说话者对自己和他人的语言所持有的倾向。积极或消极的语言态度体现着语言的难易度、社会地位等。外语学习态度决定了学习动机,从而决定了学习的成就。态度在以下几个层面影响第二语言习得。首先,态度与第二语言习得水平的关系。当学习者保持积极的外语学习态度,就比较容易提高自己的学习水平。其次,态度与投入程度的关系。当学习者在第二语言学习的过程中浅尝辄止,遇到困难就退缩,就是消极的学习者,其学习成绩也较差。最后,态度与课堂行为的关系。当学习者踊跃参与课堂活动,他的态度就是积极的,其学习成绩往往较好。

1)活动目的。学生通过回忆适应陌生环境和文化的过程,以及在这一过程中发生的变化,来了解文化适应。帮助学生了解文化适应的过程,提高学生的跨文化交际意识和适应新环境、新文化的能力。

2)活动步骤。

第一步,教师要求学生安静地回忆其接触陌生环境和文化的经历,教师可以要求学生结合异地求学或旅游等经历来进行思考。在这一活动环节中,建议教师要求学生对经历过的主要事件和情景作简要的记录,并回忆当时的心情、感受和想法。

第二步,教师引导学生对其接触的陌生环境和文化的经历划分阶段。一般来讲,学生很难独立完成这一活动,教师应适当给予指导。学生要了解划分阶段的依据是进入陌生文化后的情感变化。教师可以要求学生尝试用简练的词语或句子描述每一个适应阶段的心理体验和感受。活动进行的时候,某些学生也很有可能处在文化适应的不同阶段,如"蜜月期"或"危机期"等,此时,教师最好建议学生结合当前的经历和感受进行讨论。此外,在这一活动环节中,教师应提醒学生注意寻找共同或类似的观察结果,即共同或类似的经历阶段。

第三步,分析每一适应阶段中情感变化的原因。

第四步,教师将学生分成小组,讨论前两个步骤中的内容。在开展这一课堂活动的时候,某些学生也很有可能处在文化适应的不同阶段,此时,教师最好建议学生结合当前的经历和感受进行讨论。此外,在这一活动环节中,教师应提醒学生注意寻找共同或类似的经历阶段。

第五步,教师要求每组学生选派代表就上一步骤中的讨论结果进行简要的陈述。设置这一活动环节的目的是让学生有机会了解他人的经历和感受,并逐渐理解文化适应是大家都要经历的一个过程。在学生陈述讨论结果的过程中,教师应提醒学生避免出现过多的细节性描述,应该注重突出本小组在上一步骤中得到的共性结论;此外,教师还应引导学生探寻引起这些变化的原因。

第六步,讨论本课堂活动的目的,思考以下几个问题:你的哪些行为和态度帮助你适应陌生环境和文化?你的哪些行为和态度阻碍你适应陌生环境和文化?这一环节可以以口头讲述的形式进行,也可以以书面作业的形式完成。

4. 跨文化技巧和行为能力提升

跨文化能力的培养不仅包括知识的增多、跨文化意识的培养,还包括跨文化技能的提高。因此,可以说跨文化能力的培养是一种素质教育。教师应该为学生创造模拟交际场景,把学生置于一个文化多棱镜中,使其更加深刻地认识文化差异。在这个模拟的交际场景中,语言和语境都是真实的,学习者能够获得实践的机会,学习动力也能被激发。具体来讲,教师可以使用图、文、声、像相结合的形式导入素材,激活学生大脑中相关的知识图式。在此基础上,教师引导学生重点分析语篇中的社会交际意义,以便更有效地参与接下来的交际活动。最后,学生运用从语篇中学到的知识和技能,完成辩论、小组讨论、角色扮演、模拟采访、短文写作、案例分析等任务,以此提高交际能力。

5. 展开文化研讨

教师可以将英语文化分为若干细小的主题,定时组织全班学生就特定的文化主题进行有秩序的讨论。既然是讨论,就不能流于形式,要保证所有学生都能有效地参与,不能使一些学生受到冷落。不同的文化主题,学生把握和讨论的难度不同。教师首先要确定一个合适的可以引起学生兴趣的主题,另外还要在整个讨论过程中处于支配和控制地位。所以,教师需要给予讨论必要和及时的监督、指导。经过讨论和头脑风暴,学生不断积累文化背景知识,并且可以有效解决某些跨文化交际问题。随着讨论的主题数量的增多,学生掌握的文化背景知识也相应地增多。所以,教师应该循序渐进地增大文化主题的难度。

(1)教师在文化研讨中的行为。

课堂讨论是极为重要的课堂活动方式,课堂讨论进行得顺利与否会直接影响课堂活动实施的实际效果。在每次正式开始课堂讨论活动之前,教师应引导学生明确这一讨论活动的主题,提醒学生时刻围绕主题进行讨论。

教师在讨论过程中,不时地检查课堂讨论活动进行的情况。教师可以参考所制定的基本规则,看看学生是否遵守了这些规则,或者这些规则中是否存在与某一具体的课堂活动不相适应并需要调整的地方。事实上,这种经常性的检查和评估也有助于教师及时发现讨论参与者在互动的过程中容易出现的问题。

(2)文化研讨实施的细则。

1)在外语课堂上,学生具有双重身份,他们不仅是语言学习者,也是尝试适应和融入新文化、新环境的文化学习者。教师应时刻铭记学生是不同的行为主体,他们对教师的要求和引导会产生不同的反应,并且他们作出反应的速度和方式也不尽相同。这就要求教师在课堂活动中考虑学生的个体差异,针对具体情况,采取灵活的对策引导学生积极参与活动。

2)在进行教学活动之前,教师应该让学生了解参与课堂讨论对提高学习效果的重要性,并与学生讨论具体的学习策略。

3)在课堂活动进行的过程中,教师应引导学生了解每一个课堂活动的目的,使学生反思参与课堂活动所获得的经验和感受。

4)教师应该为学生制定参与课堂讨论活动的基本规则。由于课堂讨论本身具有参与性和民主性的特点,因此这些基本规则也应该尽可能地体现民主。在多数情况下,学生会对通过集体讨论而确定的规则表示赞同和认可。通常来讲,在建立这些基本规则的时候,应注意以下问题:①教师应思考自己在讨论过程中扮演的角色。②参与讨论的每一位成员都可以自由表达个人的观点和看法,同时应该尊重和认真对待其他人的发言。③要给每一位活动参与者公平的机会充分表达其个人观点,其他参与者在发言者表述的过程中,不得进行干扰。④在进行这一类型的课堂活动时,教师可以设置相应的奖惩措施,或者提倡学生相互监督,鼓励学生在参与讨论的过程中积极遵守这些基本规则。⑤参与讨论的每一位成员都可以就迷惑或感兴趣的问题相互提问,并要求受问者作答。⑥小组成员应该采取一定的方式来选择小组活动的组织者。⑦讨论参与者之间可能会持有不同意见,但这并不意味着彼此要相互反对,相互排斥。⑧每个讨论小组是否需要一个活动的组织者,这是一个值得思考的问题。⑨如果在讨论的过程中,学生出现某些语言上的错误,教师和其他学生应该适时地以合适的方式纠正。⑩学生应该积极参与讨论活动,采取的方式既可以是积极发言,也可以是用心倾听并思考他人观点。

(3)文化研讨的附加作用。

1)讨论就是对话,在讨论中,语言表达是一个关键环节。只有将自己的思想用语言清晰地表达出来,对方才可以理解,进而给予适当的回应。思想在交际者之间来回传递,就是交际的过程。因此,文化研讨法还可以发展学生的交际能力。

2)面对一个话题,学生只有认真分析、思考,才能得出具有说服力的结论。面对同一个文化主题,学生会形成不同的观点、得出不同的结论。通过对不同结论的比较,学生自然而然地就发展了自己的逻辑思维能力。

3)讨论活动不能缺少规则的约束,否则就沦为闲谈。真正有效的实质性讨论建立在良好的讨论秩序的基础之上,秩序是需要学生共同维护的,因此学生还要遵循既定的讨论规则,这就加强了学生的团队合作能力。

4)只要学生认真思考、分析、得出结论,并在讨论中自由地表达自己的见解,都会体验到一种满足感,并增强文化自信心。

第二节　跨文化视角下大学英语写作教学

一、大学英语写作教学简述

(一)写作

根据《说文解字》,"写"着重于运用工具来对主体思想进行转移,即将写作主体的精神世界描绘、记录、再现出来;"作"则着重于为"写"制订一定的标准,即如何生成和创造"写"的过程。将"写"与"作"合并在一起,其意义就是运用书写工具对写作主体的精神世界进行描绘、记录和再现,从而创造性地完成思想转移工作。最初的写作侧重的是信息的传递和表达的准确与否,而不是文章的好坏。只要写作者将自己的意图传达出去,那么写作的意义也就实现了,也就完成了写作的使命。

1.写作的定义

从语言输入与输出的角度来看,写作与口语一样,都是语言的输出活动,属于一种产出性技能。英语中与"写作"相对应的表达是"writing",该词的含义不仅涉及写作的结果,还涉及写作的过程。说一篇文章写得好,不仅说明作者创造出了漂亮的文章,还说明其创造的过程也非常出色。写作过程的好坏直接影响着写作结果的好坏。关于写作的定义,中外学者从不同的角度出发给出了不同的解释,以下就对一些具有代表性的观点进行说明。

写作包含两大功能。一是为了学习语言而进行写作。通过写作,学习者能够对自己所学的语言知识进行巩固,如词汇知识、词组知识以及语法结构知识等。二是为了写作而进行写作。在写作的过程中,学生动脑表达自己的观点就是强化学习的过程,就是将自己所学知识用于交际的过程,只有通过学习,写作技能才可能获得。

总体而言,写作是作者运用书面语来传达思想、交流信息的过程与结果的集合,其中涉及作者多方面的知识和技能,还涉及对其意义的传达和信息的加工,因此写作既是语言运用的手段,又是学习语言的目的。

2. 写作的心理机制

要想准确把握英语写作的基本要求,就有必要对写作的心理机制进行研究,这也有利于更加科学地开展英语写作教学。

(1)由视觉到运动觉。由视觉到运动觉是写作的心理机制的第一步,因此又被称为"观察—临摹—自主—熟练"的过程或者书写、书法的心理机制。正确、快速、美观、清楚是书法技巧的基本要求,视觉活动则是书法训练的起点,即通过观察书上或黑板上的书写示范,学生在大脑中形成一个连贯性、整体性的示范运作形象。视觉形象的准确程度对后续模仿的准确程度有决定性的意义。

(2)书写技巧动型化。通常来说,书写动作具有很强的连贯性,常常是由上一个运作来引起下一个运作。如果在对基本单位进行书写时能够达到自动化的程度,就可以称为"书写技巧动型化"。虽然书写过程不可避免有起有落,但由于其基本的书写动作已经是自动化的了,就可将其看作已达到了高度的熟练化。只有达到这一层面的要求,才可以说一个学生掌握了基本的写作。

需要注意的是,动型化书写除涉及标点、字母等内容外,还包括词汇、句子等层面。在进行词汇的书写时,应不用动脑想象就可以由上一个字母的书写来引起下一个字母的书写。在进行句子的书写时,应由上一个单词的书写自动引起下一个单词的书写。可见,动型化书写技巧对于书写速度的提高大有裨益。总之,学生除在纸上进行练习外,还应在大脑中练习书写,达到心手合一的状态,这样才能实现书写技巧的动型化。

(3)联想性的构思能力。所谓联想性的构思,是指能够反映出人对各个事物或者现象之间关系的一种认识(如对比关系、递进关系等)。作为一种具体的思维方式,联想性的构思能力是写作心理机制的核心。语言与思维之间具有十分密切的联系,思维以语言为工具。因此,人们在进行语言学习时,应将语言当作一种思维工具来使用,这不仅对英语写作,更对语言综合应用能力的提高具有十分积极的意义。所以,培养用英语进行联想的能力就成为关键的环节。凭借联想性构思,学生可深化对上下文之间内在联系的体会,从而将文章中心、具体情节与已经掌握的词汇、句法知识等有机联系在一起。可见,提升联想性构思能力既有助于英语写作能力的提升,又可促进思维能力与语言各个层面的进步。

(4)演进性的表达技能。通过演进性的表达技能,作者可将言语连贯、想象层次以及思维定式等有机联系在一起,并使写出的文章达到合理、清晰的要求,这是联想性构思能力的表现之一。培养学生的演进性表达技能有利于提高学生的语言理解力、推理能力与表达能力。

(二)大学英语写作教学的作用

对于英语教学来说,英语写作及写作教学意义非凡。学生写作能力的提升,有助于更好地学英语,提升英语素质。具体而言,英语写作教学具有如下几点作用。

1. 调动学习兴趣

学生写好一篇优秀的文章,不仅能够让读者获得美的享受,还能够提升自己对美的感受。因此,英语写作教学的成功必然建立在学生写作兴趣的基础上,激发学生的写作兴趣,能够更好地开展写作教学,进而不断提升他们自身的写作能力。简单来说,就是让学生做到以写作为乐。

2. 巩固英语知识

对于中国的学生来说,英语属于第二语言,既然不是母语,那么必然会在学习中遇到各种各样的问题,而通过写作教学,教师可以引导学生解决这些问题,让学生更好地巩固课堂与课外所学。每一种语言都包含自身的语言特色,虽然从一些角度来分析,英汉写作存在某些相通之处,但是差异性占据主要地位。也就是说,英语写作有着自身的规律性,比如从书信的写作格式来说,英汉书信就存在明显的差异,如果学生按照汉语书信的写作格式来写作英语书信,那么必然造成交际上的误会。可见,教师开展写作教学是非常必要的,通过对学生英语写作能力的训练,让学生能够对自身所学的英语知识进行检验和巩固。

3. 提升学习能力

记忆对于学生来说非常重要。学生要想将所学的单词运用到写作中,必然需要良好的记忆。同时,写作对记忆也起着十分重要的作用。从心理学的角度来说,写作属于动觉型,通过写作学生能够更好地记忆单词,能够加深对单词的印象。对此,在写作教学中,教师应该引导学生通过写作来对单词进行记忆,从而提升他们的综合记忆能力与学习能力。

4. 发展阅读能力

在英语写作教学中,遣词造句占据中心的地位。与口头造句相比,笔头造句要求逻辑上的严谨和语法上的准确。在写作的过程中,学生可以自由控制写作的时间与速度,通过仔细的推敲,使写作的内容更具有合理性。通过写作训练,学生对句子、篇章的结构更为熟悉,对题目、内容、上下文关系有清晰的了解与把握,这对于学生阅读能力的提升是非常有利的。

5. 培养交际能力

英语写作是在交际活动中应用的重要手段,写作的目的在于信息的传递与思想的表达,从而保证交际的有效性。通过写作开展交际是需要在实践中训练的,而英语写作恰好是培养学生这一能力的重要手段。通过写作教学,学生可以在以后的工作中有效发挥自身的写作能力,表达思想、完成工作,甚至开展恰当的跨文化交际。

(三)大学英语写作教学的内容

1. 词汇

在不同的文化背景下,词汇有着不同的意义。此外,词汇的含义还有表层和深层、基本义与引申义之分。因此,如果缺乏对词汇含义的准确了解,就很难在写作过程中依据表达需要来选择适当的词汇,这将对写作效果带来消极影响。词汇的选取既是作者与读者进行交流的一种方式,也是作者写作风格的体现,且常常取决于作者的个人喜好。所以,在进行词汇选择时一般要考虑语域的影响,如非正式词与正式词、概括词与具体词等。此外,还应注意感情色彩的因素,如褒义词与贬义词的选择。

2. 句式

句式对于写作来讲非常关键,因为语篇就是由一个个词与一个个句子组合而成的。英语句法结构丰富而多变,对句式的掌握与运用是进行英语写作的利器,这就使句式成为英语写作教学的重要内容。为提升学生习作的可读性,教师可通过句式练习来帮助学生掌握对句式的运用。具体来说,教师可为学生进行示范,从而让他们体会句式的表达效果。此外,教师还可组织学生进行讨论,使他们在讨论中相互交流观点,深化对英语句式的认识。

3. 拼写与符号

拼写与符号是英语写作教学中不可或缺的重要内容。具体来说,学生首先应保证拼写和符号的正确性,以避免引起不必要的阅读障碍。在保证正确性的基础上,学生应努力使拼写、符号规范美观,易于辨认。这些虽然属于细节问题,却对写作有着重要的影响。

二、文化差异对大学英语写作教学的影响

(一)词汇文化因素对大学英语写作教学的影响

在英汉语言中,有一些词汇虽然字面意义相同,但是有着不同的情感意义,也就是词的褒贬含义不同。对此,教师在英语写作教学中要多加注意。例如,"peasant"一词在历史上具有明显的贬义色彩,指的是社会地位低下、缺乏教养等的一类人;"peasant"与汉语的"农民"一词字面意义相同,但情感意义不同。汉语中的"农民"指从事农业生产的劳动者,没有贬义色彩。所以,汉语中的"农民"一词译为"farmer"更合适。

受文化差异的影响,英汉很多词汇在象征意义上存在有很大差异,这在数字词、色彩词、动物词、植物词等方面体现得尤为明显。在不同语言中,同一概念可能被赋予了不同的象征意义。可见,英汉词汇层面的文化差异对英语写作往往具有很大影响,学生如果不能很好地把握词汇的文化内涵,那么在具体的写作过程中很有可能会误用词语,从而带来不良的后果。因此,教师在英语写作教学中要有意识地引导学生掌握这些方面的知识,避免应用不当出现错误的表达。

(二)话语表述差异对大学英语写作教学的影响

英汉话语表述存在明显差异,并对英语写作产生了重要的影响。具体来说,英语话语表述通常为"主语—谓语"结构,即主谓结构。但汉语的话语表述多为"话题—说明"结构,其中"话题"是指说话者意图表述的对象,"说明"是指说话者对表述对象的解释。例如:

Some books are to be tasted, others to be swallowed, and some few to be chewed and digested. (有些书可浅尝辄止,有些书可囫囵吞枣,有些书要细嚼慢咽、慢慢消化。)

在英语写作过程中,很多学生因受汉语表述方式的影响,常采用多个并

列的句子进行表述,这明显有违英语表述的习惯,从而给人留下中式英语的印象。这就要求教师在写作教学中要注意向学生传授英汉语言在这方面的差异,让学生在清楚了解这些差异的基础上,避免受母语迁移的负面影响,锻炼英语思维,从而写出符合英语表达习惯的地道文章。

(三)语法衔接差异对大学英语写作教学的影响

语篇的衔接手段有两种类型:词汇衔接和语法衔接。词汇重述、上义词、下义词、同义词、搭配词等属于词汇衔接;替代、省略、照应则属于语法衔接。在词汇衔接层面,英汉语言并没有太大的区别,而在语法衔接层面,二者的差异较大。

1. 替代

所谓替代,即将上文中所提到的内容使用其他形式进行代替,这是语篇衔接过程中经常采用的一种手段。在英语段落中,人们经常使用词汇来传达两个句子之间所形成的呼应关系。在英语语言中,替代的形式有很多种,常见的包括三种:名词性替代、动词性替代、分句性替代。在汉语语言中,人们很少使用替代形式,因而典型的替代形式比较少见。通常,汉语中人们习惯对某一个词或某一些词进行重复,通过重复来实现句子与句子之间的连贯。另外,汉语中还经常使用"的"的结构实现连接。

2. 省略

所谓省略,顾名思义,就是将句子、段落、文章中某些可有可无的成分省略不提。在英语语篇中,人们经常通过省略实现语言凝练、简洁的目的。众所周知,英语语法的结构是十分严谨的,不管从形态上还是从形式上而言,使用省略这一方式不会引起歧义现象,因而英语语言中使用省略的情况是很多的,而汉语语篇在省略的使用频率上则要大大低于英语语篇。另外,英汉语篇对于省略的成分也存在不同表现:英语语篇中不会省略主语,但汉语语篇中除了第一次出现的主语之外,后面出现的主语往往都可以省略。出现这种区别的原因,主要是汉语主语与英语主语相比较而言,具有的控制力、承接力都更强。

3. 照应

所谓照应,指的是当无法对语篇中的某一个确定词语进行解释时,可以从这一个单词所指的对象中找到答案,那么就意味着这一语篇中形成了一种照应形式。从本质上而言,照应表达的是一种语义关系。在汉语语篇中,照应关系也是随处可见的。汉语中不存在关系代词,但英语中关系代词很多,尤其是人称代词。因而,汉语语篇通常会使用人称代词来表达英语语篇中所形成的照应关系。在英汉语篇中,照应关系的类型基本相同,不过二者使用这一形式的频率表现出很大的差异性。英语照应中使用人称代词的频率比汉语中要高,这与英语行文避免重复而汉语多用实称有很大的关系。

三、基于跨文化交际视角的大学英语写作教学的原则

英语写作教学的原则源于写作教学实践,反过来又服务于写作教学实践,具有普遍性、抽象性、可操作性的特征。因此,英语教师想要在写作教学过程中取得理想的教学效果,就应遵循这些教学原则。

(一)循序渐进原则

任何一件事情的顺利完成都是需要花费时间的,都是一个循序渐进的过程,对于英语写作教学而言也不例外。对于写作技能的掌握来说,个体需要经历一个由低到高、由简单到复杂、由浅入深、由旧质到新质的变化过程,这一过程也存在反复现象,需要个体不断巩固来加以完善。简言之,学生英语写作水平的提高是一个长期的、持续的、不断练习的过程,并不能很快就可以实现。为此,教师在开展英语写作教学的过程中,就需要遵循循序渐进的原则,遵循学生的学习规律,从而顺利实现教学目标。

(二)主体性原则

英语写作教学中要坚持主体性原则。事实上,这一原则也是英语其他

技能教学需要坚持的一项通用原则。在教学中,教师应该尊重学生,让学生体验到充分的自主性,以学生为中心展开教学。唯如此,学生的学习兴趣才能真正被激发出来,学生的主体性地位才能逐步得到提高,学生也才能真正成为学习的主人。遵循主体性原则,最常见的方式就是通过分组让学生以小组为单位展开讨论与学习,这是一种提高学生主动性的有效方式。在小组学生进行学习时,教师可以从旁辅助,采用提问、卷入等方法,让小组每一位学生都可以积极参与活动。另外,当学生集体回答某一问题时,教师还可以让学生提前互相帮助,共同找到问题的答案。

总之,在英语写作教学中,教师应该引导学生充分发挥学习的主动性、自主性,让学生积极参与活动,逐步提高自己的写作能力。需要说明的是,强调学生的主体地位并不意味着完全忽视教师的引导作用,更不能放任学生不管,而是让学生参与写作的全过程,逐步养成独立写作的习惯,如拟订提纲、收集资料、处理信息、谋篇布局、修改初稿等。

(三)注重基础原则

在写作教学的设计与实施过程中,教师会发现学生写的英语作文存在各种各样的问题,如单词拼写错误、时态错误、细节不完善、套用作文模板、语言基础不扎实等,这些都是教师在写作教学过程中需要重视的基础层面,必须帮助学生打好写作的基础。学生的写作基础打好了,自身的写作能力才能得到切实提高。具体来说,在词汇教学中,教师要注意避免英汉单词语义的直接对应性,应注重单词的上下文语境等,以免学生在写作时逐词套译。在句法教学中,汉语句子注重"意合",强调通过语义将句子连接起来,而英语句子注重"形合",句子之间往往通过连词等来连接,教师要注意加强此类对比,让学生多了解英汉民族思维方式的不同。整体来说,汉语民族习惯整体思维,常常按照先整体后局部,从大到小顺序排列,英语则相反。

(四)以学生为中心原则

受传统英语教学模式的影响,很多教师仍奉行"教师+黑板"的写作教学方式。在这种教学模式中,教师是整个教学活动的中心,学生只是被动地接受知识。随着英语教学改革的推进,越来越多的人开始意识到学生才是教学的主体,任何教学活动都应围绕学生及其需求来进行。因此,现代英语教学应切实提高学生的英语水平,对学生的学习规律给予充分的重视与尊重,并积极倡导以学生为中心的教学理念。

英语写作教学是英语教学的重要组成部分,同样要遵循以学生为中心的教学原则。教师在英语写作教学的过程中应将自身的主导作用充分发挥出来,树立以学生为中心的教学思想,尊重学生的主体性,切实提高教学质量,提高学生的写作水平。以学生为中心的教学原则要求教师在教学过程中鼓励学生真正参与到教学中来,为此,教师可以采用小组讨论的方式进行教学。小组讨论主要有以下几种方式,教师可以根据教学实际和学生水平灵活加以运用。

1. 复习式

复习是一种很好的帮助学生巩固所学知识的方法。此外,通过复习,学生也可以了解到自身的薄弱之处,从而有针对性地加以改进。需要注意的是,在采用这种讨论方式时,教师要切忌简单地重复知识,而是应该保持学生对讨论的兴趣。

2. 提问式

在小组讨论的过程中,提问是一个核心环节。提问的作用是多方面的,它既有利于降低学生的写作难度,又可以引导学生归纳信息、表达思想,学生之间的提问还可以鼓励学生开口,勇于质疑。提问的重点在于得当性,这主要体现在两个方面。首先,教师提问的方式要得当。其次,提问的次序要得当。教师应向学生提出明确的问题,使学生能够清楚地把握问题,能通过学生的回答得到有效的反馈信息,深入了解学生的学习状况与能力。

此外,教师提问时,为了避免课程秩序的混乱,还要提前对回答的方法或方式予以确定,如写在纸上或举手回答。教师提出的问题应覆盖不同的难易程度,从而使不同能力与水平的学生都能积极参与进来。

3. 卷入式

卷入式也是小组讨论的重要形式。在大部分情况下,这种方法可以让尽可能多的学生参与到写作教学中来。为了向所有学生提供参与、回答的机会,教师可灵活采取多种方式,如让学生重复问题或重复答案、让学生提出问题、让学生集体回答等。

第七章

跨文化视角下大学英语教师的发展

第一节 跨文化视角下大学英语教师的角色定位

一、跨文化意识的培养者

跨文化交际能力的培养是一个长期的过程。实际上,跨文化交际能力的培养是通过提高学生的跨文化交际意识来实现的,跨文化交际能力是跨文化交际意识的外在表现。跨文化交际意识的形成包括以下四个阶段。

(一)文化意识觉醒时期

在文化意识觉醒时期,个体开始意识到文化及其影响的存在,并且开始意识到其他文化的存在。在这一阶段的教学活动中,教师应努力引导学生去发现不同文化存在的差异,不但包括具体、外显的文化差异,而且包括抽象、内隐的文化差异。文化意识觉醒时期的关键特征表现为非判断性观察,即客观描述所见文化,避免使用判断性语言进行评价。换言之,避免使用"滑稽""落后"或是"进步"等字眼轻易地为某种文化行为贴标签。理想的跨文化交际者应该以作科学报告的态度描述所见现象,因此教师应该设计一些描述跨文化交际现象的课堂活动,提高学生对认知对象进行客观描述的能力。

(二)文化态度建立时期

在认识到文化和文化差异的同时,人们会对此做出积极或消极的反应。这一阶段,理想的培养结果是主体能够以中立或接受的态度对待文化差异,但事实上,人们最常见的做法是背离自身文化接受目的文化,或者排斥目的文化坚持自身文化。在这一阶段的教学活动中,教师应该着重帮助学生培养处理分歧和差异的能力,要让学生明白世界上并不是只存在一种行为模式,也并不是只存在一种社会组织方式,我们应该学会接受差异,接受文化多样性。

(三)融入其他文化时期

这一时期是跨文化交际意识和能力发展的高级阶段,个体在跨文化交际语境中表现出双重文化身份,可以进行双语思维。实现双重文化身份要求行为主体具有移情能力,这不仅要求行为主体把自己投射到目的文化的人物身份中,还要求行为主体自愿放弃与自身文化身份的密切关系。

行为主体开始尝试融入其他文化,以其他文化视角思考问题和实施行为。在这一时期的教学活动中,教师应引导学生转换文化立场,超越自己所在文化的框架模式,将自己置身于其他文化模式中,培养学生对其他文化的理解能力。

(四)文化理性时期

在跨文化交际意识形成的最后一个阶段,行为主体能够初步评价自己所属文化中的某些现象,并且能够对其他文化的某些方面做出判断和评价。行为主体的认知水平在这一阶段已经能够超越具体文化,看到不同文化中的优点和缺点,成为世界公民,寻找文化的共通之处,评价世界文化的活力和多样性。在这一阶段的教学活动中,教师应培养学生尊重不同文化的能力,同时应提醒学生在注意尊重其他文化时,可以保留不同的看法和意见。

二、语言技能的培训者

英语教师不仅是英语语言的诠释者和分析者,更是英语语言技能的培训者和合作者。在学生进行语言学习时,对语言知识的掌握是必要的前提条件和基础,而学习语言的目的是提高和发展自己的语言运用能力。一般来说,语言技能包含听、说、读、写等。从语言的发展规律上来看,听、说位居第一,而读、写第二。但是,从外语教育的角度来说,读、写居于第一,听、说第二。这就说明,英语教育的目标是让学生具备一定的读写能力,而听说能力是提升学生读写能力的前提和基础。

因此,在英语教学中,教师具备对语言技能的掌握能力是必需的,这是一个整体的概念,是听、说、读、写的有机结合。如果不能掌握这些技能,教师就很难驾驭语言课程,也很难娴熟地组织语言教学活动,也无法完成提升学生语言技能的重要目标。另外,教师还担任着英语语言训练的合作者的身份。也就是说,并不是教师将任务布置给学生就可以了,还需要引导学生参与到学生的活动中,让学生在教师的帮助下更游刃有余地学习,既学到了知识,完成了任务,也提升了英语教学效果。

三、专业知识的引导者

英语教师是英语语言知识的诠释者,因此他们首先应具有渊博的英语语言知识储备。也就是说,英语教师必须对专业知识有一个系统的掌握,并能够系统地分析各种英语语言现象。从教师教育的研究中不难发现,英语教师需要掌握的专业知识包含理论知识、形式知识、语境知识、实践知识等。这些知识不仅包含语言形式结构的知识,还包含语音知识、词汇知识、语法知识、语篇知识、社会文化知识等具体的语言使用知识。英语教师只有掌握了这些知识,才能对语言材料、语言现象有一个清晰的认识,也才能解答学生学习中所遇到的问题,从而使学生实现恰当的理解和语言输出。另外,语言技能的掌握和使用也离不开语言知识的积累。无论教师采用何种教学策略,必须教授的教学内容就是英语语言系统知识及对这些知识的分析和输出。可见,教师是学生学习英语语言知识的引导者和帮助者。

四、英语教学的评价者

教学评价是英语教学的一个重要环节。对英语教学进行科学、全面、客观、准确的评价对于教学目标的实现是非常重要的。教学评价既是教师获取教学反馈、改进教学管理、保证教学质量的一个重要依据,也是学生改进学习方法、调整学习策略的一个有效手段。教师通过批阅学生的作业就可以了解学生对知识点的掌握情况,也能给学生提供反馈意见。

五、教学方法的探索者

在英语教学中,教师不仅仅是固有教学方法的使用者,也承担着新型教学方法的探索者和开发者的角色。语言教学具有很强的实践性,因此与教学方法关系密切。英语语言知识的分析、语言技能的掌握、课堂活动的组织等都离不开教学方法的参与。英语教学方法有很多种,如语法—翻译法、听说法、交际法、情境法、任务法、自主学习法等,这些方法都存在优点,也存在缺点。任何一种教学方法都不是万能的,英语教师需要将各种教学方法综合起来进行组织和实施教学,以便取得更好的教学效果。就当前的英语教学来说,教学模式已经从传统的以教师为中心转向了以学生为中心,强调学生的地位,这也有助于实现教师和学生的双向互动。

六、语言环境的创设者

根据二语习得理论,语言环境对于语言学习有着至关重要的作用,尤其是在缺乏真实语言环境的教学中更是如此。通过创设真实的语言环境,教师可以将新旧知识联系起来,并且让学生充分了解中西方的文化传统习俗,接受原汁原味的中西方文化的感染和熏陶。这比学生单独学习词汇、句子等成效显著得多。英语语言环境的创设不仅可以在课堂教学中进行,也可以在课外教学中进行。

七、课堂活动的组织者

对于任何教学活动来说,课堂活动是必不可少的,这在英语课堂也不例外。英语课堂活动是课堂教学的载体,设计合理的英语教学活动有助于提升教学的质量。英语是一门特殊的学科,有着明显的实践性特征,因此作为课堂活动的组织者,教师需要对英语技能进行培养和训练,同时组织和营造积极的学习环境,让学生在轻松的氛围中掌握知识。

八、语言教学的研究者

英语教师除了担负语言教学任务外,还承担着教学研究的任务。他们在掌握语言教学理论与性质规律的基础上,逐渐构建自己的教学理念,并运用这一理念去指导实践活动,达到良好的教学效果。因此,英语教师在英语语言教学实践中,必须进行英语语言教学的理论研究,将教学研究与课堂教学实践相结合,从而实现由理论到实践的转变,实践再到理论的升华。

九、文化差异的解释者

英语教师还充当着中西方语言文化差异的解释者的角色。文化背景与文化传统不同,价值观念和思维方式也存在明显差异。文化差异逐渐成了英语教学过程中的障碍。从社会文化角度来说,语言是一种应用系统,具备独特的规范和规则,是文化要素中不可或缺的一部分。在英语教学中,教师除了要教授英语语言知识和技能外,还需要教授文化背景知识,三者是相互促进、相互弥补的关系。在讲解语言知识的基础上,教师除了要讲解本土文化知识,还需要讲解英语民族的文化知识。

中西方语言文化的差异性主要体现在社会制度、风俗习惯、思维方式以及道德价值上,其在词汇、篇章、言语行为中都能够体现出来。作为中西方语言文化差异的解释者,英语教师需要对中西方的语言文化及差异性有一个清晰的了解和认识,因此需要大量阅读中英文资料,观看中英文电影,积累足够的能够表现中西文化差异的一手素材。另外需要指出的是,在充当中西方语言文化差异的解释者的过程中,教师需要保持一种中立的态度,文化没有好与坏,在选取素材上也尽量选取那些不会伤害任何文化的素材,这样有助于更好地引导学生对文化差异有一个清晰的认知。

十、现代技术的应用者

在网络、多媒体非常普及的当今社会,全新的教育形式对英语教师提出了更高层次的要求。英语教师必须学会运用先进的教学手段和教学模式,改变传统的教学理念和方法,使自己成为现代技术的应用者,这样才能适合当前教育的需求。对于英语教师而言,熟练应用现代技术的能力主要体现在如下几个方面。

(一)设计有效的主题教学模式

在新的时期,英语教学要求教师设计和探讨新的教学方法和教学模式,既要将网络多媒体的优势发挥出来,又要提升学生的学习效率。英语教师设计的主题教学模式应该是学生感兴趣的热点话题。整个主题教学模式是围绕某一主题进行的,让小组进行关于主题的分散讨论,最后以主题写作形式结束单元主题的教学。当教师运用网络与学生进行讨论时,要对教学的内容、网上的资源进行合理安排。一般来说,讲评和讨论可以在课堂上进行,而阅读和写作可以在网络上进行。教学中设计的每一个主题都可以在网上找到丰富的资料,包含其涉及的文化背景知识和发展动态,然后由学生自己进行整理总结,得出自己的结论,最后再与其他学生展开讨论,这样就可以摆脱课本对学生的束缚。

在这一教学模式下,教师在设计时尽量链接一些有效网址,如常用热点新闻网址,帮助学生接触更多的国内外新闻知识。同时,教师可以介绍一些国内外主要报纸、杂志的网址。另外,教师可以下载一些有争议性、前沿性的资料,引发学生的挑战意识和欲望。

(二)建立在线学习系统

网络多媒体技术为学生的英语学习提供了便利条件,而调控学生的学习、提供个别的指导是教师的主要任务,但是首先要做的就是建立一个完善的在线学习系统。这一系统不仅要包含教师端,还包含学生端。学生端首先需要学生填写自己的信息,然后按照班级让教师提出申请,进而加入这一在线学习系统中。教师对学生端进行审核,确定无误后允许学生加入该系统中。根据导航指示,学生获取相关资料,例如,在线学习系统包含"单元测试""家庭作业"等子项目,学生在"单元测试"中进行训练和测试,在"家庭作业"中提交自己的作业。之后,学生可以通过"师生论坛"或者电子邮件的形式与教师或者其他学生进行讨论,参与网上的交互。不难发现,在线学习系统是课堂教学的延伸。通过系统的处理和记录,教师可以将学生的记录进行比较综合,从而迅速、直观地了解学生的学习状况。

(三)设计单元任务

单元主题目标的达成往往需要对单元任务进行设计,学生通过对真实任务的探索以及对英语语言的操练,既能够扩宽自己的知识面,又能够提升自己解决问题的能力。因此,语言单元训练任务是语言学习的一项重要项目,这就要求教师在网上设计相应的能够提升学生基本技能的任务,让学生在规定的时间内完成任务,学生提交后查看结果,电脑当场给予学生分数。学生以这种方式完成一系列的任务,有助于降低压迫感与挫败感,他们也愿意参与到任务中。

语言单元训练任务的完成是学生接下来解决问题的前提,他们只有掌握了必备的语言素材,才能对相关的语言材料进行操练和应用。通过网络,学生可以根据自己的实际水平来选取教师设计的单元任务,然后进行师生交流、生生交流,最后以网上作业的形式呈现自己的观点。

(四)促进交互机制实施

单纯的语言输入并不能保证语言的习得,而交互活动是语言习得的关键,其中交互活动包含意义协商和语言输出。网络多媒体为英语学习的交互提供了巨大的便利。作为交互学习的促进者,教师应该组织、指导和激发学生参与到主题单元的交互活动中。例如,利用QQ就某一专题与学生展开交流;利用师生论坛发布教学内容,给学生布置学习任务,为学生分析解决问题提供指导;利用QQ群或者讨论组与学生进行交流等。这些网络交互活动可能具有即时性,也可能具有延时性,但是在整个活动中教师都是以促进者的身份与学生进行平等的讨论,并给予恰当的意见。

(五)帮助学生利用网络学习

网络多媒体辅助英语教学的一个重要特色就是其具有网络监控作用。通过网络监控学习,有助于学生了解自己的学习过程,帮助学生实现自己的目标。教师是学生网络学习的帮助者,尤其是后进生的帮助者。通过学生对网页等的浏览,教师可以进行记录,了解学生的参与情况和次数,帮助他们了解学习中的困难,并解决实际中的问题。但是,由于学生出现的问题不同,因此教师应该根据不同的学生给予不同的指导和帮助,促进学生得到不同层次的提升和进步。可见,教师对学生网络学习的帮助更具有人性化,避免学生出现畏惧心理,并能够帮助学生快速地解决问题,完成自主学习。

(六)搜集和分析大数据

随着信息技术发展到大数据阶段,课堂教学使用大规模的在线公开课程,学生可以免费获取大量的名校课程,学生进行学习的途径有更多的选择,这就对英语教师提出了更高的要求。数字教育平台的建立使得各门课程的网络学生有很多,网络信息库的资源被迅速捕捉出来。通过对学生的海量信息进行收集和挖掘,教师能够更准确地把握学生的特征以及学习的效果,并对学生下一步的学习形式和内容进行预测,真正地实现因材施教。作为大数据的搜集者、挖掘者和分析者,英语教师必须把握大数据分析的技巧和方法,其中包含模型预测、机器学习、比较优化、可视化等方法。

第二节 跨文化视角下大学英语教师的素质要求

一、我国英语教师文化素质的现状

提高英语教师的文化素质,是落实英语新课程教学要求,深入人文教育的必经之路。英语教师要想培养出具有较强英语语言能力与跨文化交际能力的高素质学生,需要先提升自身的文化素质。然而,当前我国英语教师的跨文化素质并不尽如人意,具体可以从两个方面看出:首先,在具体的英语教学过程中,教师经常忽视英语语言背后的文化信息。教师通常只强调培养学生的"纯语言能力",很少教授与英美语言习惯、生活方式等相关的文化背景知识。其次,在具体的教学过程中,教师主要采用"语法—翻译"教学法,忽视了对学生听、说、写等运用能力的培养。最终造成的后果就是,语法讲解过多,实际交际过少,文化输入缺乏。在这种背景下,教出来的学生整体缺乏对英美文化背景知识的了解,无法灵活地使用英语与英语国家的人进行交际。

二、影响英语教师文化素质提升的因素

(一)教育理念

从当前我国的教学现状看,英语教师存在的问题主要是"重语言,轻文化"。因此,当前提升大学英语教师文化素质的关键在于更新教学观念。不少英语教师因为文化素质不高,而对一些国家的文化背景了解不够,且对目的语文化意识的导入不到位,使得在英语教学中仅注重英语语言结构上的教授,忽视对学生跨文化意识的培养,使英语学习与文化教学完全脱节,最终使学生在实际的跨文化交际中频繁出错,大大阻碍了学生交际能力的提升。

(二)提高文化素质的主动性

新的教学改革要求英语教材要与学生生活贴近,以更好地提高学生的思想素质与人文素质。这就要求教师更新教学理念,注重教学中文化的导入,培养学生的跨文化意识与跨文化交际能力,而最重要的就是先培养和提高自身的文化意识。受应试教育的影响,我国培养的英语教师大多数都缺乏对英语语言文化的观察能力和敏感度。这就导致在现代信息化的社会,尽管能接触更多的语言文化信息,但仍无法主动灵活地理解、把握并进行运用。另外,由于一直以来教师都将更多的精力放在职称考评上,基本没有额外的时间和精力主动地提升自己的文化素质,更不会主动研究和学习英语语言的变化和人文特点,因此严重缺乏提升自身文化素质的主动性。

(三)提高文化素质的持久性

忽视文化素质提高的持久性也是当前英语教师普遍存在的问题。一些教师会将很多精力放在研究语言结构和语法上,忽视了自身文化素质提升的持久性。英语教师对英、美等国的历史、地理、生活方式、生活习惯等文化背景知识的掌握不全面、不扎实、不系统,将严重影响其教育活动的开展。

只有全体教师的文化素质提升了,才能真正提升文化品位,才能使学生的素质教育尤其是文化素质教育更为持久和有效。

三、跨文化语境下大学英语教师应具备的素质

(一)教学素质

1. 教师应具有精湛的专业水准和知识储备

跨文化语境下的大学英语教师需要具备精湛的专业水准和知识储备,即扎实的语言基本功。语言基本功是指教师能够驾驭和把握英语语言知识和语言技能,能够得心应手地运用英语这门语言进行授课,这是对大学英语教师最基本的素质要求。

就当前而言,教师最重要的业务素质就是较强的口语表达能力及较强的写作能力。因为在新时期大学英语教师与学生主要是通过文字与声音来交流的,如果教师表达清晰,那么就可能与学生进行很好的沟通。可以说,语言丰富多彩、文字表达准确流畅是教师的必备素质。同时,教师应引导学生培养自己的批判性思维,掌握不同文化的差异性,有选择地吸收他国文化,激发学生使用英语的兴趣,进而使学生可以从中感悟人生。

除了具备基本的知识储备,跨文化语境下的大学英语教师还应拥有运用现有知识和技能来学习其他信息、其他知识的能力。因为如今课堂上对很多问题的讨论都具有开放性,既不能预测,也不能设定结果。也就是说,教师和学生站在同一起点上,如果教师没有足够多的知识储备,那么将很难引领学生进入下一阶段的学习,也无法在学生面前展示出教师的形象。

2. 教师应具备丰富的教学方法

与之前相比,如今的大学英语教师的角色发生了巨大改变,教师主要扮演的是教学的设计者、学生学习的协作者的角色。教师与学生之间是互助合作的伙伴关系,学生是任务的操控者和实践者,所以教师的教学方法就会

有所改变。如今,教师不应仅使用单一的口述教学法,还应该借助多种教学方法对教学内容进行展示。例如,教师在开展网络多媒体辅助下的英语教学时,可以将课堂学习、课外学习、自学等形式结合起来,随时了解学生的学习情况,学生也能够选择适合自己的学习方法和内容。此外,教师可以优化传统的教学法,如暗示教学法、合作教学法、案例教学法、启发教学法等,加强这些教学方法的合理利用,弥补之前教学法的不足,从而提升学生的兴趣和积极性,提高整个英语教学的效果。

3. 教师应具有新颖的教育理念

通过对新时期的英语教学进行研究可知,外语习得是学生在一定的社会文化背景下,通过他人的帮助利用其他学习资料,以意义建构的形式来获取外语语言能力。这一新颖教育理念要求教师以学生为中心,教师的责任是指导学生,参与与学生的互动。事实上,教师和学生都是主体,教师主要起教的作用,而学生起学的作用,因此互动主体课堂理念不仅没有将教师的意义抛之于外,反而更注重教师的监督和管理作用。也就是说,教师发挥的作用更重要。在课堂开始之前,教师需要搜集相关课堂教学资料,设计与课堂主题相关的题目,给学生提前布置任务,让学生积极地参与其中。

基于此理念,教师作为教的主体,应该充分发挥其指导作用,在课前对相关教学资料展开搜索,设计相关的语言活动主题,为学生布置课堂上的活动任务,激发学生参与的积极性与主动性,并且要求学生在课下通过网络搜集资料,进行交流讨论等。就课堂上的交流活动而言,可以播放视频,也可以制作PPT课件;可以先个人陈述观点,后进行讨论点评,也可以先讨论,后展示;可以是个人展示,也可以是小组活动。生生互动与师生互动的课堂延伸活动与教师的监测均可以在课堂教学中进行,使学习活动任务在教学中构成一个统一的整体。

4. 教师应具有一定的创造性思维

创造性思维是思维领域中最高的形式,它属于有价值的思维形式。所谓创造性思维,是指运用新方式、新技术来解决问题、处理问题。创造性思维具有四个基本特征:①独特性,能够打破常规,从独特的角度发现和解决问题。②多向性,包含发散性思维与聚合性思维。③综合性,通过综合和分析归纳,抓住事物的主要矛盾和矛盾的主要方面。④发展性,对事物的发展应该具有预见性,从而推测事物发展的趋势。

在新的社会环境下,大学英语教师应利用各种教学资源开展教育创新和科研工作。独特性思维需要教师对中英文信息资源有足够的掌握,以便设计出有个性的教学模式和方法。多向性思维要求教师具备对教学资源进行归纳的能力,从而优化自己的教学效果。综合性思维要求教师具有将英语学科与科学技术整合的能力,将科学技术最大化地运用到英语教学中。发展性思维要求教师的眼光具有前瞻性,跟随技术发展预测教学的发展前景。

(二)职业道德

职业道德是作为一名教师基本的行为操守与道德品行,是教师在教学过程中调控与国家、与社会、与学生之间关系应该遵循的道德意识、道德规范、道德情操的综合。不管教学模式、教学形式如何变化,对教师的职业道德要求都是不变的。在当前的英语教学中,教师与学生之间的交流经常会涉及多方面,所以教师需要具备过硬的品德修养,强烈的耐心和责任心,对学生的成长加倍关注,帮助学生答疑解惑。

教师崇高的职业道德要求他们对待学生要循循善诱,关注学生的身心健康。教师应该先了解清楚学生的心理特征,帮助他们形成正确的价值观与人生观,构筑积极、健康的心态和体态。在当今时代,学生会受到虚拟环境的影响,其接受的海量信息也是复杂的,他们的心灵也会随之受到冲击和考验。同时,学生具有个性化、多样化的特点,所以他们更加注重个体对事物的体验,对平等、个性等有着极大的认同感,这种敏感的认同必然会引发学生产生很多问题。

因此,英语教师应帮助学生培养自己的品德,经常与学生沟通,了解学生的心理动向;还可以为学生推荐一些读物,为更好地参与校园活动,树立正确的人生目标,和与其他同学的友好相处做好准备。当今时代,教师可以通过互联网技术为学生提供有价值的电子书与视频文件,引导他们形成积极向上的心态。比如,教师可以建立QQ群、讨论组、微信群等,供大家交流,了解学生在学习过程中遇到的问题。

(三)科研素质

理论源于实践,英语教学的理论也源于具体的科研实践。反过来,科研实践也是检验科研理论的基础。教学需要将理论与实践相结合,教学实践也需要科研理论的指导,而新的科研理论方法产生于教学实践,二者相互促进、相互补充、共同发展。

从当前来看,英语教师应具备非凡的科研能力,首先教师应具备基本的研究方法,如教学实验法、问卷调查法、访谈法、文献法、个案研究法等。在教学实践中,教师应从自身的需要出发,选择与自己相符合的研究方法。另外,英语教师需要具备信息加工、网络搜索、信息反馈等科研能力。

(四)信息素质

如果一个人的信息素质很高,那么他就可以获得完整与精确的信息,这些信息是做出合理决策的基本;他可以确定信息的需求,形成基于这些需求的问题;他还能确定哪些信息源是潜在的,从而根据这些信息源制定成功的检索方式;他还有着获取、组织、使用和评价信息的能力。因此,英语教师应该形成信息化教学的习惯,使自己的知识向着多样化的方向发展。

近年来,英语教师提高教学质量的关键就是对现代技术的掌握和具备较高的信息素质。具体而言,英语教师需要做到如下三点。

(1)具备良好的信息意识,具备了解最新动态、及时捕捉前沿信息的能力,能够从复杂的信息结构中捕捉到有效的信息,把握英语这门学科的动向。同时,教师还要掌握学生的信息,对他们的心态与体态有一个基本的把握,从而为保证学生的健康发展奠定基础。

(2)具备较强的信息运用和创造的能力,这是英语教师与其他职业在信息素质上有明显区别的特征。

(3)具备较强的信息获取、信息存储、信息加工、信息筛选、信息更新、信息创造的能力,这是教师具备较强的信息素质的核心。由于各类信息的复杂性与变化性,英语教师需要对相关有价值的信息进行辨别,并且能够对这些信息进行加工和利用。

第三节　跨文化视角下大学英语教师的发展途径

一、为教师提供对外交流的机会

在当今社会,英语教师与外部学者之间的交流和合作是一个重要的趋势。教育相关部门应尽可能为教师提供更多对外交流的机会,如与外国院校合作进行交换生的学习教育,或聘请英美外籍教师和专家对中国的英语教师进行培训。当然,如果条件允许,还可以组织一些由在校英语教师与外籍专家参与的座谈会,为中国的英语教师提供更多的学习和用英语交流的机会。此外,也可以选派一些优秀的英语教师出国参加一些培训,让他们真正身临其境,增加自身的阅历,并亲身体会和感受英语国家的文化。

二、借助多媒体技术,获取文化背景知识

英语教师要提高自身的思想素质,树立牢固的敬业精神与奉献精神,就要不断增强自身的文化素养,扩大知识的广度与深度。在提高自身专业素质的过程中,在考虑自身已具备一定的外国语言文学与历史知识的基础上,

在听力教学方面选取多种听力材料,通过不同形式增进自身对听力材料和文化背景知识的深刻理解。英语教师在利用英汉媒介扩大视野的同时,要开阔自身的文化视野,在学习中可以选用现代化的教学设备。这种教学方式可以更加生动具体、真实直观地向教师呈现英语国家的文化背景。对英、美等国的文化背景、生活习惯、价值观念等了解的过程,可以增强对文化的认识,从而提升自身的文化素质。

三、提高教师的专业引领能力

随着英语教学改革如火如荼地进行,很多先进的教育理念只有通过教育研究者与骨干教师等高层次人员的协作与带领,才可能促使教师专业和素质的发展。一般来说,具有专业引领作用的主要是教育研究的专家、行家、专业研究者以及资深教师等。通过向这些人的学习,英语教师能接触到英语教学领域中诸多先进的经验、技术和思想,从而提升自身的专业化素质。

(一)专业引领的基本要求

1. 发挥专家、英语教师双方的积极性和能动性

引领人员不同,其侧重点也不同。科研专家注重教育的理论,所以其引领的是科研理论与实践的紧密结合。英语骨干教师注重教学实践,所以其引领的是教育教学活动的具体实践操作。但是不论是科研专家还是骨干教师,均应具有较高的专业引领能力,既能在理论上给予专门的指导,又能在具体的教学活动中给予帮助,且可以给予适当的指导,以行之有效的方式帮助教师开展具体的教学活动。对被引领的教师而言,他们应积极主动地配合科研专家、骨干教师的工作,对他们给予的意见与建议要认真听取,进而对自己的教学活动进行总结与分析,反思自己之前的教学活动,从而不断提升综合素质。

2. 目标明确,内容正确,方法恰当

英语教师专业发展的总体目标是使自己可以掌握新知识、新信息,且可以运用这些新知识、新信息提高专业素质。但是,因为英语教师存在个体上的差异,所以在水平上与专业发展方向上有很大不同。因此,在进行专业引领时,应该从不同教师的实际情况出发,制定科学合理的目标,选择具有很强针对性的内容和方法来引领,从而实现引领的有效性和合理性。

(二)专业引领的主要形式

1. 阐释教育教学理念

在某种程度上说,大学英语教育的教学行为会受教学理念的影响和制约。在专业引领过程中,可以引导教师对先进的教育思想加以掌握,如采用学术报告、知识讲座等形式。

2. 共同拟订教育教学方案

英语教师掌握了先进的教育理念后,就应有意识地培养自身的认知与教育理念。在此基础上,专业引领人员应与英语教师进行研讨,与教师共同探讨先进的英语教育方案。在此过程中,专业引领人员不仅应起到引领的效果,而且要对教师的教学设计进行恰当指导,从而使教师的教学设计更具有合理性,使教学活动更具独特性。英语教师在专业引领人员的指导下,顺利地制订出与大学英语教育理念相符的教学方案,并且能在具体的教学活动中加以实施。

3. 指导教育教学实践

当教学方案制订好以后,就应对其加以实施,即将具体的教学方案应用到实际的教学活动中,从而验证教学设计与方法。在验证过程中,专业引领人员应参与到教师的教学活动中,对教师的教学行为进行关注和记录,根据记录对教学方案和具体的实施加以对比,从而找出二者之间的差距。当教师的课堂教学结束之后,英语教师与专业引领人员一起进行分析和探讨,对

教学方案进行进一步的修订,从而使教学行为与教学设计都能够得到更好的改进。

四、注重教学实践

在提升英语教师专业能力的过程中,实践是不可或缺的环节。教师实践就是将教师的教学能力提升与平时的授课联系起来。英语教师的教学能力主要在日常课堂中体现出来,而教师教学能力提升的动力也在于日常教学实践中。

只有通过日常的实践,教师和学生才能得到共同发展。在教学实践的实施中,要注意如下几点:①在英语课堂上,教师一般会对课堂起着直接的影响作用,这不是外在因素能够减弱的,教师决定着学生学业表现的提高。②在英语课堂上,学生是学习者的角色,而教师也是学习者的角色,所以应对二者的共同提高予以关注。③通过课堂教育与发展这一理念,教师应该将课堂场景与社会紧密联系起来,实现英语教育、社会、个人的相结合。

(一)更新教学理念

1. 调整教学目标

当今社会需要让学习者在深刻地认识本族文化的同时,提升人才的国际竞争力,提升人才的国际视野。从这个角度出发,英语教学目标应注重培养学生的跨文化意识与能力,具体涉及以下四个方面:

(1)能力目标。能力目标是指听、说、读、写的能力以及运用英语进行交际的能力。

(2)知识目标。知识目标主要包括语音、词汇、语法等方面的知识。

(3)情感目标。情感目标是指培养学生尊重英语文化,并引导学生感受中国文化的独特性。

(4)文化目标。文化目标是指提高学生的跨文化意识,更好地理解中西方文化的差异。

2. 转变教学主体

传统英语教学中的教师是课堂的主宰,学生在学习过程中很难自主进行思考与分析。这种教学方式挫伤了学生的学习积极性,同时使学生所掌握的英语知识并不牢固。长此以往,学生的语言应用能力便得不到提升。因此,教师要真正以学生为主体安排教学活动,让学生居于文化教学和英语教学的中心地位。教师也要认识到自身角色的转变,更好地为学生的英语学习服务,做好教学的指导者。在这种转变下,学生会认识到自身的重要性,从而转变学习态度,以更加积极的姿态进行英语学习。

(二)平衡教学关系

英语教学的过程包括教与学两个方面,教师应该平衡二者的关系,使二者相互促进、相互配合。

1. 能动关系

所谓能动关系,是指为了取得最优的教学效果,使教学关系默契配合,充分调动学生学习文化知识的主动性和教师教学的积极性。

2. 教练关系

英语课程具有较强的实践性、知识性与应用性,这就要求教师采取各种方式方法使学生在听、说、读、写等方面进行大量训练。因此,教师首先需要对教材进行了解和研究,并以此为基础组织和设计教学内容。

从教学实践角度来看,学生课堂学习的时间是有限的。此外,英美文化具有复杂与广泛的特征,因此安排学生借助课外时间进行自学就显得十分必要。为增加学生的知识,教师可以利用课外时间组织学生开展多种形式的活动。例如,教师可以鼓励学生上网浏览查询有关英美文化知识,在课外有目的地阅读一些英文报纸、杂志。

作为文化一部分的不同语言之间具有一定的共性,正因为如此,不同的文化信息得以进行等值传递。所以,教师也应使文化教学服务于语言教学。值得注意的是,文化共性并不能代表没有异性,教师要向学生讲解英汉文化之间的差异,并逐步培养学生对英汉文化差异的意识。

五、开展校企合作

要开展校企合作,应该先了解什么是"校"与"企"。"校"是指学校,而"企"则是指企业或行业界,所以校企合作就是学校与企业的合作。在教育领域中,校企合作就是对教育活动、改革发展情况等规律的整合和揭示。著名学者约翰·杜威(John Dewey)认为,学校就是社会,而教育就是生活经历,学校是社会生活的一个重要形式。由杜威的观点可知,校企合作模式是学校与企业为了实现各自的目的,而建立的一种合作共同体,其构建的目的是实现产品研究、技术开发、教育培训、学生培训、社会服务等。

在英语教师的发展层面,校企合作模式有两个基本观念:①对英语教师能力的提升应从系统的观念和全局出发,从而实现整体化的改革,这不是在学校内部就可以解决的。②要确保英语教学能力真正得到提升,应先有一个开放、自然的生态环境。在实际教学中,校企合作要求学校和企业构建符合要求的高素质的专业教师队伍。具体来说,需要从以下两点着手:第一,英语教师应深入企业,亲自进行体验与实践。在企业中,英语教师可以深层次感受企业文化,从而树立企业观、市场观,并明确自己的教学目标,提升自己的教学技能。第二,企业的高级员工去学校讲学,使教师队伍进一步强化,解决当前学校师资力量短缺的问题,最终实现师资共建。

六、组织同伴观摩

同伴观摩就是同行业的同事之间互相进行课堂倾听。在开展这类活动时,听课的教师应该保持坦率、真诚的态度,关注任课教师的教学行为,而不是仅对任课教师进行监督和评价,从而既推动任课教师的发展,又对自己的课堂教学有着一定的借鉴。当进行同伴观摩时,任课教师与其他观摩教师就该课堂的教学环节、教学问题展开分析和商讨,而后决定采用何种观摩形式,观摩结束之后,教师之间要对观摩的结果进行总结。通常,同伴观摩的方式对英语教师专业能力的发展有着重要作用。

同伴观摩对被观摩者与观摩者都具有重要意义。同伴观摩需要任课教师与观摩教师共同参与、共同合作。对于观摩者来说,他们观摩的是同伴的教学策略、教学实践、教学效果等方面,从而找出其教学的优缺点,并将好的层面运用到自己的教学实践中。对于被观摩者来说,他们可以通过观摩者给予的建议,对自己的教学活动加以总结,进而不断改进教学过程,获得更好的教学效果。

同伴观摩可以避免监督观摩模式带来的不利影响。一般情况下,监督观摩模式带有浓重的监督和评估的色彩,且对于任课教师的评估往往存在较大的主观性与规定性,这极大地影响着任课教师的心情和教学展示效果。相比之下,同伴观摩就不会出现这一情况,因为他们的地位身份比较接近,所以进行观摩是非常容易和合理的,从而能够促进英语教师的教学发展。

总而言之,同伴观摩为英语教师专业能力的提升提供了一种方式,推动着英语教师向着更高层次的水平迈进。

七、教师文化能力培训

(一)培训的目的与内容

要想成为一名合格的英语教师,必须具备较强的知识与能力以及良好的态度,而要达到这些标准,就应参与一些文化教学培训。分类标准不同,培训的类型与内容也就有所不同,如可以分为岗前培训与在岗培训,可以分为教学方法培训与教材运用方法培训,还可以分为长期培训与短期培训等。对教师开展培训,应该具有系统性,并定期进行,不可能仅通过一次或几次培训就可以了。因此,要将文化教学作为考量因素,为教师提供一个文化教学培训的框架,且能够用于各种不同的教师培训系统中,为教师的文化教学培训提供一定程度的参考。

个人文化能力包含三个层面:文化知识、文化意识、文化行为。教师个人文化能力培训的作用可以总结为如下几点。

(1)帮助教师补充文化知识。通过对教师进行文化教学培训,让教师真正地掌握如下能力:①对语言、文化、交际三者的关系有所理解和把握。②对本土文化与目的语文化的差异性有清楚的认知。③对文化、跨文化意识、跨文化交际、跨文化能力等相关概念有清楚的理解和把握。④对英语在国际上的地位和作用有清楚的认识。

(2)帮助教师提高文化意识和跨文化敏感性。①让教师认识到文化对个人、社会所起的重要作用,尤其认识到文化对跨文化交际的作用。②让教师愿意对不同文化进行了解,并愿意与不同文化背景下的人们展开交流。③培养教师对文化差异的捕捉、欣赏和理解能力。④让教师能够对自己的言行、跨文化交际经历等进行反思。⑤让教师对自己的跨文化敏感性发展情况进行分析与汇总。⑥让教师能够发挥出文化教学的功能,并有意识、有计划地开展跨文化英语教学。

(3)帮助教师调整自己的文化行为,提高跨文化交际能力。①根据不同文化,对自己的交际方式进行调整,并采用多种策略、多种手段来进行交际。②让教师能够与不同文化背景的人建立友好平等关系。③让教师勇于参与文化研究与学习,对新的文化群体展开分析和了解。

对教师开展文化教学培训,其主要目标如下:

(1)对文化教学的目标予以确定。

(2)对文化教学大纲进行设计。

(3)对文化教学方法进行选择,并有效使用。

(4)合理分析和利用教材,并结合教材添加一些辅助材料。

(5)布置文化学习的任务。

(6)对文化学习的评价方法进行确定。

在跨文化外语教学中,文化教学与外语教学紧密结合,所以在对英语教师进行文化教学培训时,应将二者结合起来。如果用独立的方式来处理,那么就与跨文化外语教学的宗旨相违背。

(二)培训的方法

1. 文化意识和文化教学意识的培训方法

文化、文化差异以及外语教学的文化教学潜力是客观存在的,最主要的是让教师意识到它们的存在,即提高教师的文化敏感性和文化教学的意识。基于此,教师的文化知识积累和文化能力以及文化教学能力才会突飞猛进。所以,文化教学培训的一个本质特点是"使隐含的东西明确化"。

教师在参与培训时,原本都有着丰富的文化体验,并且他们的文化参考框架经过长期、不断的建构和修改,已成为个人身份和个性的一个象征。在日常的工作和生活中,这些教师在与他人进行交流时,会自动地、无意识地使用其文化参考框架。为了使教师意识到文化参考框架的存在和作用,以及来自不同文化环境的人们通常使用不同的文化参考框架,最有效的方法是利用文化冲撞、关键事件和反思练习等跨文化培训的方法。

2. 文化知识的培训方法

文化人类学全面且系统地阐述了文化概念与知识的学习,不管是在文化理论研究、具体文化的描述上,还是在文化研究的方法上均形成了较为完善的体系,是外语教师获取相关文化知识的可靠来源。因此,它理应成为外语教师培训的一门必修课。外语教师学习文化人类学时,只需利用文化人类学的部分研究成果,以获取对文化相关概念更清楚的理解,对相关文化群体更全面、深入的了解,同时借鉴其中的一些文化研究和探索的方法。

应该由来自不同领域的专家,如外语教学研究者、文化学家、跨文化交际研究者、教师培训专家等,共同完成对文化人类学研究成果的筛选和选用工作,选择那些教师需要掌握的理论和信息,作为培训的内容。另外,社会学和跨文化交际学的研究成果同样是教师培训应该关注的内容。这两门学科清晰地描述了语言、文化、社会和交际之间复杂的关系。

对于即将在师范院校毕业的准教师来说,最佳状况是在高年级开设专门的文化学、社会学和跨文化交际学课程。但对从非师范院校毕业却选择成为外语教师的准教师而言,只能依靠教师培训工作者精心挑选和准备培训内容,以系列讲座的形式传授给自己。

3. 文化能力的培训方法

文化能力的培训不仅涉及教师的认知心理,还包括教师的行为、教师的情感等。相对而言,对教师进行文化能力的培训是相对复杂的,文化能力的培训主要包含如下两种。

(1)跨文化交际能力的培训方法。

跨文化交际能力培训始于文化冲撞,目的是让教师通过情感、心理层面的冲撞,对文化冲突有清晰的了解以及感性层面的认识。培训者先向教师介绍跨文化交际的困难,然后帮助教师解决这些困难。具体来说,有如下四种方法:①给教师提供跨文化交际实践的机会,如到外国人家做客、到外企见习等。②通过观察跨文化交际的成败案例,来汲取经验,避免进入交际误区。③通过讲座等活动,让教师不断了解跨文化交际的本质,弄清文化冲撞为何要产生,进而调整自身的心态。④让所有教师分享自身的跨文化经历。

在整个培训过程中,培训者应该反复强调反思的重要性,受训者正是通过不断学习、不断体会、不断反思才能有效地增强自己的跨文化意识和跨文化交际能力。

(2)文化学习和探索能力的培训方法。

文化学习和探索能力培养是要帮助受训教师掌握一套文化学习的方法,使他们能够对遇到的新的文化现象和文化群体进行探索研究。文化学习和探索能力首先是基于敏感、勇敢等情感状态的,如果对文化没有敏感性,忽视文化差异,那么将会造成文化学习上的障碍。面对陌生的文化环境,很多人都会选择逃避和退缩,但是一些善于学习和探索的人就会勇敢地尝试和体验,积极参加各种有利于自己了解该文化群体的活动。与不同文化背景的人相处时,具备了宽容和移情这两种素质,就能有效地避免误解和冲突的发生,文化学习和探索才可能顺利完成。

八、开展教学反思

大教育家孔子说:"吾日三省吾身。"因此,教师也需要不断反思。通过反思,教师可以获得更丰富的经验,及时发现教学中的问题,使自身的素质逐步提升到新的高度。教师反思的方式有很多,具体有如下几种方式。

(一)教学日志

在教学结束之后,教师可以将自己对所教的内容、方法等感受记录下来。教师记录教学日志的过程也是对自己教学思考的过程,同时教学日志可以作为教师日后进行教学反思的材料。具体而言,教师教学日志的记录应就以下几个方面来展开:①对教学过程中问题的质询和观察。②对课堂过程中所发生事情的感受。③对教学活动的有意义方面所进行的描述。④需要思考的问题以及解决问题的办法。

记录教学日志的间隔因人而异,可以一天写一次,也可以一周写一次,还可以一个月写一次。需要注意的是,教师应坚持记录日志,只有这样才能根据日志来发现自己的教学规律以及组织教学的习惯与方法。

(二)录音录像

如今,现代科学技术在各个领域都得到了广泛运用,教育领域也是如此。教师可以充分发挥现代科技的优势,在技术人员的帮助下,通过录音与录像的方式来对自己的教学过程进行完整的记录。对教学过程的摄制,教师可以指定课堂教学的某一方面让技术人员进行重点记录,如可以注重学生对教师问题的回答,可以注重教师的教学活动组织,也可以注重小组活动时某一小组的表现等。

在课堂教学结束之后,教师可以反复播放课堂教学的录音与录像,从而对教学进行反思与反复研究,发现自己的问题与不足,发现自己组织课堂的精彩之处,发现学生在学习过程中的优点与不足等。与此同时,教师可以将其中的一个片段截取下来进行详细分析,分析的内容包括教师语言的特点、教师的肢体语言的使用、师生之间的互动语言等,放大教学中的一些细节,这样可以进行更为细致的研究。

(三)调查问卷

教师可以采取调查问卷的形式来反思教学。教师的调查问卷可以就教师自己或同事对教学的认识与看法以及学生的学习兴趣、学习态度、学习方法等情况来展开。教师可以参考其他相关书籍中的调查问题或问卷,也可以自己设计一些调查问题或问卷。

(四)行动研究

行动研究是反思性英语教师专业发展的一个非常重要的方法。在英语教学中,专业化的发展要求教师应该成为行动的研究者。英语教师要针对一些实际问题改变教学方法,在解决问题的过程中进行自我监控与自我评价,通过评价使原先对问题的理解得到修正与改进。

(五)个案分析

个案分析也是反思性英语教师专业发展的有效途径。教师可以通过讲课竞赛、教学竞赛、优秀教师示范、听公开课等手段展开个案分析,汲取其他教师教学中的精华,改正自己教学中的缺点,充实自己的教学,从而促进自身教学的长足发展。

(六)学生反馈

学生反馈是从学生身上获取信息,将这些信息作为调控教学的依据,不仅可以了解学生的学习状况,还能够了解自身的教学优缺点。在英语教学中,教师获取学生的反馈信息的有效途径是学生评教、师生座谈、测试成绩、调查问卷等。通过学生的反馈信息,教师反思自己的角色与教学方法。另外,通过反馈信息,教师可以分析相关的数据,获取更明确的、更多的信息。可见,在英语教学中,学生反馈是英语教师专业发展的一个有效途径,可以大大促进教师的自我提高,对自己的课堂进行优化,也能使得师生之间关系更加融洽,推动学生的自主学习以及教师的专业素质发展。

(七)专家听课

要促进英语教师的专业素质发展,学校可以聘请有丰富经验的教师进行督导,或者让业务过硬的专家听课,并让他们进行指导,对教师的教学给予客观的评价,帮助教师提高反思能力。

第八章

跨文化视角下大学英语教学的创新

第一节 跨文化思维的构建与"渗透式"交际模式的创新

一、英语课堂教学跨文化思维的构建

英语课堂教学跨文化思维的构建主要包括五点：一是注重跨文化交际能力培养的全面性；二是考虑和体现跨文化交际语境的复杂性与多元性；三是注重英语课堂上真实语境的创设；四是以学生为主体，充分调动学生的积极性和主动性；五是注重培养学生的自主学习能力。

（一）注重跨文化交际能力培养的全面性

英语课堂教学要注重跨文化交际能力培养的全面性，即知识、能力、态度、素养四个层面的均衡、全面发展与提升。知识、能力、态度、素养是跨文化交际能力的四个部分，这四个部分相互渗透、相互连接、相辅相成。因此，在英语课堂教学中，一是要重视跨文化交际能力的知识与能力学习；二是要重视对跨文化交际能力中的态度、素养方面的培养；三是要重点培养跨文化意识和敏感性；四是通过中西文化的对比，提高学生的文化比较能力，培养

学生的论述和评价能力;五是培养学生的语言运用能力和实践能力,提升学生将知识应用到语言和非语言交际中的能力。

对于交际意识的培养最好的办法就是让学生处于英语文化的情境和氛围中,英语教师可以利用现代科学技术和现有的教育资源,在英语课堂中灵活地采用教学方法培养学生的跨文化交际意识。有学者提出了六种培养学生跨文化交际意识的办法,具体如下:

(1)学生通过对本国不同地区和不同民族文化的理解和学习,明确文化与语言之间是相互影响和相互作用的关系。

(2)学生通过对英语教材的学习和探索,了解学习相关的文化知识。

(3)学生可以通过影视作品、小说、报纸、杂志、广播等渠道学习语言的文化知识。

(4)模拟交际情境,利用网络、聊天室、电子邮件等现代传媒,对学生进行分组,分成跨文化交际双方,进行模拟训练,让学生体验真实的交际场景,不断锻炼和提高学生的跨文化交际能力。

(5)有效运用文化信息源,请有出国经历、有跨文化交际经历的教师或者外教进行经验分享,学生通过与其交流、讨论,加强对相关文化知识的学习和了解,培养学生的跨文化交际能力和意识。

(6)进行跨文化交流实践,学生可以通过与留学生或者外教面对面交流,增强跨文化交际意识。

以上六种方法,一方面可以增加学生跨文化交际的经验,增强学生的跨文化交际意识;另一方面学生在了解和学习本国文化及其他国家文化的过程中,可以提升跨文化交际能力。

英语课堂中,对于跨文化交际态度和素养的培养,可以采用隐性和显性相结合的方式。英语教师课堂活动的开展应该以尊重人权、尊重他人为基础,不管是小组活动、结对练习,还是全班讨论都应该遵循一定的原则,基本原则主要有以下几点:一是活动的参与者要敢于表达自我,善于倾听他人的观点和看法;二是尊重讨论活动中的权威性;三是激烈辩论中也要使用礼貌用语;四是不能使用带有歧视倾向的、不文明的词语;五是对人物进行评论的时候应该保持尊重;六是在活动中抛开个人偏见、文化偏见。总之,使用礼貌的话语和方式,在潜移默化中使学生学会尊重他人和他国文化,运用礼貌的交往策略,避免歧视,培养学生的跨文化交际能力。

(二)考虑和体现跨文化交际语境的复杂性与多元性

英语课堂教学应考虑和体现跨文化交际的复杂性。首先,在全球化的背景下,语言使用具有多元文化的特性,这就要求学习者需要对语言背后的多元文化进行把握和学习。随着全球化进程的加快,英语不断扩散,呈现多样化的特点,成为世界通用语言。英语的使用范围越来越广,世界上越来越多的非本族语者间使用英语进行交际。值得一提的是,通用语言是多元文化的语言,而非统一语言。英语的国际化使得英语具有复杂性和多元性,这会使跨文化交际出现很多问题和障碍。面对这个情况,学习者在运用英语进行跨文化交际的时候,需要从多元角度出发认识英语,需要了解和学习多元文化知识及掌握世界文化,而不仅仅是对部分国家的文化进行学习。

其次,目的语使用群体也具有复杂性,这就要求学习者对英语的变体有所了解和包容。以本族语者为基准的教学模式是不符合实际的、有约束性的。任何事物在广泛传播中都会发生变异,这是正常的、常见的,当然语言也是这样。在全球化的时代,英语作为通用语被广泛传播,英语使用者的人数不断增长,加之使用者的地域分散性和文化的异质性,导致英语在传播中出现了变体和杂交,产生了多种"新英语",这就是说,在多元的社会语言、文化语境中,出现了很多符合当地语境的语言形式及标准。例如,新加坡人、中国人讲的英语和美国人、英国人讲的英语,在语法结构、发音等方面存在差异。这就要求英语的学习者在进行跨文化交际中,意识到交际对象的文化背景差异导致英语的表达方式存在差异,要包容英语的变体,正确看待英语的分支和衍生。

在英语课堂教学中,教师要鼓励学生站在多元文化的视角看待语言和文化的问题,避免单一的、统一的文化造成的狭隘观点,培养学生的多元文化意识。学生应该积极探索本民族和其他民族的文化,教师教学的文化内容不仅要包括英语国家的文化知识,还应该包括本国和其他国家的文化知识,进行多元文化知识教学,学生通过对文化的比较、反思,不断增强对本民族文化的认同感,提高自身的跨文化交际意识与能力。从语言教学的方面来看,学生需要熟悉英语国家的标准语言使用,还需要了解与包容英语的变体。英语的变体与使用者的语境密切相关,因此在英语课堂中,不仅需要关注标准语篇和约定俗成的语篇,还需要关注语篇中蕴含的社会语言。在跨文化交际中,学生应该知道,由于交际对象的不同,语言的意义、语用等会发生巨大的变化,因此学生在进行跨文化交际时应培养跨文化交际意识,根据交际对象的不同,调整交际方式,转换自身的思维模式,以达到交际目的。

(三)注重英语课堂上真实语境的创设

培养语言使用能力需要具备以下条件:一是和本族语者接触,二是具备使用目的语的语言环境,三是具备使用目的语的机会,四是学习者的个人参与。在大学英语课堂中实现语用、形式、意义三者结合的教学是有难度的,一是我国缺乏英语的使用环境,学生很难有学习语言的动机和积极性,二是缺乏跨文化交际的机会。对此,教师在英语教学中,可以为学生创设跨文化交际的环境和氛围,争取为学生提供跨文化交际的机会。学生在实际的跨文化交际中接触英语、运用英语,可以使课堂中出现的问题得到解决;还能在课堂上运用在实际跨文化交际中学到的知识,使语言知识得到检验和运用,在此基础上得到升华,在这个过程中提高学习兴趣。

如何在英语课堂教学中构建跨文化交际语境呢?首先,教师在课堂教材的选用上选择贴合现实生活的素材进行教学,让学生感知真实的语言运用。教师也可以为学生提供一些与现实生活紧密相连的文化信息,让学生将其与本民族文化进行对比分析。其次,从课堂的教学方式入手,如果有条件,可以邀请外国友人参与教学活动;通过展示介绍外国纪念品或者有外国特色的物品来营造跨文化交际的氛围;通过多媒体设备和音频、视频资料在课堂上构建跨文化交际的语境,向学生展示英语在真实交际环境中的使用;利用局域网增加师生、生生交互练习的机会,在网络技术的帮助下,使学生和外国友人进行同步或延迟的跨文化交际。

(四)以学生为主体,充分调动学生的积极性和主动性

大学英语课堂教学要着重突出学生的主体地位,充分调动学生的积极性和主动性。首先,在人文主义教育思想中,帮助学生实现自我,最大限度地发挥学生自身潜能就是教育的主要任务。在该教育思想中,教学的任务是解放学生思想、开启心智,而不是对学生进行传授、灌输或训练。学生自身和学生之间的活动过程决定着教学的成功。其次,学生的"学"比教师的"教"更加重要,课堂的终极目标不在于"教",检验教学成功与否的试金石是学生行为的改变。在教学活动中,出现学生需求与教学进度不符的时候,教师不能只顾完成教学进度,忽视学生的需求。就学生而言,学生应该主动融入学习中,不断练习,提高能力。再次,学习活动涉及多个学科和领域,如心理学、社会学、教育学和神经生理学等,而且学习活动的推进包含内外因等多重作用。学生语言学习的内在因素主要有:知识构建能力、个性、个体的主观能动性、先天遗传的语言能力及后天的认知能力等。教学过程应该是学生主动参与和师生良性互动的过程。最后,个人成长、人生经历、人格完善、社会化过程与跨文化交际能力的发展是同步进行的,因此,要以学生为主体,实现量变到质变的过程。总而言之,英语课堂教学应该以学生为主体和中心,不断调动和激发学生的积极性,教师在教学过程中的角色是学生语言学习的合作者和引导者。

英语课堂教学以学生为主体考虑的因素有:一是学生在教学中的参与度,二是学生参与和互动的质量,三是学生对教学的影响度,四是学习成果与教学产出,五是教学和学生生活经历的联系程度,六是教学反映学生需要和喜好的程度。为了落实以学生为主体的课堂教学,教师应该站在学生的视角来看待问题,根据学生的反馈,及时调整教学方向,帮助学生解决困难。英语教师在进行课堂活动设计时应该考虑到学生的兴趣,要丰富活动形式,当然,也可以让学生参与课堂教学活动的内容设计及学习活动的设计,让学生选择学习的方法,明确学习的范围。教师也要指导学生该如何学习,怎样才是最有效的学习方式。教师的关注点应该着重放在学生如何学习上,而非学生如何看待自己及自己在课堂上的行为。在英语教学中,英语教师应该引导学生主动学习,增加学习的动机和积极性,提高课堂的互动次数,改变传统的教师主导、学生被动学的模式。

如何在英语课堂上充分调动学生的积极性和主动性?可以通过以下方式来进行:一是英语教学中,教师设置恰当的、合适的教学目标和学习目标,可以实现的、短期的目标能激发学生的学习积极性;二是英语教师在英语教学中,创设可以激发学生学习热情和积极性的教学环境和氛围;三是教师要选择合适的、真实的语言素材;四是教师要选择学生感兴趣的话题和内容;五是充满乐趣和挑战的交际任务可以激发学生的积极性,需要教师进行教学活动的精心设置;六是教师要不断完善自己,不断促进自身的发展进步,提升个人的魅力,与学生保持良好的师生关系;七是教师的反馈和评价可以帮助学生进步。

(五)注重培养学生的自主学习能力

控制自己学习的能力就是自主学习能力。自主学习能力是一种关于学习的态度,也是一种学习的能力。自主学习者可以确定学习的目标,自己决定学习的内容和学习方式,并在自我监督与评估中不断进步。自主学习是学习者本着对自己学习负责的态度进行的学习,是责任能力和学习能力的总和。对于自主学习的理解,不同的文化背景下的人们有着不同的理解,在此,仅列举三种解释:一是学习者可以利用资源进行学习;二是在课堂上,学习者可以有意识、独立、有效地学习;三是学习者可以终身独立学习,即使离开教师和学校,也愿意去学习。

培养独立的学习者是教育的最终目的,培养和提高学生的自主学习意识和能力是学校教育的目的。英语课堂教学的重要目标就是要实现学生在课堂上的"无声"和"有声"自主学习,在英语学习中使学生充分发挥自身的积极性、主动性、自主性、创造性,为学生今后课外自主学习和发展做好铺垫、打好基础。

影响学习者自主能力的因素有:文化因素,学习者的个性、动机,教师的作用等。首先,在英语学习中,实现自主学习,教师要引导学生养成对自己、对学习负责的态度,引导学生设定目标,教师也应该让学生有充足的时间去思考、反思、提问、总结。其次,教师在教学中要教育学生从整体上全面地思考问题,满足学生对自主学习的需要,教师要帮助学生学会学习策略,提升学习能力,不断提高学习的效率和质量。当学生遇到问题时,教师要及时给予帮助,帮助学生找到解决办法,也要为学生提供自己负责自己学习的机会。

二、"渗透式"交际模式构建的创新

(一)"渗透式"交际模式的培养理念

跨文化交际能力"渗透式"培养理念的一个突出特点就是渗透,渗透包含两个方面。一方面,大学英语教学及相关环节应融入跨文化交际能力培养的主线,为跨文化提供完整的基础,要依据已有培养理念和模式来架构跨文化交际能力的框架,借鉴已有的培养途径和方法实证研究,根据当下的现状来分析培养体系。具体来说,大学英语教学及其相关的环节要对跨文化交际能力的培养目标进行统一,明确跨文化交际能力培养的理念,明确所要遵循的、具有一致性的培养标准,整合各个环节,采取多样的方式进行全方位、立体化的渗透和培养,切实提高学生的跨文化交际能力。值得注意的是,不能局部、片面地培养学生的跨文化交际能力。

另一方面,跨文化交际能力培养也应与学生的个体发展相融合,突出学生的主体地位,充分调动学生的积极性和主观能动性。跨文化交际能力的提升是一个长期性、多方努力的结果,不是一个人或者一天就能够实现的。跨文化交际能力的培养要具有前瞻性、长久性、可持续发展性,要实现由在校培养到离开学校后可持续发展,培养的过程中要注意内外因的共同作用,在学生个体的发展过程中不断渗透跨文化意识与交际能力。要想提高学生知识、能力、态度和素养四个层面的跨文化交际能力,需要让学生不断地学习与实践,在不断积累中实现跨文化交际能力的提升与发展。

(二)"渗透式"交际模式的培养目标

"渗透式"交际模式的培养目标如下:大学英语教学要促进学生跨文化交际能力的知识、能力、态度、素养四个层面的全面发展,使学生可以高效、得体地进行跨文化交际,实现跨文化交际能力的可持续发展和自主性培养,使学生最终成为跨文化人。跨文化交际的培养目标是需要一步步实现的,它指导着跨文化交际的内容和过程。

(三)"渗透式"交际模式的培养原则

1. 培养内涵明晰化

"渗透式"交际模式下跨文化交际能力的"培养"主要包含两个含义,一个是通过外因的教育、辅导及培训来发展跨文化交际能力,另一个是内因的个体自主发展跨文化交际能力。提升部分能力是短期性的行为,具有短期效应,需要一定的时间与空间。通常来讲,提升学生的听力理解能力,可以通过短期课堂教学、个人训练、特定培训等来实现。但是学生拥有跨文化交际的能力则需要长时间的文化积累,跨文化体验、实践,以及个人素质的提升。

"渗透式"培养强调发展的重要性和内因的重要性。首先,"渗透式"培养,强调的是培养的动态发展特征。跨文化交际能力的培养不仅是在学校中进行的,而且要强调跨文化交际能力的可持续发展。因此,学校为了让学生在毕业以后可以继续学习和发展跨文化交际能力,可以让学生在校期间打好方法、策略、知识、能力、技术、资源等方面的基础。其次,跨文化交际能力由"培养"到"发展",最终让学生实现自主、可持续发展,需要重视内因的作用,由"培养"到"发展"的过程需要以学生为主体,实现由外至内、内外结合、量变到质变。一般来说,个人的人生经历、个人成长、人格完善、社会化过程与跨文化交际能力的发展是同步的。由于学习者的成长经历不同、性格特点不同,因此他们的思维方式、信息接收情况、信息敏感度也不同,在进行教育教学时,就需要针对不同的学生,采取有针对性的跨文化交际能力培养方式与方法。最后,跨文化交际能力的培养需要将教与学紧密结合,课上与课下相辅相成、学校教育教学与学生自主学习结合、社会需求和个人需要兼顾,只有这样才能培养出符合社会发展的,具有全面性、发展性、全球性的人才。

2. 培养实施体系化

跨文化交际能力培养主线要注重各学科间、各环节间的共同作用,并渗透到大学英语教学及相关环节,形成完整的、立体的、全面的跨文化交际能力培养体系。

首先,跨文化交际能力培养的目标、意识、理念和内容应该渗透在英语教育教学的大纲制定、课堂教学、课程设置、课外实践、师资培养、教材建设、测试与评估等诸多环节。众所周知,英语教学的各个环节是相互影响、相互连接的,大学的语言教学包含教学原则、教学方法、教学技巧、教材编写和使用、语言理论、课程设计等多个方面,是教师、学生、课程标准、教学方法、教材等相互作用的结果。跨文化交际能力的培养需要各个环节的协作,需要各个系统的连贯,是一个整体协作式的培养模式,上到教学理念、教学大纲、课程设置、测试与评估,下到课外实践、国际交流与合作、教材编写和使用、教育技术的应用,都需要各方共同努力,密切合作。

其次,注重学科间和各个环节间的协作。将跨文化交际学与英语教学、语言教学、文化教学相融合,将教学与实践结合,这是"渗透式"培养模式所强调的。一方面,跨文化交际能力的培养是一项跨学科任务,英语教学与跨文化交际学不仅需要相互借鉴,还需要密切合作,为共同的目标而努力,最终融为一个整体,跨文化教育应该拓展到所有的课程中,而不是仅仅和语言教育相关。另一方面,文化和语言是不可分割的,文化和交际也是不可分割的,因而,英语的学习与对英语国家的文化学习也是无法分割的。这就要求构建文化教学和语言教学一体的教学模式,实现语言教学和文化教学的深度融合。此外,跨文化交际能力认知过程体现在课堂学习、个人学习和实践体验三个环节中,这三个环节相互结合、相互补充,不断丰富学生的跨文化交际知识,不断使学生的跨文化交际能力得到锻炼,共同促进学生的跨文化交际能力的提升。

3. 培养方式多样化

"渗透式"交际模式培养方式多样化的原则,指使用多种渗透方式来培养学生的跨文化交际能力,在教育教学中将能力培养、知识传授、交际实践相结合,有利于学生跨文化交际能力的提高。在实际的教学中,教师可以采用多样的文化体验和实践活动,来开阔学生的视野,增强学生的跨文化交际意识和能力。

首先,在英语课堂上,教师应该使教学方式多样化,积极为学生创设英语的语言环境和情境,增加学生实际使用语言的机会。在英语教学中,要改变传统的授课方式,强调学生的主体地位,教师可以根据教学的内容、性质和学生的特点,采取角色扮演、案例分析、个人陈述等教学方法。教师在选择教学材料时,要将现代信息技术与英语教学相融合,构建立体化的教学资源库,充分利用现代科技的优势,弥补传统教学中的不足及跨文化交际语境的缺失。

其次,大学应该利用现代科技的优势、学校丰富的资源、各种各样的社会资源为学生提供跨文化交际的机会,增加实践活动的数量。一方面,学校可以在校内创设文化环境,使学生通过定期开展的文化活动,不断增加自身的文化体验;另一方面,在校外,和国外大学开展国际交流与合作,促进学生的国际化培养、师资的国际化培养及课程的国际化,为学生提供跨文化交际的机会,最终促进学生跨文化意识和能力的提高。

4. 培养过程循序渐进

跨文化交际能力的培养是一项长期工作,不是一朝一夕可以完成的,也不是阶段性的工作,需要一步步浸润、提高。这也就是说,跨文化交际能力的培养是一个由浅入深、循序渐进的渗透过程。

首先,跨文化交际能力的培养与发展是一个由浅入深的过程。由培养直接作用于跨文化交际的语言能力、交际能力等,到培养那些起间接作用,但却同样起决定性作用的能力,如创新能力、思维能力和学习能力。跨文化交际能力的培养是由学习表层文化知识到习得深层文化价值观的过程,是由传授知识到培养跨文化交际意识和能力的过程。当前的英语教学中存在着一些问题,比如,教师在教学中对文化知识的讲解并不深入,仅停留在很肤浅的层面,但是文化的内涵是动态的,是不断发展变化的。因此,在英语教学中应该培养学生的文化意识,让学生理解文化的差异。

其次,培养跨文化交际能力是一个循序渐进的过程。语言的学习过程不是一个垂直上升的过程,是一个循环往复、螺旋式上升的过程。语言的螺旋形本质体现在语言结构的学习中,也体现在语言学习涉及的所有领域。跨文化交际能力构成要素的发展的敏感性是不同的,因此需要不同的培养方式、不同的培养时间、不同的培养环境,这体现在:一是在知识层面的培养,它包含特定文化的价值标准、价值观、文化差异、跨文化交际过程的知识的培养,是一种认知活动,可以在短时间内学到;二是在技能层面的培养,它可以在短期到中期实现;三是态度层面的培养,包括认知能力(开放、创新思维、重视程度)、交往管理能力(情绪控制)、情感力量(内在目的、探险精神)

等,它是一个中长期的学习过程,具有一定的难度。跨文化交际能力的发展对于学生的"学"来说,是一个长期积累、实践的过程,对于教师的"教"来说是一个长期的、浸润的过程。总而言之,跨文化交际能力培养是循序渐进的过程,跨文化交际能力是在构成要素的相互影响和相互发展中螺旋式上升的。

(四)"渗透式"交际模式的培养内容

1. 知识部分的培养内容

大学学生在培养跨文化交际能力时,需要从表层文化知识和深层文化知识两方面来使学生对文化知识有更深的认识,大学生不仅要了解目的语国家的相关文化,还要对本民族的文化和世界上其他民族的文化有所研究。在这里,可以将知识的培养内容分为语言知识、社会知识和专业知识。目的语的词汇、语法规则(句法、篇章等知识)和发音规则(语音、语调),目的语的使用规则,语言的变体、分支和衍生,不同国家和地区的人的方言、口音、发音习惯,不同国家和地区的交际风格、语言及非语言交际特点,文化与语言之间的联系和作用等六方面都是语言知识的培养内容。社会知识包括三方面的内容,分别是社会学知识、心理学知识、政经知识、法律知识;本国和他国的社交礼仪、国际餐桌礼仪;重大社会事件、重要国际盛事或赛事,如奥林匹克运动会开闭幕式、奥斯卡颁奖礼等。专业知识则包括学术文章写作格式、商务谈判礼仪、国际贸易单证制作、商务函件写作等知识,专业知识的培养需要学科教育与语言教学相结合。

2. 能力部分的培养内容

英语交际能力和跨文化交际能力是交际能力培养的两方面内容,前者的培养目的是使学生可以通过英语同外国友人进行交流,后者的培养目的是使学生与除本国和目的语外的其他国家的友人进行交流。在实际的教学活动中,大学需要培养学生做到能够依据交际环境、交际任务、交际内容、交际对象的不同来准确、流畅、得体地进行跨文化交际。在实际的交际活动中,非语言交际能力与语言交际能力同样重要,不能忽略前者,因为文化差异在非语言交际行为中同样存在。

大学生跨文化能力的培养包括学习能力的培养、跨文化能力的培养、合作能力的培养、专业能力的培养、社会能力的培养等方面。学习能力的培养指的是培养学生的观察能力、判断能力、解决问题能力、创新能力、自主学习能力、寻找资源和使用资源的能力、使用现代技术的能力等。跨文化能力的培养指的是培养学生可以理解并接受其他文化的价值观、行为的能力。合作能力的培养指的是培养学生与他人(不局限于同学)的合作解决问题的能力。专业能力的培养需要将学生所学专业与英语结合起来培养专业技能,比如,师范学院学生的英语教学要与学生的教育能力培养相结合。社会能力的培养指的是促进学生适应能力和应变能力的正常发展,使其可以在实际的跨文化交际活动中更加游刃有余。

3. 态度部分的培养内容

在培养学生跨文化交际能力时,交际态度的培养相当重要,需要使学生形成积极、开放的交际态度和交际心态,让学生认识到跨文化交际是一种珍贵的经验。需要让学生知道,在与其他国家的对象进行跨文化交际活动时,既要尊重他们的价值观念和文化选择,也要坚定对本民族文化的文化自信。面对大学生个体,学校要对学生的心胸、信心、胆量、好奇心、求知欲和敏感性重点培养。另外,学生对跨文化学习、跨文化交际的兴趣同样需要注意。

4. 素养部分的培养内容

在跨文化交际能力中,素养部分的培养指的是培养学生良好的品格、健全的人格、优秀的心理素质,使其成为真诚、善良、诚实、谦逊、有同情心、有涵养的人,并且可以从容、得体地进行跨文化交际。

(五)"渗透式"交际模式的培养环节

有效的语言教学是包含教师、学生、课程标准、教材、教学方法等在内的

第八章 跨文化视角下大学英语教学的创新

多个因素共同作用的结果,这些因素相互影响。有效的语言教学涉及多个方面,包括教学原则、语言理论、课程设计、教学方法和技巧、教材使用等。大学英语教师需要对教学观念、教学原则、教学模式、教学目的、教学方法、教材使用和课外引导方面重点关注,落实跨文化交际能力的培养和训练目标。所以,跨文化交际能力培养的环节受到师资、课程标准、教学大纲、课程教学要求、课程设置、教材、教学方法、教学手段、测试和评估等因素的影响。大学英语教学的各个环节需要协同发挥来实现跨文化交际能力的培养。

大学英语教学课程设置层面需要遵循系统性、实践性、目标性和国际化的原则。基础课程、专业课程、理论性课程、实践性课程都应该围绕国际化英语人才培养目标,各项课程之间应该有所关联,不能各自为政。另外,国家化课程模块在当前是需要丰富的项目。教学方法和教学手段应该基于具体的课程性质、教学内容、教学技术状况审视学生的需求和喜好。值得注意的是,针对非英语专业的学生,除了为这些学生开设常规的大学英语课程、公共英语课程外,还可以为其提供跨文化交际的选修课,如英语文化普及、跨文化交际技巧、中西文化比较等课程。总的来说,教学模式不应该是死板的,应该是灵活多样的。

英语师资和英语教材是大学英语教学的两个重要因素。大学英语教学师资结构和发展应该与跨文化交际能力的培养相匹配,大学英语教师也应该满足跨文化交际能力对于教学素质、教学能力等方面的要求。同时,跨文化交际能力的培养对于大学英语教材的选择和使用也有一定的要求。

全面性和方式多样性是跨文化交际能力评价的关键。在具体的测试和评价过程中,在注重学生语言知识、语言能力评价的同时,也要重点关注学生的文化知识和跨文化能力。在评价学生的跨文化交际能力时,要注意从全面的视角观察,对于潜在能力和相关能力的评价也要重视起来,比如,在评价学生交际体验和分析的表现时,需要对学生从所处的本族语言和文化到目的语语言和文化转换的表现做出评价。测试和评价的方式方法应该多种多样,不能仅仅通过口语和写作检测就对学生的跨文化交际能力做出评价。大学对学生跨文化交际能力的评价方式可以有如下几种:学生自我评价、要求学生完成论文撰写、辩论、个人陈述、进行文化比较等。

第二节 大学英语跨文化体系构建的创新与发展

一、跨文化交际能力培养的认知体系

(一)树立正确的教学理念

在大学英语教学中,应该把跨文化教学观念的确立放在首位,传统英语教学的观念和认识应该有所改进。在当前阶段,对跨文化教育教学的相关思想和理论的研究是我国外语界较为前沿的研究,这就需要国家相关行政部门制定相关的政策来引领国内跨文化教育相关思想的传播。

在跨文化教学中,第一,教师要将文化教学与语言教学有机地结合起来。教师要摒弃不符合现代要求的教育理念,在英语教学中更新教育思想和理念,从语言意识、语言学习、文化意识和文化经历这四个彼此联系的方面出发,来充分发挥自身民族的文化在跨文化学习中的作用。第二,大学英语教师要转变自身的角色定位,不能只做知识的传递者,而是要将自身培养为集中西方知识于一体的学者型教师。如我国近代的学术大家钱锺书、吴宓、叶公超等,之所以受人尊重、声名远扬,不只是因为他们的英语水平高,最重要的是他们博采众长,对于历史、文化、哲学等知识都有所精通。

跨文化英语教学中的教学理论框架是除教学理念外需要重新研究并明确的重要内容。进入21世纪后,新颖的体验式英语教学开始被广大学者广泛关注。

体验直接经验是体验式英语教学模式的核心思想。在大学英语教学

中,体验式英语教学需要教师想方设法地为学生营造模拟现实的跨文化语境,使学生在模拟的跨文化语境中习得有效内容、掌握相应的知识、提升交际技巧。体验直接经验是十分珍贵的,在直接体验的过程中学生能够养成独立自主的学习习惯,并且有利于培养他们实践创新的能力。

作为体验式英语教学理论发展基础的构建主义理论主张学生在学习中发挥主观能动性和主体作用,将学习看作一个构建的过程。在构建主义中,教学方法虽然有很多,但是不同的教学方法间存在共性,如教学情境和合作学习等。在构建主义理论中,学生的主体地位要被充分展现,教师要转变在教学中所扮演的角色,由知识的传递者转变为学生学习知识的协助者、知识构建的促进者。学生在构建主义中不是教师知识灌输的接受者,而是要根据情境创设和相互协作形成自身对知识的构建。体验式教学模式同传统的教学模式相比,更加看重学生的自主性,学生自主学习在体验式教学模式中占很大的比重,也更加符合"内化"的学习认知规律。在体验式教学中,学生可以体会模拟现实的交流语境,同时促进自身学习积极性和跨文化交际能力的提升,在以后实际的交际中游刃有余。体验式教学不仅是一种交际教学法,而且有任务教学法的特点。在体验式教学中,学生可以随时随地地通过互联网技术进行学习,网络教学平台和教学资源为学生提供丰富的教学资源,使体验式教学成为可能。现代信息技术在教学中的利用使学生的学习不再像以往那样枯燥无味,丰富的教学资源、教学方式和手段有助于激发学生主动学习更多的文化知识,促进了英语教学理论的发展。

文化不是静止的,而是动态的,随社会的变化而变化。语言表达的含义受到已经发生的事情的影响,还未发生的事情也会受到语言意义的影响,同时具体的语言意义也会受到未来经历的影响,这是一个循环的过程。随着社会的发展、全球化的推进,世界不同民族人们的价值观念、思维方式、社会规范、生活方式也在不断地发生着变化。

综上所述,在跨文化教育中,英语教学应该以学生为中心进行,教师应该转变传统的以自身为中心的教学理念和教学方式,促进学生自主学习能力的提升,培养文化积累的能力和文化敏感性,加强文化学习体验,提升学生对不同文化差异的自觉性和主动性。因此,为了跨文化教学理论体系的形成,教师首先需要提升对跨文化教学的认知,更加深入地投入跨文化教学中,以全新的教学理念和新颖的教学方法对学生进行跨文化教学。

(二)明确合理的教学目标

学生的英语综合应用能力是大学英语课程教学的目标,这一目标改变了大学英语教学重知识传授轻知识运用,重知识点记忆轻能力培养,重阅读轻听说写的现状,使我国大学英语教学的标准得到了提升,大学生交际能力的培养也受到重视。

现阶段,英语课堂上采取跨文化教学是为了使学生在生活中能够顺利地运用英语进行跨文化交际,同时跨文化教学要求学生了解目的语的文化背景和语言的使用方法。跨文化交际的完成并不能单纯依靠理解语法、语调和语音,语言的使用规则相对于结构规则更加重要。通过跨文化教学,学生可以更好地进行跨文化交际,理解目的语使用者的文化、思想、行为。

跨文化交际中,学生对目的语文化的敏感性和包容度是跨文化交际成功的关键因素。所以,要想培养学生的跨文化交际能力,学生首先要对跨文化交际目的语的文化风俗、认知模式、思维习惯、合作态度有相应的了解。在跨文化交际的活动中,常见的一种问题是学生更加习惯从本国文化的角度出发来进行交际,而不是更加深入地去理解目的语文化的深层次内涵。教育者应该让学生通过多种方式,如参加培训等,深入理解目的语文化内涵,鼓励学生学会换位思考,站在目的语文化的角度观察研究,提升学生自身处理文化差异的灵活性和跨文化交际的敏锐度、宽容性,来促进跨文化交际活动的完成。基于此,对于目的语文化的扬弃与发挥本民族优秀文化有助于学生更好地进行跨文化交际。这不仅是大学英文教学的发展趋势,还是跨文化教学的最高目标和要求。

新时代大学英语教学的目标是培养学生的跨文化交际能力。学生跨文化交际能力的提升是教学服务于社会的需要,是英语社会功能的进一步演变的体现,与现代世界的发展趋势相匹配。而作为新时代的教学目标,要实现学生跨文化交际能力的提升就需要对原有教学理念和体系进行改革。

(三)正确处理大学英语跨文化教学应面对的三种关系

1. 本土文化与英语文化的关系

在当今国际社会,英语是全世界应用最为广泛的一种语言,也是全球通用的一种语言,这里面有两个层面的含义,一是它由全世界英语使用者共同享有,二是它包括各种地域、文化特征的本土化的英语表达形式。

(1)重视学习者母语与母语文化。一个民族的特征可从该民族使用的语言中窥知一二,语言中包含着民族的历史、文化、思维方式和生活方式。我国的母语是汉语,对于我们中国人而言,在日常学习和生活中已经形成了以汉语为中心的思维、生活方式,这种思维方式有助于中华优秀传统文化的传承和发扬。

(2)承认"中国英语"存在的客观性,并使其达到国际交流的目的。由于不同国家、不同民族的文化不同,所以一些国家在学习和传播英语时会产生英语变体,在我国则是"中国英语","中国英语"的使用要符合一定的规则才能被英语使用者所接受,应用"中国英语"时需要注意以下几点:①国内的英语学习者在使用"中国英语"进行交际时,需要符合英语的使用原则,使"中国英语"具备可接受性。②用"中国英语"表达我国特有的一些文化,如节日、传统习俗等。③假如在使用"中国英语"进行交际的过程中,出现了一些双方文化之间的冲突,那么要尽可能地对冲突进行化解,从而完成跨文化交际的任务。

(3)英语教材可以适当增加中华文化的内容。以往的英语教材内容大都与西方文化相关,而现在需要将中华文化融入英语教材之中。同样地,教师在英语教学中也要融入中华文化,可以适当地加入分析双方的语言文化的内容,比较二者用法的不同,加深学生的理解。同时,教师要用正迁移将母语的相关学习经验运用到英语学习中,以获得更好的教学效果。

所以,在全球化的今天,英语教学中的中华文化与西方文化需要处于一个平衡的状态。在学习英语、了解西方文化的同时,也要同时向国外介绍、传播中华文化,这也是英语双向交流的功能体现,使学习者在跨文化学习过程中培养的跨文化交际能力、文化理解能力能够在全球化的背景下更好地发展。

2. 英语功用性与人文性的关系

作为交际工具,语言不但是文化的载体,同时也是人类文明的集中表现。所以,英语具有双重价值:人文价值和功用价值。人文价值指的是语言是人们进行教育、文化传播的途径;功用价值指的是语言可以用来交际、认识世界,同时也是改造世界的工具。学生在学习语言的时候可以吸收人文知识,在学习人文知识时,也会顺带学习语言知识,在对二者的学习中实现知识积累和心理积淀,形成良好的学习素养和人文素质。

在学校教育之中,英语评价的主要方式是考试,但是考试只能评价一个人英语知识的水平,并不能评判这个人的人文素养。所以,英语的人文价值和功用价值需要同时兼顾。社会经济使英语的功用价值有了用武之地,但是社会还包含经济之外的政治、文化等方面的发展。在当今的全球局势下,不同国家文明之间的交流和碰撞是不可避免的,文化的交流也是如此,英语作为一种文化的载体,也是与英语国家的历史和现实相联系的。大学英语教学不同于初级教育阶段,它不仅是为了传授给学生英语语言知识,还应该让学生理解英语国家的文化知识,促进学生跨文化敏感性、理解能力、意识、价值观的提升,拓宽视野,了解西方文化及中西方文化差异,促进个体的发展。

综上所述,教师要在英语教学中有机统一人文性和功用性价值,在对学生跨文化教学中加入人文素质的培养,采用人文品格分析法和意识引导法引导学生,拓展英语教学,进行文化课程的开设。

3. 语言教学与文化教学的关系

文化教学在英语教学中是十分必要的,可以从两方面来解释,首先,英语学习者的最终目的是与英语使用者进行交际,交际不仅仅需要语言技能的支持,对文化的理解也是交际成功的重要因素;其次,跨文化理解也是现代语言教育的一个目标。假如学习一门语言,但是不能理解其背后的文化内涵,那么学到的知识很难派上用场。一个民族语言的形成和发展,对于这个民族的思维模式、生活方式、民族心理、传统文化都有一定的影响。在历史长河中,语言伴随着文化的发展而发展,在一定程度上,可以说学习语言也是在学习文化。想要了解一个民族的文化,可以从这个民族的语言入手,想要学习语言也必须了解其文化。文化是语言的载体,语言是文化的反映,是文化的一部分,二者关系十分紧密。民族文化对应着民族语言,文化与语言相互作用。要理解语言必须了解文化,而要了解文化也需要相应的语言功底,所以,二者的学习只有同时开展,才能更好地了解语言中的文化内涵。

目前,我国大学英语教学中的语言和文化教学并不平衡,具体到教学过程中就是教师过多地强调语言的工具性,忽视了语言不能孤立存在这一事实,在教学计划的实施、教学内容的讲授过程中分离了语言和文化,将文化教学的地位放在一个很低的位置。这种教育方法在以往教育实践中十分常见,教师重点关注语言的语法、词汇等知识和技能,轻视对学生交际能力和理解能力的培养。所以,教师需要认真对待语言教学和文化教学的关系。

首先,在大学英语教学中,语言教学和文化教学应该是共进的。在教学过程中,教师在进行语言教学时,必须伴随着文化教学,语言与文化的习得机制是同步的。通常情况下,学习者在学习第二语言时,会形成"自我疆界",学习第二语言文化的目的就是超越这种"疆界",或者让"自我疆界"得到扩展,从而使学生能够换位思考,站在目的语文化的角度上看待问题、解决问题。

其次,语言教学和文化教学属于你中有我、我中有你的关系,二者相互补充。要学会语言必须了解其文化,要学习文化也需要先了解其语言。如果不学习文化,而直接学习语言的话,那么学习的过程会变得十分枯燥;如果只学习文化,不学习语言的话,学习就会成为无源之水。在培养学生的跨文化交际能力时,教师假如只教授语言相关知识,对文化教学置之不理,那么他只是在培养学生的语言能力,而学生的跨文化交际能力并不能得到有效提高。从培养机制的层面出发,语言教学是文化教学的前提和基础,文化教学可以检验语言教学,同时可以拓宽语言教学的领域,对于学生学习第二语言的质量有提升效果。

最后,语言教学和文化教学不可分离,二者存在相互兼容的关系。不管采取何种语言教学方法,最终都会指向文化教学,这是语言教学和文化教学融合的体现。在现代英语教学理论中,做到文化教学与语言教学有机统一才算是真正的教学,才能使学生的跨文化交际能力得到提升,完成英语教学的终极目标。

二、跨文化交际能力培养的情感体系

(一)英汉文化并重,消除"中国文化失语症"的影响

在全球化的潮流之下,中国与世界的关系密不可分,我国在经济、文化等多方面与国外其他国家进行了交流,我国文化在"走出去"的同时,也要施行"引进来"的政策,对一些优秀文化加以引进。在这个过程中也存在一些问题,举个例子,虽然一些学校毕业的人才有着良好的英语成绩,而且口语也相当不错,但是他们却不熟悉我国的文化背景,甚至有一部分连我国的优秀传统文化都不熟悉,更遑论向国外友人介绍我国文化。这种现象我们称之为"中国文化失语症",是目前影响较大的一种交际问题。要想让中国在世界上大放异彩,需要用国际通用语言来传达我国文化特有的思想和理念。

跨文化教学中的文化知识学习不是为了让学生简单地了解目的语文化（附加性学习），也不是使学生归化于目的语文化（削减性学习），其目的是使学生充分理解本国、本民族文化，并与目的语文化形成互动。

在大学英语教学中融入西方文化教学，需要"双向文化知识"这一理论的指导。在学生身上形成本民族文化与目的语文化的互动意识，可以加深对双方文化的理解和认识，提升学生跨文化意识、文化创造力和跨文化交际能力。对于我国的教育行政部门来说，需要使学生在进行跨文化交际的过程中保持相应的底线，正确看待中国文化，逐步解决"中国文化失语症"的问题。

1. 发挥教育主管部门的监督引导作用

"治疗"好"中国文化失语症"，需要教育主管部门充分发挥其监督和引导的作用。第一，教育主管部门要紧跟时代潮流，关注国际上教育界的动态，掌握与跨文化交际相关的各种信息，从而制定有助于施行跨文化教学的政策。第二，与学校和其他部门进行合作，采取一定的措施引起人们对跨文化交际的重视，如在一些文件中强调使用英语传播中华文化的重要性，这是教育主管部门引导作用的体现。监督相关部门和学校，通过他们的团结协作来促进跨文化教育相关政策的实施。第三，在英语教学的测试和评价中加入与跨文化交际相关的评价。

2. 提高教师自身的文化素养和教学水平

我国施行跨文化教育需要提升英语教师的素质，否则不利于跨文化教学。同时，教师还要具有西方文化知识，这样才能更好地帮助学生理解双方文化的差异，让学生可以更好地向世界传递中华文化。上述操作属于宏观方面。另外，教师也应该注重微观层面的教学过程。例如，教师为了使外来文化和本民族文化的教授互相平衡，可以用英语向学生讲述中华文化的相关知识。

3. 提高学生参与跨文化交际活动的主动性

从学生的角度出发,参与实际的跨文化交际情境有助于学生跨文化学习主动性的增加,使学生更加深刻地理解跨文化交际的具体意义。与此同时,学校应该鼓励学生多多参加大型的跨文化交流活动。例如,一些在国内举办的大型赛事、大型会议一般需要数量庞大的志愿者,学生可以借助这些难得的机会去锻炼跨文化交际能力,这就需要学校和学生广泛关注我国的一些相关活动。

中华文化的广泛传播需要学生的努力,但作为一位跨文化交际者,学生需要具有良好的语言水平和文化内涵,并积极参与跨文化活动,这样才能使中华文化受到世界各国的广泛关注。在这个过程中,学生可以体会到用英语传播中华文化的难度,从而有助于对中华文化认同感的提升,同时建立跨文化交际的自信,从而增强用外语表达中华文化的能力,实现传播中华文化的最终目的。

(二)英语教学与文化教学相融合

1. 重视英汉语言文化与大学英语教学的关系

我们一再强调,语言与文化密切相关,因而了解文化有利于学习语言。教师在教学过程中,首先要重视文化在教育中的作用,树立起文化意识,注意在传授语言知识的同时传递文化知识;其次要培养学生对于中华文化和英语文化差异的适应性和敏感度;最后基于学生的学习情况、个人特点、接受能力来确立教学内容。值得注意的一点是教师在新时代应该是教学的指导者和教学内容的组织者,传授知识时不需要事无巨细,面面俱到。

2. 大学英语教学应与文化教学相结合

作为一种音义结合的符号系统,语言会根据相应的变化产生变体,这些变化可以是时间的变化、空间的变化和社会需求的变化。在大学英语教学中,语言文化功能的构建可以从语音、语义、词汇、句法等方面出发。学生了解英语文化的途径多种多样,具体有听、说、读、写、看等方面。学生文化敏感性和跨文化交际意识的培养可以通过对比英语和汉语,并讨论二者语言和文化的差异来实现。基于比较的结果,精选出英语文化中主流文化的内容和承载有比较突出的文化特征的内容,如对地理环境、文化习俗、历史背景、饮食习惯等方面进行对比分析,促进跨文化英语教学的进行。

3. 大学英语教学要培养学生的文化意识

文化存在于方方面面,在生活中、学习中都有它的影子。语言学习中的语音、词汇、句法等各个层面都有文化存在的痕迹。对于西方文化的了解不能一蹴而就,应该步步为营,否则可能会给学生带来负面的影响。基于此,就需要教师依据学生的特点,通过各种教学内容、教学模式、教学手段让学生进行中西方文化的对比,使学生能够一步一个脚印地认识英语文化,从而把握其思维特点。

大学英语教师应该养成时常搜集和积累英语文化的相关知识材料的习惯,这些材料大多数都是日常生活中的相关场景,在教学时辅以相应的音频和视频资源,能使学生身临其境地感受跨文化交际。英语文化的意义和语言的使用规则也需要教师向学生点明,这样可以避免让学生陷入误区,从而提升教学的效果。在微观层面,教师可以为学生布置一些观看英文电影的任务,同样地,在一些西方的传统节日,也可以布置任务使学生探索相关的节日习俗、文化背景等。这样做有助于学生深入了解西方的习俗,更好地理解、认识西方文化。

(三)建立跨文化交际意识,提高文化认同度

克服跨文化交际中出现的问题,除了文化移情外,建立文化认同也是一种重要的解决方式。文化认同作为人类对文化的认可和共识,可以对人们的价值观念和行为产生重要影响,是基于自然认识基础的提升,所以,在跨文化交际活动中,常常将文化认同作为语用指导原则。

通过学习英语,学习者了解世界的途径就增加了一种。学习者可以在精通跨文化知识的前提下,在世界范围内传播中华文化,让世界了解中国。通常情况下,人在所处的文化环境下会潜移默化地接受这种文化,本能地认为这种文化是正确的,很少反思自身所处的文化环境,即便是产生反思的想法,也会困惑于文化现象的繁杂无序,而停止探索。进行跨文化教学的目的之一是使学生通过反思自身所处的文化环境,更加了解本民族文化,防止民族中心思想的产生。跨文化教学可以帮助学生培养良好的思维模式,从而可以正确地看待自身的价值观念和行为准则。

只有正确地认识自身所处的文化,才会激发文化自觉。基于文化自觉,再去了解世界上其他的文化,有助于对自身文化进行正确的定位,创设一个各方面文化都认可的、可以和谐发展的共处守则和交际秩序,在文化交流频繁的当今社会共存下去。

第三节　跨文化视角下的大学英语网络技术教学

一、大学英语教学的信息化诉求

(一)信息技术

当今社会已进入信息化高速发展的社会,信息和知识已成为推动社会发展的两大动力,现代信息技术已经渗透至人们生活的方方面面。就信息技术的概念而言,目前人们多从广义和狭义两个方面来理解。从广义上说,信息技术指的是对信息加以处理与管理的各种技术的综合,其包含通信技术、感测技术、控制技术、计算机技术、智能技术等。从狭义上说,信息技术指的是能够展现信息技术特点的一些技术,具体来说,主要可以从如下四个层面理解:第一,信息技术可以被定义为信息与通信技术,主要是运用计算机对信息系统与应用软件进行开发与设计,包含计算机技术、传感技术等。第二,信息技术可以被定义为 3C 技术,即计算机技术、控制技术、通信技术三者的集合。第三,信息技术又可以称为 C&C 技术,指的是运用计算机技术获取、传递、分配、处理信息的技术。第四,信息技术指的是应用管理技术,并在科学、技术等层面对信息加以控制与处理,实现人机互动。

通过对上述信息进行分析不难发现,信息技术的核心在于计算机技术,并且在其他技术的共同作用之下,实现信息的获取与传递、转换与交流、检索与存储等。近些年,随着网络技术的不断发展,以计算机作为核心的通信技术,逐渐在社会生活的各个领域得以应用。这一技术之所以不断发展并趋向成熟,是因为信息社会在不断深化,也与行业间的融合相符。现代通信技术容量大,采用数字化模式,并且与网络技术、计算机技术相融合。

进入 21 世纪,通信技术必然向宽带化、智能化方向转化。整体来说,信息技术的本质特征主要表现为如下几个层面。

1. 与多领域研究相融合

信息技术基于大量的知识背景,通过高新技术研究,将知识与智力加以呈现。信息技术的物化状态就是信息产品,很多高精尖人才对信息产品进行研发,在研发的过程中,这些人处于合作或竞争的关系。通过努力,这些人的研究成果逐渐深化,信息技术也不断向前推进,新的技术也在不断涌现,并且周期在逐步缩短。

当前,科技领域的各个层面都与信息技术有着密切的关系,如航空航天、生命科学、自动化技术等。其他科学研究也需要借助信息技术来推动自己的进步。也就是说,信息技术在整个社会的覆盖面越来越大。可见,信息技术已经成为当前科技发展的核心部分,其不仅是先进生产力的代表,还从一定程度上对劳动生产率起着决定性作用。除了高精尖人员对信息技术进行研发外,其他领域的研究也为信息技术的发展提供了方式与路径。

2. 短周期效应

一般情况下,信息技术的周期效应是非常短暂的。具体来说,信息技术的发展水平越高,更新的周期越短。在信息产品开发的初期,科技人员通过信息技术与网络,对自己需要的信息进行获取,在融入创造力的同时,加快产品开发的速度,在信息产品批量生产的阶段,信息技术同样为人们提供了信息化的手段,使产品形成的时间逐渐缩短。

比较来说,之前的信息产品,具有较长的生命周期,因此其使用的年份也比较长,有些甚至可以使用十几年或者几十年。但是现如今,由于信息产品的生命周期缩短,很多产品可能只能使用几年,甚至是几个月。显然,信息技术更新换代的周期在不断发生改变,也是因为市场上产品的竞争力不断加大。

3. 高投入、高风险

随着信息技术的不断发展,通信技术、计算机技术的结合为社会带来了一种新的革命。信息技术的主要内容在于信息的采集与处理、传递与复制、维护与存储等,是集合了通信技术、计算机技术等为一体的技术。对于这一技术的研发,每一个环节都不能马虎,都需要较高的投入。

正是因为信息技术的高投入,导致信息技术也具有高风险,这可以从如下三点体现出来:①信息技术的研究具有明显的不确定性。例如,某企业为了建立自身的信息管理系统,需要投入大量的资金,同时还需要考虑企业的岗位情况,这样才能制作出与公司相契合的管理软件。但是,企业本身具有动态性特征,这就导致信息数据是非常不稳定的,这些不利层面会造成信息系统崩溃和受损。②信息技术从设计、开发到研发成功的概率一般都比较低。从综合层面来说,信息技术领域新产品研发成功的概率只有3%。换言之,如果研发不成功,那么就意味着之前的投入完全浪费。③信息产品还会受到市场变化的制约和影响。

（二）信息技术教育

很多学者认为，信息技术教育应该分为古代信息技术教育、近代信息技术教育、现代信息技术教育，或分为传统信息技术教育和现代信息技术教育，这样的划分实际上是不规范的，也就是说，不能以明确的时代划分作为对信息技术教育的界定标准。有学者指出，信息技术教育作为一个新兴学科，其发展起来也是近几十年的事，现代教育理论和现代科技成果是信息技术教育得以发展的重要基础，所以不需要以传统和现代为标准来划分教育技术。

但随着信息时代的到来以及信息技术的高速发展，人们已经普遍接受了"信息技术教育"一词。我国信息技术教育学术界指出，现代的信息技术教育指的是以现代信息技术为核心技术，在现代教育思想和方法及学习心理学成果的指导下进行的教育技术研究与实践活动。在信息技术教育还没有大量出现之前，信息技术教育的发展主要是依赖教育理论与媒体技术，当时产生的信息技术教育与现代信息技术教育是有所区别的。可见，信息技术教育的内涵与信息化、信息技术、信息时代密切相关。

1. 以信息技术为主要依托

从本质上说，教育的过程是由信息的产生、选择、存储、传输、转换以及分配等一系列环节组成的系统工程。在这个工程中所采用的多媒体技术、电子技术、信息处理技术、网络通信技术等各种先进技术都属于信息技术。在教育中引进这些信息技术，可使信息传播速度更快，教学效率更高。当今社会，知识迅速增长，在这个环境下，教学效率备受重视，教学质量的提高首先需要提高教学效率。

2. 强调以学习者为中心

以学习者为中心是信息技术教育学科强调的一个重要观点。具体表现为如下几种观点。首先，在确定教育目标时，使社会的要求、学习者的需求都得到满足,鼓励学习者发展的多样化。其次,在选择教育内容时,要以学习者需要学和适合学的内容为主。再次,在选择教育方法时,鼓励学习者自主学习和小组合作学习,培养学习者的合作能力、团结意识、人际交往能力等非认知技能,使其更好地适应生活。最后,在安排教育形式时,以灵活的形式为主,与学习者的学习、生活相协调,巩固终身教育的地位。

3. 使教育资源的配置更加合理

多媒体技术与计算机网络的普及使得社会成为一个密不可分的整体,学习者可从自身的学习目的、学习需求出发对学校、课程及教师进行自由选择,学校之间、学校与社会之间逐渐失去了明确的界线,社会教育资源将因学习者的需求而合理分配,人为因素的影响会越来越弱,社会人力、物力、财力等资源将会得到更加充分的运用。

(三)信息技术教育的研究范畴

信息技术教育的研究内容是控制与分析研究对象,具体包括以下几方面。

1. 学习过程和学习资源的设计

在相关理论(教学理论、媒体传播、学习心理等)的指导下,完整而详细地设计教学系统,以达到预期的学习目标。这个过程包括多个环节,如分析学习者、学习目标、学习内容,选择教学媒体、教学策略,评价学习效果等。在教学设计中,这是一个非常重要的组成部分,也是比较独立的研究方向。

2. 学习过程和学习资源的开发

信息技术教育研究在教学过程中如何有效应用各种教学模式、媒体技术,这其实也是用实践数据支持理论发展的过程。并不仅仅采用某种媒体技术对教学产品进行制作就能完成对学习过程与资源的开发,更重要的是要从实践上改进整个教学系统。开发的范围有大有小,某个教学项目、某节课或某个系统工程规划都可以。

3. 学习过程和学习资源的利用

信息技术教育研究如何对源源不断的新技术、最新学科成果及相关信息资源进行利用与传播,将新兴技术如人工智能、社会性网络、云计算等融入教育实践中,以支持信息技术教学、资源建设和教师专业发展。利用在线教育平台进行知识传播,如开放课程(MOOC)和其他电子学习资源,使得新技术和学科成果能够触及更广泛的学习群体。

4. 学习过程和学习资源的管理

信息技术教育研究如何规划、组织及调控学习过程和优化整合学习资源。管理对象包括信息与资源、教学系统、教学研究等。优化教学效果离不开科学管理。

5. 学习过程和学习资源的评价

信息技术教育研究如何评价整个教学系统的运行状态及运行效率。既要评价单一环节或因素,又要评价整个系统,将形成性评价与总结性评价结合起来,从多角度、采用多种方式进行科学评价,完善评价体系,从而更有效地改进教学系统研究。

以上分别解释了信息技术教育各部分的内涵,各部分之间相互联系,相辅相成,而非绝对孤立与封闭。在教育实践中,各部分经常是结合在一起出现的,如设计与开发的结合、开发与利用的结合、设计与评价的结合、利用与管理的结合等。可以说,信息技术教育是为了实现最优化的教学效果而在综合运用相关理论与技术的过程中对各教学系统的研究和实践。

从学科属性来看,信息技术教育属于教育学科的范畴,但具有交叉性、综合性等鲜明特征的教育技术又不仅仅属于教育学科,正因如此,才对学习者的综合素质提出了更高的要求。

(四)信息技术教育的作用

1. 更新教育观念

信息技术教育的创新与应用可使教育者对教学过程与教学资源利用有新的思考,进而促进教育观念的更新。在传统教育中,以教师为中心,教师作为传授知识的主体,在教育教学过程中发挥着十分重要的作用,而且这种作用被放大化,整个教学都围绕教师来进行,学生只是被动地参与学习。教师是教学技术(黑板、教学教具模型)的绝对使用者,学生只是被动观看。在教育教学观念方面,信息技术的科学应用为教育的发展提供了新思路、新思想、新办法,促进了现代教育观、现代学校观、现代人才观的形成。在信息技术教育中,信息技术在教育教学过程中得到了广泛利用,多媒体计算机技术增加了师生之间的交流与沟通、网络技术实现了师生之间的交互的双向教学,教师从单纯地讲授书本知识转变为利用多媒体技术进行教学设计,学习者从被动地接受知识转变为利用信息技术进行自主学习,学生能更加主动地获取知识,教师也在教育教学过程中逐渐建立起以学习为中心的观念;"应试教育"更加彻底地向"素质教育"转变。

2. 提高教育质量

信息技术的应用极大地提高了教学质量。具体来说,教育教学质量的提高表现在教育教学过程中真正实现了教育教学目标,促进了学生的德、智、体、美等多方面的发展。信息技术在教育教学过程中的应用对于学生的多方面素质的发展均有较高要求,学习过程中学生的各项知识与技能不断得到提高,手、眼、耳、鼻、口各个感官共同应用到学习过程中,还促进了学生大脑思维的发展,可实现学生的全面发展。

首先,信息技术为教学提供技术支持,能为现代师生的教学提供一个良好的交互环境,给学生提供更自主学习的机会,使学生更加主动地投入到学习中去,更加积极地去收集、处理、加工、反馈各种学习信息,有助于增强学习效果,促进学生主动发展、个性化发展,提高个体化教育品质。

其次,现代信息时代,信息技术教育无时间、空间限制,有利于创建大教育的格局,能更加高效地调动各种教学资源,使得优质教育资源得到有效整合,扩大优质教育资源的受益面,进而促进教育质量的整体提高。

最后,现代化的教育教学强调高素质全面发展的人才的培养,强调学生的发展应与社会发展相适应,现代教育为提高教育质量,为促进社会现代化发展服务,新的教育观念将会催生新的教育质量评估体系和评价方式,并有助于建立信息全面的大数据跟踪与检测,促进每一名学生的真正发展。

3. 提高教学效率

生产技术的改革必然会促进生产效率的提高,在教育领域,技术也具有相同的提高教学效率的作用。所谓教学效率,具体是指一定时间内完成的更多教学任务,或者完成相同教学任务量使用更少的教学时间。信息技术的发展和教学应用可缩短教学时间,能更加高效地实现教师和学生在教学过程中的知识输出与输入。在信息技术教育的应用过程中,丰富而先进的信息技术可使学生综合利用多种感官进行学习,使学生充分获取知识。有实验证实,在学习过程中,学生利用的感官越多,越有利于学生对知识的记忆、理解,就越能帮助学生获得较佳的学习效果,进而提高教学效率。

4. 促进教育改革

信息技术教育的发展是教育改革与发展的制高点和突破口,引起了教育领域的多方面变革,具体分析如下:

(1)教学模式的变革。在教育教学模式上,传统的教育模式限于校园内的教室、教师、黑板和教科书。现代教学媒体改变了原有教育过程的结构,形成了多种人—机—人的教育新模式。信息技术在教学中的应用,突破了有围墙的学校模式,卫星电视网络、计算机技术、多媒体技术、网络技术的发展与教学应用,使教师的"教"与学生的"学"均摆脱了时间和空间的限制,远距离教学的模式——"网络大学""开放大学""全球学校"得以实现。

（2）教学组织形式的变革。在传统的教育中,教学组织形式是以学校、班级和课堂为主场所,在教学过程中,也重视学生的个体化发展,提倡个别答疑、分组学习,但是,受多种条件限制,学生的统一化教学仍是主要教学形式,学生的个性化教学难以实现。随着现代化的信息技术在教学中的应用,学生的小组学习、个别化学习成为可能。例如,在计算机教学中,应用电子教室可实现全体、分组和个别化的自主学习,网络化的传输功能还能在各种学科实现实时交互学习。

（3）教学手段与方法的变革。信息技术在教学实践中的应用,为教师的多样化灵活教学提供了更多的技术支持,也能丰富学生的感官体验,有助于提高教师教和学生学的积极性与主动性。教育手段多媒化,教学方法多样化,在教育教学实践过程中,教师对多样化的教学工具与方法的选择,能为学生的不同教学内容的学习提供最佳的教学环境与教学体验。

5. 丰富教育资源

随着现代教学手段的发展,特别是多媒体技术、通信技术、网络技术等信息技术在教学中的应用,教师不再是唯一的教学信息来源,学生可以通过多渠道获得信息和知识,扩展了知识信息来源。以多媒体教学技术为例,多媒体教学可以实现文字、数据、图形、语言、视频等教学信息的统一处理,可令教学内容更加生动、形象,可调动学习者的多种感官参与学习,能在更短的时间内向学习者传递更多、更立体化的教学信息,提高教学信息的传递效率,实现教学信息资源的高效利用。

6. 扩大教育规模

信息技术能扩大教育规模,加速教育事业的发展。从当前我国的教育现状来看,国家正在实施科教兴国战略,充分利用现代教育技术,如广播电视网络(包括卫星电视、有线电视)、计算机网络、邮电通信网络等,开展各种远程教育,能使更多偏远地区的学生受益,客观方面大大节省了师资、校舍和设备,并有效促进了教学规模的扩大。

二、网络技术与大学英语教学结合的目标

(一)激发学生的问题意识

人从出生就具有了求知欲和好奇心,表现在学习态度与兴趣上,就是人能够积极地去探索与解决问题,不断创新、不断超越。学生学会学习的一条最佳路径就是逐渐学会启发式的学习,即教师引导学生发现问题,并让学生找到合适的方式解决问题,师生之间围绕问题展开自主学习与探究学习,使学习活动向思维活动转变,这样才能让学生具备多元思维。

在信息技术教育背景下的大学英语教学中,要强调问题引领的作用,即教师不仅要以问题作为起点,以问题解决作为主要的活动过程,将学生对问题的敏感性激发出来;同时,还要求教师主要探讨那些与现实联系紧密的问题,对这一领域的学术前沿问题进行跟踪和了解,将学生潜在的能力挖掘出来,培养学生的研究精神与素质,形成面对困难的积极潜质与解决问题的能力,并塑造自己的人格。此外,还要求教师为学生创设自由的学习氛围,师生之间围绕提出的问题,通过交流与对话的形式来解决问题,并进行分析与评价,帮助学生形成问题意识与问题解决能力,推动他们判断真假、独立思考的能力培养等。

(二)转变学生学习的方式

学习方式是学生在展开学习任务时自主、探究的基本认知取向与行为特征,其主要包含发现学习、接受学习、合作学习等。在新时代背景下,大学选择的教学方法一般是多种多样的,具有针对性与灵活性,这样也就推动了学生学习方式的转变,要求教学从学生的学习能力出发,符合学生的学习要求,这样才能培养出符合社会发展需要的应用型人才。具体来说,主要可以

从如下四点考虑。

第一,倡导自主探究式学习,让学生自定节奏,具体来说就是发挥学生在学习中的主观能动性,引导学生大胆接受挑战,挑战传统的识记性学习方式,让学生真正地学会学习,成为学习活动的主人,推动他们灵活地转换学习方式,在创造与研究中学习。

第二,推动学生在线团队合作式学习,单打独斗的学习效果显然要差一些,学生只有学会与其他同学合作、与教师合作,才能真正地弄懂知识,掌握技能。

第三,实施应用情境式教学,即关注学生在特定情境中的认知体验,通过新兴技术,为学生创设真实的场景,让学生主动参与其中,增强他们的认知能力。

第四,关注学生的在线学习与移动学习。由于网络技术的发展,学生的学习资源越来越丰富,这就给学生提供了学习的便利,学生可以打破时空的限制,获得教师或者其他同学甚至一些专家学者的帮助,从而在课外不断提升自身的语言能力。

(三)促进学生的深度学习

所谓深度学习,即学生在理解的基础上,能够批判性地学习新知识,并将这些知识融入原有的知识结构中,建构这些新旧知识的练习,并且能够将已有的知识迁移到新的情境中,从而独立地对问题进行解决。采用深度学习策略的学生要更善于整合知识、迁移知识,这样才能取得好的成绩。

当前,大学应该努力为学生创设深度学习情境下的课堂环境,让课堂不仅成为学生知识深度加工的重要场所,还要把原来教师单向传授的教学过程转变为师生互动的过程。创设真实的、批判性的课堂环境,还需要围绕问题的解决探究深度学习的情境机制,让学生逐渐实现知识的吸收与内化,从而有效培养他们的理性思维与创新思维。

(四)强调学生学习的责任

当前,要想培养出具备应用型能力的人才,要求学生在具体的实践中发挥自身的主体作用。也就是说,学生能够主动为自己的学习行为承担责任,让学生逐渐成为自己学习的主人,成为教学活动中主动的、自觉的参与者,也成为知识主动的发现者与探索者,推动教学从"教"逐渐转向"学",让课堂上不再仅仅强调以教师的教授为主,还强调以学生的学习为主,实现师生之间的协同教与学。这就是说,在信息技术教育背景下的大学英语教学中,不仅要将学生的积极性与主动性激发出来,还需要引导学生将精力、时间等投入学习之中,帮助学生减少学习的盲目性与随意性,逐渐建构自主式、探究式的学习。同时,还要给予学生应有的权利,赋予他们自主学习的权利,自主选择学习内容与策略,让他们不断发挥自己的主观能动性,发挥自己的学习优势。

(五)培养学生的核心素养

1. 语言能力

语言能力是指基于社会情境,通过语言来进行理解与表达的能力。从英语技能教学来说,语言能力是学生应该具备的基本能力,也是学生核心素养的体现。从语言学科来说,听、说、读、写、译这五项能力是最基本的语言能力,对这些能力的掌握有助于更好地学好语言。同时,新时代条件下学生需要面临各种数据、图表等,因此他们还需要掌握好"看"的技能,这样才能对第一手资料有准确的把握。

2. 文化品格

文化品格不仅指的是了解一种情感态度、文化现象,还指的是了解语言反映的社会文化现象,通过进行归纳来构建自己的文化立场与文化态度。语言教学的核心素养更加注重从多元文化层面来思考,通过比较,了解中西方文化的差异,这样学生才能更加自信与自强,从而对西方文化予以理解,并将中华文化更好地传播出去。

3. 思维品质

思维品质与一般的语言能力、思维能力不同,它指的是与英语技能学习相关的一些思维品质。在核心素养中,这一品质与学生更为贴近,学生思维品质的提升与优化也是"立德树人"的彰显与表现,与大学英语教学改革的目标相符合。

总之,学生的生存与发展需要多种素养,但是这些素养并不都是并重的,因此需要对这些素养的重要性进行排列。其中创新能力、合作能力、信息素养等是优先的素养,这些应该排在最前列,因为这些素养是学生应对挑战的关键。这就是所谓的核心素养。其他的一些素养如身体素质对于个人来说也是非常重要的,但是由于太基础,所以可以将其视作基础素养。另外,传统的读、写、算也可以算作基础素养。

在全球化背景下,各国关于学生核心素养的范畴存在着某些共性。就全球范围来说,国际组织、一些国家等在核心素养指标的选取上,都反映了该组织、该国家、该地区的经济发展情况,其大多数都强调了信息素养、创新能力、社会贡献、国际视野等素养。但是受国情的影响,由于各国所面临的关键问题存在差异,因此核心素养的内容与程度也会存在着某些不同。

(六)增强学生的学习体验

个体的发展具有特殊性,因此教学需要在尊重学生个体差异性的基础上,对学生的学习体验予以关注,努力为学生创造更多锻炼的机会,激发他们学习的内部驱动力,发挥他们对知识的探索精神。当前,很多对大学的评价强调甄别与选拔,对评价的激励与促进功能予以忽视,往往对结果过分看重,对学习过程予以忽视,这样的评价就导致那些成绩差的学生失去了学习的兴趣,很难培养出健康的情感体验。

在具体的教学过程中,大学教师应该努力让学生们用感官去实践、去体验、去解决问题,与社会实践相联系,研究教学方法是否符合学生的需要,采用多种技巧和方法展开教学,增强学生的学习体验,让课堂脱离传统课堂的弊端,即被教材与大纲等约束,而是让学生广泛地参与到课堂之中,实现师生之间、生生之间的互动,这样才能让他们学会思考、学会辨析、学会研究,进而发现课堂的魅力。另外,教师还需要注重选择科学的评价方式,让学生能够更好地体会到成长的快乐,享受学习的快乐,帮助学生正确地认识自己,激发他们学习的动力和积极性。

三、网络技术与大学英语教学结合的作用

(一)提高教师工作效率

计算机作为一种工具,可以不断提升教师的效率,如设计教案、录入成绩、查询资源等,这些都是通过计算机来辅助完成的,对于教师来说非常有用。在大学英语教学中,教师可以通过服务器对自己备课的内容进行讲解,并对学生的学习状态进行实时的观察,之后可以进行测评,以检验学生的学习情况。在作业批改上,一些客观性的题目可以通过计算机来操作,主观题在学生作答之后,教师可以通过处理软件来进行批改。这样就大大地提升了教师的工作效率,使其可以将自己更多的精力置于讲解与研究层面。

(二)发挥学生主体作用

大学英语教学与网络技术的融合可以将学生的主体地位凸显出来。学生可以从自身的需要出发,选择自己的上课时间,采用恰当的方法调控自己的学习进度,从而借助信息技术进行掌握。当学生在学习中遇到问题时,他们也会调整自己的学习速度,随时对问题进行解决与补充,从而不断提升自己对知识的掌握情况。当学生在学习中感到非常容易时,他们也会提升自己的学习速度,这样便于掌握更多的知识,也可以进行测试与检验。

在这一过程中,学生能够正视自己的不足,巩固自己的语言知识,便于

他们形成良好的学习习惯。同时,无论学生处于何处、什么时间,他们都可以运用各种教材与课件,查询、访问或者下载,以帮助他们进行针对性的学习。当然,如果学生在学习中遇到问题时,他们可以发送邮件与教师进行沟通,让教师为他们答疑解惑。因此,信息技术能使学生清楚地了解自己的学习情况,发挥学习的积极性,促进学习进步。

大学英语教学本身是一门能力课程,如果仅仅学习理论,这样的学习显然达不到成效,还需要通过锻炼,将理论付诸实践。在传统的大学英语教学中,很多学生因为害怕或者自信心不足,不愿意在公共场合开口讲英语,在课堂上也不愿意回答问题,显得非常焦虑,这样的情况是非常常见的。但是,在网络技术辅助下的大学英语教学中,学生不用再担心这一问题,因为他们彼此之间不是面对面的,从而愿意回答问题与解决问题。另外,网络技术在大学英语教学中的运用,为学生提供了一种交互式的学习环境,实现了文字与图片、动与静的结合,因此显得更为逼真,学生的学习也更具有趣味性。

(三)提供丰富的资源信息

在网络技术辅助下的大学英语教学中,教师应该考虑学生的基本情况,对各种资源进行调用,进而制作成自己的课件,当然,这些要与学生学习的需求与风格相符。教师需要在网上搜索相关资料,不断丰富自己的教学内容。此外,由于国际信息技术的通用语言为英语,因此网上存储着丰富的多媒体形式的资源,如有专门的教学资源、有实时性极强的报刊资源,为学生提供了原汁原味的资料。

四、网络技术下大学英语跨文化教学的优化方法

(一)务实手段,创设跨文化交际基础

随着网络技术的发展和广泛应用,网络技术在大学英语跨文化教学中

发挥着重要的作用,因此,教师应该充分利用网络技术,将现代化网络和多媒体作为教学手段,来完善教学过程、优化教学资源、达成教学效果。通过网络技术,教师可以为学生创设真实的教学环境,多种感官的结合有助于强化教学的直观性。此外,网络环境更利于对学生进行技能训练,培养学生的判断能力,可以有效提高学生分析问题的能力,提高学生的语言水平和综合应用能力。

(二)实施混合式教学

结合线上学习和线下课堂的混合式教学方法,利用网络资源进行课前预习和课后复习,提高课堂教学效率。

(三)整合网络资源

利用在线数据库、电子图书馆和开放课程资源,为学生提供广泛的跨文化学习材料,包括视频、音频、文本和互动内容。

(四)促进教师专业发展

提升教师的信息技术应用能力,使其能够更好地利用网络工具和资源进行教学。通过网络平台,教师让学生接触和分析不同文化背景下的交际实例,提高学生的文化自觉和文化感知力,同时也促进了教师专业发展。

第九章

跨文化视角下大学英语教学的改革与发展

第一节 跨文化视角下大学英语教学的改革

一、跨文化视角下大学英语教学的意义与作用

(一)满足英语教学发展

人们的语言表现形式总是受到各种社会文化因素的制约,中国人在跨文化交际的语境中因为文化障碍而碰壁的文化冲击现象时有出现。据统计,文化错误要比语言错误严重得多,因为语言错误至多是言不达意,无法把心里想说的东西清楚地表达出来,文化错误往往使本族人与异族人之间产生严重误会甚至敌意。只有具备了一定的跨文化交际能力,说话者才能有效地避免由于不同文化背景而造成的交际障碍和交际摩擦,顺利实现交往的目的。因此,英语教学不仅是语言教学,还应该包括文化教学。任何一种民族语言都是该民族文化的重要组成部分和载体。在语言材料中,篇章、句子甚至每个词无不包含着本民族的文化信息。将英语教学与文化教学相结合,有助于学生开阔眼界,扩大知识面,加深对世界的了解,借鉴和吸收外

国文化精华,提高文化素养,这已成为广大英语教育工作者的共识。

(二)适应中国社会经济发展

随着中国改革开放的深入开展,国际交往日益频繁,中国需要越来越多的国际人才从事国际贸易,处理国际事务,加强国际文化交流。国际化人才的标准不仅是知识结构的优化和语言能力的强化,更重要的是文化理念的国际化,了解外国文化传统和交往礼仪,具有跨文化的交际能力。跨文化交际能力是在对双方文化相互理解的基础上,通过文化的双向交流、互动实现的。要顺利、得体地与外国人交往,仅有丰富的词汇和地道流利的语言表达能力是不够的,还必须了解他们的历史、习俗、生活方式和价值观等。为了培养能胜任对外交流,具有国际竞争能力的英语人才,以满足我国科技、经济和文化等发展的需要,在大学英语教学中要重视跨文化教学,把大学英语教学的重点,由原来培养学生的听、说、读、写能力转变为培养学生全面交流的实用交际能力。在大学英语教学中,要重视文化差异,加强学生对不同文化背景的了解,拓展学生的知识面,形成学生的跨文化交际能力,为国际化人才的培养打下良好的基础。

(三)促进大学生社会性发展

人是社会中的人,并承担一定的社会角色。个人与社会之间是相互依赖、相互影响的。人在社会中生存和发展,必须学习,而学习又离不开社会的方方面面,通过学习引导学生认识与自己生活密切相关的社会环境、社会活动和社会关系,不断丰富和发展自己的经验、情感、能力、知识,加深对自我、对他人、对社会的认识和理解,并在此基础上养成良好的行为习惯,形成社会的主导道德观、价值观和判断能力。大学教育就是大学生社会性发展的推动力,今天,我国青年的社交对象更为多元,社交方式更为多样。应通过跨文化教育来培养学生与不同的人进行合作的意识,提高跨文化交际、交流的能力,有利于他们认识到世界的发展、社会的进步。所以,跨文化教育与当前青年学生实现社会化的目标不谋而合,其目标与理念是追求平等、尊重差异和倡导合作,使每一个学生的知识与能力都能得到最大限度的发展,充分发挥他们的聪明才智。我们应该认识到英语教学中的跨文化教育不是空泛的。社会发展也必将使跨越不同文化的人类交流愈加频繁,注重跨文化教育,能增强不同文化的认同感和包容性,能够懂得互相尊重、平等合作的精神和能力,也是他们在现代社会和未来社会生存与发展的最基本的能力,从而更好地促进语言和文化的发展,以及不同语言、文化间的交流和沟通,它是大学生社会性发展的需要。

二、跨文化视角下大学英语教学的改革策略

(一)提高教师的跨文化综合素质

作为英语教师,自身应具备很强的跨文化意识,这需要教师通过各种方法丰富自己的英语文化知识,对跨文化交际和比较文化差异有深刻的造诣,不断提高自身的文化修养。大学英语教师是大学英语习得的主要引导者,是沟通学生个体文化和英美文化的桥梁。大学英语教师所具有的跨文化知识和意识的强弱,将从根本上直接影响学生的跨文化素质、最终的跨文化习得及运用。虽然,目前已经有大学英语教师在教学过程中意识到了跨文化教育的重要性,并且也尝试着在大学英语教学过程中进行跨文化教育,但是由于缺乏跨文化教学理念的指导和实践的经验而步履维艰。所以,跨文化教育的发展首先应当加强大学英语教师的跨文化教育,提高大学英语教师的跨文化素质。

1. 英语教师必须不断提高自身的文化修养

作为一名英语教师,必须不断学习,可以通过结交外国朋友,涉猎各种形式的文学作品,观赏精彩的外国电影录像,欣赏格调高雅的外文歌曲等各种渠道来了解外国文化,不断提高自身的文化修养,提高自己进行跨文化教

育的能力和水平。首先,教师要熟悉教材中的语言文化知识及文化特点。尤其是英语国家的典型文化背景知识。其次,英语教师要具备双重文化的理解和教授能力。既不能只抱着本民族文化不放,也不能只注重对英语国家文化的讲解。教学中要注重培养学生的社会文化洞察力。在课堂上,教师在教授英语知识的同时,应引导学生去注意作品的社会文化背景,揭示关键词的社会文化含义,或组织小范围的讨论,以培养学生对社会文化的敏感性和分析能力。

2. 拓宽英语教师在教学中的跨文化教育知识

对教师继续教育的内容和方式进行改革,首先,在英语教师培训的基础课程中增开人类学、民俗学等课程,以及国内外的历史、地理、文学等知识,通过东西方思想方式和文化差异的介绍、东西方文学的比较,分析文化现象背后产生的原因,帮助教师认识外来文化,理解外来文化,树立多元文化和跨文化视野。其次,在英语教学的专业课程中,增加"多元文化教育"和"跨文化教育"等内容。这样有助于发展教师的多元文化性,在课程和教学中,消除习惯使用的、带有文化歧视和文化偏见的内容,对不同文化间的差异广泛包容和接纳。再次,英语教师继续教育的内容要丰富,教师应具备全球一体化的理念,拥有广博的基础知识,同时教学与辅导中愿意将各种各样的观点呈现给学生。可见,英语教师在继续教育中必须具备扎实的英语专业知识、语言学基础知识、本民族的语言知识,以及英语教学法知识和英语教学相关的知识,才能担当跨文化教育的重任。另外,在继续教育模式上,可以采取灵活、多样的形式:①短期培训计划与长期培训相结合;②进修学习与访问学者形式相结合;③常规交流与专题跨文化教育研究相结合;④国内学习国外进修相结合;⑤脱产教育与远程网络教育相结合。

(二)培养学生正确的跨文化心态

一般来说,一个人学习异国的语言、习俗和社会规则等虽然不易,但并不是不可达到的目标。只要花上足够的时间,具有一定的条件,还是可以做到的。但是,要真正了解另一种文化的价值观却极为困难。一个人可以在另一种文化中生活很长的时间,掌握其语言,了解其习俗,但是,仍然可能不理解其价值观的某些部分。这就要求我们的教师在实际教学过程中,不仅要帮助学生把从外部世界获得的知识转化为自己内在的知识,还要培养他们对外国文化的鉴赏能力和判断能力,并运用所学的知识灵活应对跨文化交际的实践。也即要让学生达到对外国文化不仅"知其然",而且"知其所以然"的境界。只有这样,他们才能正确理解外国文化,吸取其所长,补我之所短,将外国文化中优秀的、对祖国建设有用的部分吸纳到我们的文化中来,进而弘扬中华文化。另外,必须帮助学生克服"本民族文化"对英语学习的障碍。应使学生在认识上有一个提高,克服不自觉的民族中心主义。由于受本民族文化的影响,在接触另一文化时,人们往往以自己的文化为出发点进行判断,有时表现为文化上的先入为主或"文化偏见",有时表现为民族中心论,即认为自己的文化是最好、最先进、最标准的文化。

因此,教师要使学生提高对外国文化的认识,抛弃偏见,克服民族中心主义,做到心胸宽广、态度开明,对外国文化采取一种全面、客观的态度,不仅要尊重它们,而且要努力学习它们、理解它们、适应它们,而不是将它们当作荒唐可笑的东西加以贬低和排斥,使学生努力成为双文化者。但是,反过来讲,我们也不应以外国文化为标准,全盘接受而贬低自己的文化。对待外国文化,我们应理解、适应,而不是被它同化。因此,我们的教师不但要帮助学生以开放的心态学习认识英语国家的文化,更要鼓励学生通过英语了解世界万象,培养国际意识和合理的跨文化心态。

(三)编写新的教学大纲

尽管英语教学大纲指出,英语教学的目的是通过听、说、读、写的训练,使学生获得英语基础知识和运用英语进行交际的能力,但是大纲对跨文化交际能力和文化素养的培养未作具体的要求,如应该掌握哪些情景下的哪些语言功能、哪几种语篇类型、哪些交际策略,应该了解哪些目的语的非言语行为,应该学习哪些目的语的交际习俗、礼仪、社会结构、人际关系、价值观念等。还应在大纲现有的四六级词汇表中增补学术研究和对外交往中常用的词汇,在词汇释义中加入一些实用性很强的释义,在母语文化和目的语文化中有不同联想意义的常用词汇、习语、谚语等要注明其联想意义,对某些词汇还要注明其语体;而且还要规定向全体学生开设英美文学欣赏、英美文化、跨文化交际学等选修课。一份细致的教学大纲不但为整个教学活动指明了方向,而且也是检查和考试的依据。任何的教学都离不开检测和考试,但由于跨文化教学本身的特点,英语跨文化的检测形式应有别于语言技能的检测方式。

(四)选择适当的教材

1. 优化课程内容

英语课程可供选择的内容繁多,因此所选择的内容必须能鼓励学生积极参与,对事件的反思和分析也要有利于揭示不同区域民族和文化的共性与个性,同时还应增加体现本民族文化特色的内容。

2. 对英语教材教学内容进行科学的选择

如何选择有效的英语教学内容,本书认为应该遵循以下几个方面的原则。

(1)教学材料真实化和语境化的原则。所谓真实的教学材料,是指真实交际环境下所使用的材料,不是专门为教学而设计的材料。真实的教学材料之所以重要,是因为它们将学习者的英语学习与现实生活真实的社会环境和历史背景联系起来,这样不仅有利于激发学习者的语言学习兴趣和积极性,而且使他们在面对真实的社会交际环境时,能够做到从容面对,学以致用,从而提高学习效率。与材料真实化原则紧密相关的是语境化原则。语境化有两层含义:①避免将语言形式从其使用的环境中脱离出来,进行孤立的、纯语言的分析和学习;②避免将文化信息从其文化意义系统中抽取出来,作为知识进行分析和学习。因为学习语言和文化必须是一个系统学习的过程,只有在一定的社会环境和历史背景下才能够准确、充分地理解语言和文化的意义,所以语言与文化教学材料的呈现必须语境化。

(2)对各民族文化尊重的原则。一方面,要尊重目的语的民族文化传统。重视目的语国家民族的文化以及民俗民风,尽可能全面、准确地对目的语国家民族的文化知识进行介绍,不能回避、曲解、生硬更改内容,应从跨文化教育目的为出发点,有目的地介绍目的语民族文化的特点和值得我们学习、吸收借鉴之处,引导学生获得全面准确的目的语民族文化知识,并具备不断更新知识的能力。另一方面,还要尊重各民族及母语文化传统。虽然全球化潮流势不可挡,英语的影响在不断扩大,但各民族特色文化不可抹杀,各民族特色的文化与之交流抗衡中相互影响和交融。因此,尊重民族文化的原则应包括尊重以目的语为通用语的民族文化传统、不同区域民族文化传统和母语的文化传统。这样,就要求在教学内容上科学选择。首先,要增加非目的语国家民族文学作品,只有读了这种英译本,在交际中才能准确表达非目的语国家文化。其次,扩大包含目的语和非目的语民族的政治、经济、文教、史地、社会风俗内容。再次,音像教学的内容要多样化,让学生听到和习惯各种不同的语音、语调。最后,扩大具有中国历史文化特色的英语词汇、短语、句子以及中国的成语等,促进中华文化传播。

(3)注重培养跨文化意识、能力的原则。教学内容应将文化内容和英语语言教学紧密结合起来,选择有异国文化习俗、历史背景、民间故事、传说内容的教材,这样有助于学生形成有效的跨文化意识,具备跨文化的比较、参照、取舍、传播能力,也有利于培养学生实际运用英语的能力。

(五)改革跨文化测试内容与形式

跨文化测试的内容应包括具体文化和抽象文化两个方面,以及文化知识、文化意识、文化态度、文化行为等多个方面,所以采用的评价方法和手段也应多种多样。跨文化知识的测试可以采用填空、选择、正误判断等传统的客观题形式。重要的是将学习者应该掌握的文化知识全面、系统地通过各种测试手段予以体现。跨文化行为的测试既可以采取笔试形式,通过设置模拟现实的任务让学习者书面应答,也可以通过直接观察学习者真实的行为表现来进行评价。目前,大学英语口语考试已在全国推广,在英语四、六级考试试题中,检测学生语言运用能力和目的语文化知识,测试跨文化交际能力的内容有很大幅度提高,这都说明英语语言运用能力的测试迈出了可喜一步。但是仍有许多工作要做,如现在评分体系中缺乏"语言的得体性"的标准。没有针对以非英语专业学生为对象测试目的语文化知识的内容,考生的文化创造力的测评也是一大难题等,都影响跨文化教育的发展,应尽快组织人员进行专题科研,攻克这一难关。

(六)其他形式的跨文化教育

跨文化教育不但可以在语言教学上进行,还可以利用其他形式进行有效的推广。

1. 利用多媒体教学手段

多媒体教学手段被大量地应用于现代英语教学中,这种集图、文、音、像等为一体的互动教学形式,大大增加了课堂教学信息量,不仅有利于提高学习者进行语言交际的积极性,更能有助于提高跨文化交际的能力。日益发展的多媒体技术为在英语教学中进行跨文化的教育开辟了新的渠道。它可以将各种跨文化交际情景真实地展现给读者,让他们有一种身临其境的感受,使英语跨文化教育效果明显得到提高。

2. 充分利用外教资源

中外合作办学的推广,一个行之有效的形式就是互派教师,这已成为跨文化教育师资不可替代的力量,可以弥补涉及内容甚广的社会文化知识和本国教师无法接触到,也体会不到的文化内容。通过外籍教师切身讲解、传授他们本国的文化,可以使学生直接感受其他国家文化与本国文化的差异与共同规律。同时,由于外籍教师本身也正经历着所在国家文化的冲击与熏陶,更可以从自身的实际出发,体会跨文化的感受,指出跨文化交际中所应注意的事项。

3. 利用教育网站

当前,英语学习可以通过电影、幻灯片、录像、多媒体、互联网等多种形式,尤其是互联网为英语教学提供了丰富的信息,像中国教育网、中国教育热线、中华教育网等网站中就有相当多有关英语国家文化背景知识的信息。教师可以在网络上寻找适合学生阅读的文化背景知识,挑选代表性的知识,通过下载、网址收藏等形式提供给学生,也可以引导学生浏览相关网页,这样不仅信息量大,而且知识更新及时,能紧跟时代步伐。这样也吻合了现代大学生对于网络的兴趣,接受新事物快,对新事物也很感兴趣的特点。使得英语文化背景知识的获得与接受变得快捷,掌握起来也较轻松,学习效果也较好。通过网络获取英语国家的文化背景知识大大提高了语言学习的效率,有效帮助学生使用地道的英语进行交际,提高学生运用英语交际的能力。

4. 举办跨文化专题知识讲座

专题讲座已成为学术交流,前沿知识传播的有效方法,其优势体现在:①主讲人对主讲的内容有充分准备,并且对如何将内容最有效地进行传递有充足的设想,讲解也较生动形象,收效也较好;②一般专题讲座内容、题材等都是学生关注或感兴趣的,因而学生会带着问题且抱着较大的兴趣来听讲座,这样有助于学生在一种有别于课堂的环境中轻松地接受、讨论跨文化知识,在良好的氛围中增长跨文化知识,提高跨文化交际应用能力。为了将专题跨文化讲座的效果发挥到最大,应对主讲内容有目的、有计划地科学安排,渗透到每学期的教学内容中,采用专题形式分别进行,如中外风俗差异、中外民间传说等。这样,经过一段时间训练之后,学生对于跨文化知识的系统性认识将会有很大提高,对目的语国家文化的整体认知也会逐渐提高。

第二节 跨文化视角下大学英语教学方法的创新

一、跨文化交际与大学英语教学的结合

教师是教学的主要执行者,是教学的主体,韩愈所说的"传道、授业、解惑"就是对教师的主导作用的精辟描述。但是在跨文化英语教学中,教师的主体作用得到了不同阐释,学生的中心地位凸显出来,英语教学也因此呈现出不同的特点,这些特点集中表现在以下几个方面。

(一)以学生为中心,以引导学生进行自主学习为主要教学模式

学生是教学过程的真正主体,教师的教学、教材的编写和教学方法的设计和选择都必须围绕学生的实际需要进行。在跨文化英语教学中,不仅学生的英语语言学习需要受到应有的重视,在整个教学过程中,他们对母语和本族文化的体验和理解、对目的语文化和其他文化的态度、个人综合素质的提高,包括立体思维方式的形成和跨文化交际能力的培养,甚至对整个人生的态度等很多与学生的过去、现在和未来密切相关的主题都是教学设计和教学活动的考虑因素。就教师而言,引导学生进行自主学习是其主要任务,虽然知识的传授和规则的讲解仍然必不可少,但是教学的中心应该转向学生自主学习能力的培养。这一点对于跨文化英语教学非常重要,原因之一是,当今世界信息爆炸,知识不断更新,培养终身学习的思想,掌握独立学习的方法成为教育界普遍关注的一个趋势。另一个原因是跨文化英语教学的目标和内容相对于传统的英语教学而言扩大了无数倍,而教学时间基本不变,不可能有大幅度的增加,因此学生在校期间有很多教学内容无法接触和

学习,教师只有通过授之以渔的方法,才能确保教学目标的最终实现。这也是为什么将学校中的英语和文化学习也纳入整个教学体系的原因。以学生为中心、以学习为中心的思想在下面几个方面中也都有体现。

(二)语言教学与文化教学有机结合

语言和文化在跨文化英语教学中互为目的和手段。英语发展成为国际通用语的原因之一是跨文化交际日益频繁,来自世界各地、各民族、各文化群体的人们需要这一通用语作为沟通和交流的媒介,因此英语学习的目的之一就是进行有效的跨文化交际。而且,由于英语语言学习本身涉及文化的学习,所以英语语言的学习是文化学习的手段,文化学习和跨文化交际是英语学习的目的。反过来,文化学习为英语语言学习提供丰富多彩、真实鲜活的素材和环境,大量文化材料引入英语教材和课堂,不仅使英语学习生趣盎然,而且是英语交际能力培养的重要保证。总之,跨文化英语教学包含语言教学和文化教学两个相辅相成、不可分割的方面。所以,在教学设计和课堂教学中,语言教学和文化教学必须有机结合。这种结合体现在英语教学的各个阶段、各个环节。虽然,根据学习者的认知水平和学习需要,在不同阶段和不同课程中,语言教学和文化教学各有侧重,但是在跨文化英语教学中,没有单纯的语言课或文化课,只要具有这种意识,总能找到两者的结合点。

(三)充分考虑学生的认知发展水平和语言学习、文化学习的规律

不同年龄层次的学生在认知水平、情感发展和经历、经验上都有很大的差别,这些差别必然导致教学内容和教学方法的不同。一般情况下,对于年龄较小的学生,与他们的生活和学习息息相关的、具有可比性的、具体的、直观的教学材料较为合适。随着学生认知水平的发展,心理承受能力的增强和人生体验的增加,语言和文化教学内容的深度和广度逐渐扩大到一些间接的、复杂的、需要进行抽象思维的意识领域。就文化教学而言,这种相关

性和适当性的原则更至关重要。跨文化交际能力的培养是一个漫长而复杂的过程。在这个过程中,由于学生对母语和本族文化的理解、体验是学习过程中不可缺少的一部分,学生在学习外国文化的同时,还一直处于一种自我认识、自我反省、自我批评、自我完善的状态之中,任何与他们的经历和认知能力相距甚远的教学内容和方法都将背离以"自我"与"他人"比较对照的文化学习原则。

(四)平衡教学内容和教学过程的挑战性

任何教学活动都涉及教学内容和教学过程两个方面。为了取得最佳的教学效果,内容的安排和过程(即教学活动)的设计必须考虑对学习者的挑战和支持程度。理想的教学应该是挑战和支持得到很好的协调,如果内容复杂、难度较高,那么教学活动或过程就应该相应降低难度,给学生较多的支持;相反,如果内容简单、难度较低,教学活动就应该具有较高的挑战性。只有这样,才能保证学生从教学中得到最大的收益。否则,复杂的教学内容如果被置于挑战性很强的教学活动中进行,学生就会有很强的恐惧心理和挫折感,不利于调动他们的学习积极性;相反,如果内容简单,教学活动又缺乏挑战性,那么学生的学习潜力不能得以发挥,他们也会觉得学习乏味,学不到东西。

处理好教学内容与过程、挑战与支持之间的辩证关系,是跨文化培训的一个重要理论和原则,它对于跨文化英语教学来说同样适用。教育者应该根据学习者的发展水平确定什么样的学习环境能够为他们提供所需的支持,哪些方面构成挑战。如果学习挑战太大,学习者就会退缩。所以,教育者有必要了解学习者的需求,尽量平衡给予他们的挑战和支持,以最大限度地促进学习。

(五)说教式的知识传授法与体验探索式的教学方法相结合

说教式的方法是一种通过讲座、讨论等形式进行的知识传授的方法,它主要能促进学习者的认知和理解,有利于学习者学习和掌握语言和文化知识,分析和理解文化差异,这种方法与逻辑推理中的演绎法类似。在说教式教学中,学生在很大程度上处于一种被动接受的状态,知识的获取和对概念的分析理解是其主要的学习形式。在这样的教学活动中,跨文化英语教学所要求的学生在态度和行为层面上的进步和发展的目标就难以实现。正因为如此,跨文化培训研究者主张采用一种类似于归纳法的体验式教学法。这一方法以学生为中心,创造真实或模拟的跨文化交际情景,让他们去感受、体验其过程,从而使认知、情感和行为各个层面受到刺激,弥补了说教式教学法的不足。

当然,我们不能盲目地对这两种方法作孰优孰劣的判断,因为它们各有所长。理想的做法是将两者有机结合,充分发挥各自的长处。这就要求我们的课堂教学活动要多样化,既要有注重语言和文化知识传授的讲座和讲解,又要有触动情感、培养行为能力的角色扮演、模拟活动和参观访问等。值得注意的是,学生的学习风格也是影响教学方法设计和选择的重要因素,这一点在下文有更为详细的论述。

(六)教学内容和过程应该情景化和个人化

跨文化英语教学的特点之一是将语言学习和文化学习与学生的个人体验、发展需要紧密结合起来,与其说它是形形色色的课程教育中的一员,间接地影响学习者综合素质的发展,不如说它是紧紧伴随学生个人成长的一根拐杖,通过不断地影响促使他们对自己的态度、行为、价值观和人生观进行反思,直接影响他们的综合素质。跨文化英语教学对个人综合素质培养所起的作用通过教学内容情景化和个人化来实现,因为只有置于具体的情景之中,文化内容才会焕发出活力,才能显现文化对社会和个人的调节和指导功能,才能使学生身临其境地感受文化的作用,才能刺激学生的多种学习机制;只有将教学内容和过程与学生的个人经历结合起来,才能激发他们对其他文化学习的兴趣,才能为他们将本族文化和其他文化进行对比创造机会,才能促使他们反思自己的态度、行为和价值观念。此外,情景化和个人化也是语言教学的需要,有利于保持学生的学习积极性,情景英语教学还将语言教学内容置于真实的社会文化环境之中,使学生不仅学到了语言知识,更重要的是掌握这些语言知识的具体应用规律,英语教学思想就是以此为理论基础。

(七)反思本族文化,并将本族文化与其他文化进行比较

跨文化英语教学的一个突出特点是将本族文化从学习背景中凸显出来,通过与其他文化进行比较,形成一种跨文化的氛围。这种跨文化的氛围有三方面的好处:①联系本族文化和个人体验进行外国文化和语言的学习,不仅能刺激和保持学生的学习积极性,而且学生对所学内容记忆更牢固,理解更透彻,应用更灵活;②跨文化交际要求学生了解本族文化与其他文化接触时可能发生的冲突和可以采取的相应措施,只有在外国文化学习过程中不断反思和对照自己的本族文化,才能对它们之间文化差异的具体表现有一个全面、深入的了解;③增强对本族文化的意识和反思,有利于学生消除或减弱民族中心主义思想,客观认识自己的价值观念和行为习惯,从而培养一种开放、灵活的思维模式。

由于人们对本族文化大都处于一种潜意识接受的状态,不经过有意识的引导和刺激,人们很少会对自己赖以生存的文化进行反思,即使偶尔有这样的冲动,由于文化因素纷繁复杂,常常也无从下手。跨文化英语教学的任务之一就是增强学习者对自己本族文化的意识和理解,比较和对比是实现这一目的的重要手段。

(八)尊重学生,注意因材施教

虽然尊重学生和注意因材施教对所有的教学活动都适用,但是对于跨文化英语教学而言,却有着特别重要的意义。这是因为学生的文化体验和价值观、世界观和思维等个人因素在跨文化英语教学中起着重要的作用,它

们是文化教学(在一定程度上也是语言教学)的基础,因为跨文化交际能力的培养需要从学生现有的文化体验出发,通过将本族文化与目的语文化进行对比,来增强跨文化意识,跨文化敏感性发展模式非常清楚地说明了这一点。正因为如此,教学过程中,我们一定要尊重学生的个人体会、文化背景、价值观念、思想感情等,不能对学生的思想感情持有轻视、蔑视、否定及批判的态度。

此外,任何学生都有自己的学习风格和方法偏好,在以学生为中心的跨文化英语教学中,因材施教就显得尤其重要。学习风格主要有具体体验式(CE)、积极实验式(AE)、反思观察式(RO)和抽象概念思考式(AC)四种,一般不同的学习风格对应不同的教学方法,所以教师应该对学生的学习风格有所了解,并相应选择和设计合适的教学方法。

当然,学习风格并非一成不变,教师还可以在迎合学生学习风格的基础上,有意识地向他们介绍一些其他学习风格,让学生了解不同学习风格和方法的优点和不足,鼓励他们尝试其他学习方法,拓展他们的学习风格,增强他们学习的灵活性。因材施教和培养学生自主学习能力实际上是相辅相成的。

以上内容从不同角度分析了跨文化英语教学的特点,将其应用到各个阶段、各个环节的教学实践中,就能保证跨文化英语教学目标的实现。

二、大学跨文化交际传统教学法

近年来,随着跨文化交际培训和英语教学的蓬勃发展,文化教学方法和语言与文化结合教学的方法层出不穷。

(一)文化教学的常用方法

文化教学方法大都由跨文化交际培训专家通过实践,结合社会学、文化学、教育学和心理学的相关理论研究开发出来。目前,广泛使用的方法归纳起来有以下几种。

第九章　跨文化视角下大学英语教学的改革与发展

1. 文化讲座

讲座作为传授知识的一种有效手段,对于文化教学来说必不可少。跨文化交际能力的培养,需要学习者了解和掌握相关文化知识,如文化的本质特点和功能,文化包含的内容和范畴,不同文化的价值观念和习俗规范等,都可以通过讲座的形式传授给学习者,不同文化主题构成一系列的文化知识讲座,有利于学习者进行系统文化知识的学习。但是,文化讲座提供给学习者的大都是间接的经验,而且大量冗长的讲座往往会使学习者感到疲倦,所以我们在设计讲座时,应该力求简明扼要、生动有趣,而且还要辅之以其他方法来强化讲授内容。

2. 关键事件

通过分析跨文化交际中发生的具有典型性、代表意义的失败案例,来说明跨文化交际中误解产生的原因,帮助学习者了解两种不同文化在某个方面的不同期望和表现。具体做法是:首先对来自不同文化背景的交际双方之间所产生的误解及情景进行描述,然后给出四个解释误解产生原因的选项,让学习者根据自己的理解进行选择。如果一次选错,可以再选,直至选对为止。由于这些案例通常来自真实的交际活动,对学习者来说非常有趣,而且因为这些案例具有代表性和启发意义,能够刺激学习者在阅读案例和选择答案时进行思考,有利于跨文化敏感性的培养。

3. 文化包

"文化包"(Cultural Package)这个概念在不同的学术领域和情境中可能有不同的含义。在跨文化交流和文化研究中,它通常指的是一组特定的文化特征、价值观、习俗、信仰和行为模式,这些元素共同构成了一个文化群体的独特性。

教师向学生讲述本族文化与其他文化之间的某个本质差异,并借助多媒体手段呈现这一差异的具体表现,然后教师向学生提出若干相关问题,由此展开讨论。主题选择非常灵活,教师根据需要,可以选择具体的文化主题,如习俗、日常语言交际或非语言交际行为,也可以选择抽象的思维模式或价值系统作为主题。与关键事件以阅读和思考为主要形式相比,文化包更多地要求学习者进行讨论,并通过视频和音频获得感官的刺激。然而,对于时间和精力极为有限的教师,设计合适的文化包是一件非常头痛的事情,这个问题的解决有待于英语教师和社会学、文化学的专家通力合作,共同完成一系列文化包的设计制作。

4. 文化群

文化群由讨论同一文化主题的若干个文化包组成。例如,可以将美国教育这一文化主题细分为家庭教育、幼儿园教育、小学教育、中学教育和大学教育等子题,每个子题可以设计成一个或多个文化包,供教师和学生课堂教学所用。显而易见,文化群方法的采用有利于学习者全面、系统地学习和了解目的语文化。但是,文化群的设计同样存在着费时费力的问题,目前文化教学和跨文化培训在这方面还非常匮乏。

5. 模拟游戏

模拟游戏是一种亲身体验式的活动,旨在挑战假想,扩大视野,促进能力的提高,学习者通过模拟游戏可以感受一些自己尚未经历过的情景,从中获取经验和认识,这对于文化学习者至关重要。以文化冲撞为例,正如本书前面所述,文化冲撞是跨文化交际中的一个普遍现象,它虽然给跨文化交际者带来痛苦和困难,但是有利于文化调适的完成和跨文化交际能力的培养,经历过文化冲撞的人往往具有较强的文化敏感性,更愿意接受跨文化培训。所以,为文化学习者创造一种文化冲撞的氛围,让他们感受文化冲撞带来的困难和痛苦,是很多跨文化培训专家极力推广使用的一种方法。BaFa' BaFa' (BaFa' BaFa' 是一种广泛使用的跨文化模拟游戏,旨在通过模拟不同文化背景下的交流情境,提高参与者的跨文化交际能力)就是这样一种模拟游戏,在美国得到了广泛使用。类似的模拟游戏还有很多,它们根据跨文化培训的需要,有着不同的培训目的。

以上各种方法虽然以跨文化能力培养为主要目的,但是经过变通和再设计也可以与英语教学有机结合,成为跨文化英语教学的方法。

(二)文化教学与语言教学有机结合的方法

除了以上文化教学的各种方法之外,还可以在促进教师和学生改变教学观念的基础上,通过对传统英语教学方法和手段进行改革,创新地开发出一些将文化教学与英语语言教学有机结合的方法。

1. 通过分析文学作品来进行文化教学

分析文学作品是语言教学的一个常用手段,中国很多英语教学活动都通过分析和欣赏文学作品来进行。文学作品蕴涵丰富的文化内容,语言形式和文化内容在此得到完美结合,因此在文学作品分析的过程中,同时进行语言教学和文化教学不仅可能,而且也是必要的。实际上,传统的语言教学在分析文学作品时,并没有避而不谈文化内容,只是教师没有将文化教学列入教学目标,文化内容的讲解服务于语言教学的需要,处于一个从属、次要的地位。要改变这一现状,我们必须在确定教学目的和目标时,考虑文化教学的需要,使文化教学内容和语言教学内容并列成为教学关注的对象,利用文学作品是语言和文化完美结合的优势,进行跨文化英语教学。

2. 词汇教学与文化教学结合

任何语言的词汇都承载着丰富的文化信息,每个词所包含的文化内涵任何词典都无法穷尽,如"早饭"一词在汉语、英语和法语中,不仅表达形式和发音不同,而且其文化所指也不尽相同。此外,不同语言中的词汇还反映说话者不同的价值观念。例如,英语中的"retire"与西班牙语中的"jubilacion"都是"退休"的意思,但美国人和西班牙人在使用它们时,持有不同的态度。在美国,退休表示地位和收入的下降,表示能量和活力的减弱,是一个带有负面含义的词。而在西班牙语国家，退休是值得高兴和庆贺的事情，因为它表明一个人到了放松和享受生活的黄金年龄。正因为词汇及其使用具有浓厚的文化特点，我们在进行词汇教学时不能只停留在词汇的意思和用法上，还应该介绍词汇包含的文化内容，尤其是要呈现词汇在真实文化语境中具体使用的情况。

就目前的英语教学而言，词汇教学中，文化教学的潜力没有得到充分挖掘，教师通常呈现给学生的都是词典中的词义解释，很少能将词汇所蕴含的文化意义介绍给学生。另外，学生在学习生词时通常处于被动接受的状态，这就导致他们所学的词汇成为一组僵化的符号，无法在真实的交际活动中加以运用。教师在对词汇的本意、比喻意义和文化内涵进行全面介绍的基础上，还应该将它们置于真实的文化语境中进行操练，让词汇知识转换成词汇使用能力。例如，教师教描写人物的形容词时，除了介绍词义之外，还可以选择一些来自本族文化或目的语文化的真实的历史或当代人物，用这些形容词来进行描述；也可以让学生用这些形容词来描述自己。这样做，学生既可以学会这些形容词的词义，也能了解它们的文化内涵，还有机会接触来自不同文化背景的历史人物故事。显然，这种词汇教学方法将词汇教学与文化教学有机结合，不仅使词汇学习生动有趣，而且将文化学习落到实处。

语义场的使用也是词汇教学与文化教学有机结合的一种手段。例如，学习"breakfast"这个英语词汇时，教师可以将相关词汇（鸡蛋、牛奶、面包、咖啡等）同时写在黑板上，并利用多媒体手段，呈现实物图片，播放美国早餐视频片段，并对词语进行文化对比，让学生用英语讲述自己的早餐习惯。这样的词汇教学方法一定比传统的词典内容介绍式的方法更为有效，同时又达到了文化教学的目的。

3. 阅读教学与文化教学结合

阅读教学被认为是最容易与文化教学联系起来的教学活动之一，因为只要我们选择那些包含文化内容的阅读材料，即可实现语言教学与文化教

第九章 跨文化视角下大学英语教学的改革与发展

学的有机结合。然而,事实并非如此,目前很多教师并不能很好地利用阅读教学的这一优势进行有效的文化教学,或是因为受传统的以语言形式为中心的教学思想的影响,或是因为对目的语文化知之甚少,教师致力于提高学生阅读速度和阅读理解能力的同时,关注的是语音、语法、词汇、句型和翻译等语言学习的内容,在很大程度上忽视了阅读篇章中蕴涵的文化信息。即使谈到相关文化的某些内容,通常也不是以增强学生的文化能力为目的,而是帮助他们更好地理解篇章本身。总之,目前英语阅读教学并没有将文化教学列入教学目标和内容,因此相关的文化讨论也不是真正意义上的文化教学。

要真正实现阅读教学与文化教学的有机结合,必须在确定教学目标和教学内容时考虑文化教学的需要。在实际教学中,可以通过设计读前和读后任务,将学习者的注意力吸引到篇章内容上,进行相关文化的讨论和学习。例如,在阅读一篇关于美国饮食文化的英语文章前,我们可以提出一系列有关学生本族文化中饮食习惯的问题,让他们进行读前热身,然后建议他们在阅读文章时注意美国饮食文化与自己的饮食习惯的异同。读完文章后,学生在回答有关美国饮食文化的相关问题的同时,进行文化对比。教师对语言点的解释可以插入到讨论中,也可以在这些文化教学活动结束之后,但不能让语言形式的学习压倒篇章内容的理解和文化内容的讨论。

4. 听说教学与文化教学结合

阅读有利于学习者学习和了解相关文化知识,听说活动使他们有机会切实感受跨文化交际过程,提高交际能力。听和说都必须以内容为基础,因此内容的选择和安排至关重要。就文化教学而言,首先,要保证听说的材料和主题必须真实,具有代表性,能够客观反映目的语文化或本族文化的不同侧面。例如,在将美国人周末生活情况制作成听力训练材料时,必须全面考虑美国主流文化和各种亚文化群体的不同表现,力求让学习者全面客观地认识目的语文化的一个侧面。即使由于篇幅和时间的限制,很难将某个文化侧面全面地展现给学习者,教材编写者也应该提醒教师和学生注意文化变体和个体差异的存在,避免因过度概括而导致成见的形成。

其次,在跨文化英语教学中,由于英语教学和文化教学同等重要,所以在编写听说教材时不仅要考虑学习者的语言水平和语言学习的需要,还应注意文化内容的系统性,即将语言教学的需要与文化教学的需要结合起来,作为选择和安排教学材料和内容的依据,使学习者系统地学习文化知识,增强文化能力。当前的英语听说教学虽然比较重视材料的真实性,所选材料基本上都具备文化教学的价值,但是在文化内容的选择和组织上比较随意,缺乏系统性,这实际上也是整个英语教学不能最大程度发挥其文化教学功能的主要原因。

最后,跨文化英语听说教学应该充分利用多媒体教学手段,这不仅有利于提高学习者进行语言交际的积极性,更是跨文化交际能力培养的需要。日益发展的多媒体技术为在英语教学中进行文化教学开辟了新的道路,它可以将各种跨文化交际情景真实地呈现给学习者,让他们有一种身临其境的感受。图文并茂、音像俱全的听说材料使学习者的各种感官受到刺激,特别有利于从情感和行为层面上培养他们的跨文化交际能力。

5.写作教学与文化教学结合

写作教学与听说和阅读教学一样,通常贯穿于英语学习的各个阶段,不同阶段写作的体裁、内容和要求都各不相同,但是将文化教学与写作教学有机结合在各个阶段都是可行的。初学者通常写的是与自己日常生活联系紧密的记叙文,主要目的是通过使用所学的词汇和语法知识来讲述自己的经历,表达自己的思想,同时巩固所学语言知识。在此阶段,写作要求虽然不高,体裁也比较单一,但是教师同样可以将写作活动与文化学习结合起来。例如,教师在布置作文题目"我的一天"时,可以让学生先进行口头交流,适时地告诉他们来自不同文化背景的学生每天的生活内容都有所不同。在学生完成作文后,教师要对他们作文中的语言使用进行讲评,还要就文章的内

第九章　跨文化视角下大学英语教学的改革与发展

容进行后续讨论,让同学相互比较各自一天的生活,发现异同。最后,教师通过阅读或视听手段,向学生介绍美国学生一天的生活,在此过程中,教师引导学生在关注文化差异的同时,注意语言的正确使用,语言学习与文化学习因此得以有效结合。

对于语言水平较高的学习者来说,利用写作进行文化学习的广度和深度更大。写作基本上可分为个人写作、公务写作和学术写作三大类。个人写作基本上与个人的经历、生活和思想有关,而这些内容通常反映作者所处的文化环境,因此是很好的关于日常生活、风俗习惯和价值观念等文化内容学习和讨论的基础。公务写作的内容包括涉及政治、商务等工作所需的信件、文件、报告等,这些也同样蕴涵着丰富的文化信息,无论是格式、措辞和结构,还是内容本身,都可以成为文化学习和文化对比的基础。很多中国的英语学习者之所以经过十几年的英语学习之后,在工作中所写的英语邮件和报告还达不到要求,缺乏对英语篇章的文化理解是主要原因之一。如果我们在写作教学中注意进行跨文化篇章分析和文化差异的讨论,就一定能提高学习者公务写作的能力。学术写作也是如此。学术论文是每一位接受高校教育的学习者都不可回避的写作任务。何谓优秀的学术论文?不同文化背景下的学术界在回答这一问题时既有共性,也存在差异。例如,美国学术界注重实证研究,认为来自实践的、大量的数据分析最具说服力,因此美国的学术杂志刊载的论文大都符合这一标准。我们中国的很多学术论文采用文献研究的方法,定性分析多于定量分析。这种对学术论文的不同期望对于学术写作教学非常重要,如果不予以重视,中国学生在美国攻读学位时,就会因为不适应美国的学术文化而处于不利地位。

语言与文化在教学中有机结合的方法不仅限于以上几种,随着跨文化英语教学思想的不断深入人心,相信更多更好的方法将会被开发和应用。然而,在此我们必须强调教师和学生转变教学观念的重要性,要真正做到语言教学和文化教学的有机结合,教师和学生必须认识到英语教学应该承担双重任务:既要促进学生英语交际能力的提高,又要帮助他们培养人文素质,形成立体、多维的思维方式,成为跨文化的人。只有在这一前提下,我们才能确保跨文化英语教学思想得到有效贯彻和实施。

三、大学跨文化交际教学法的创新——全球理解课程

发源于美国的全球理解课程采用网络视频会议、聊天室和电子邮件等工具,将不同国家的学生分组配对,进行实时交流和非实时沟通,具有学科多样性、课程完整性、学校自主性、学生合作性、沟通情景性等特点。该课程强调了学生的跨文化交际能力,促进了学生英语文化图式的构建,拓宽了学生的全球视野,能够有效推动英语教学,是跨文化交际英语教学的一种创新。

(一)全球理解课程的特点和时代价值

全球理解课程本来是帮助美国学生了解世界的课程创新,对于我国高校教育而言,也是一种英语教学的新方式,它是对学生英语听说读写译的应用和训练,更是对学生跨文化交际能力的培养,促进了我国学生与其他国家学生之间的了解和交流,是大学英语教学的一种有益探索和实践。

全球理解课程主要有以下特点:①学科多样性,可以作为大学人文和科学等多种学科的必修或选修课程。②课程完整性,整个课程需要45课时完成。③学校自主性,各个学校的学分与教学内容都遵循各自的教学计划安排,全球理解课程是否纳入学分或作为课程补充由各学校自主决定。④学生合作性,每个学生和配对伙伴一起合作共同完成一个与话题或专业相关的项目,项目形式多种多样,如话题总结、新闻汇报、电影分析等。⑤沟通情景性,全球理解课程通过网络视频为沟通双方提供了"真实"的世界,来自世界不同地区的大学生可以进行视频或文字实时对话,表达情感,展现自我,大大满足了青年们交往的需要。⑥英语通用性,所有参与连线的学生互相之间使用英语交流,英语是达到互相理解的重要媒介。

第九章 跨文化视角下大学英语教学的改革与发展

全球理解课程顺应了全球化的时代特征,满足了全世界人民对文化交流的渴望,通过精心设计不同国家学生的实时交流,既成了英语国家学生了解世界的平台,也为非英语母语学生学习英语和了解不同文化提供了机会,对于高校而言,更是全球化背景下的一项教学创新。在这一新的英语教学方式中,学生身临其境地接触各种文化,沟通变得更迅捷,学习变得更有趣。

全球理解课程的出现以信息网络技术发展为基础。全球理解课程之所以能够出现和存在,其物质基础是迅猛兴起的信息技术——互联网的出现、发展和成熟,为其提供了强有力的保障。现在,信息网络技术已经渗透到当代年轻人生活学习工作的各个方面。随着技术的蓬勃发展,设备越来越先进,课程讨论越来越方便,情景越来越"真实",成本越来越低。最重要的是,对于每个参与的学生,既可以学习英语,也能了解世界其他国家的基本情况,特别是了解同龄人的思想和生活,开阔了眼界和思路,提升了语言交际能力。在学习交流的同时,学生们还拿到了这门课程的学分,这也是全球理解课程实现快速扩展的重要原因。

(二)全球理解课程对英语教学的推动作用

1.提高不同文化背景学生的交际能力

英语和其他语言一样,是沟通交流的工具,是文化的承载者和传播体。英语教学的目的是使学生掌握这种语言,以便在工作、学习、生活中较好地运用这种语言,增进对不同文化、世界观、价值观、社会生活的了解。全球理解课程是活的课堂、新鲜的课程,是对英语语言交际能力的培养,这种教学方式具有很强的交际实践性。在课堂上,由教师确定主题,围绕这一主题学习英语,面对与自己不同肤色、不同腔调的他国学生,学生们在老师的指导下,就会对语言的掌握更加灵活,对一个词语的理解也就更为深刻,在不同文化下的运用更加恰当。更为重要的是,连线的课堂使参与的学生成为一个即时的学习整体,学生在即时的交流中体会英语学习的快乐,培养运用英语进行交际、沟通的能力。这样,学生学习的是活的英语和能用的英语,不是没有灵性的字符,从而达到真正意义上的沟通和理解,推进英语教学方式的创新。

2. 有助于学生英语文化图式的构建

人类交际的障碍不仅在于各种不同的语言符号,更在于人类大脑中存在着不同文化图式。语言教育的最成功之处是要在学习者大脑中建立该语言深层的文化图式。英语教学的最高目标也是如此,只有这样,才能深刻地理解英语、灵活地运用英语,才能学到地道的英语。在不同语言文化交际中,由于交流双方来自不同的文化,个人经历存在很大差异,个人头脑中的文化图式也会有很大不同,影响了人们对信息的选择、理解、加工以及行为方式。因此,跨文化英语教学的主要目的是如何重构英语语境下的意义结构及认知程序。在实践教学中,我们发现,通过全球理解课程中交流、阅读、思考、合作、总结等方式的训练,可以有效重构学生的文化图式。

3. 拓展学生的国际视野

全球理解课程增进了不同文化背景大学生的交流理解,一个重要的原因在于课程拓宽了参与学生的国际视野。英语作为在世界范围内运用最为广泛的语言,其地位还在随着全球化进程不断加快而提高。全球理解课程使学生了解到不同的英语及其特点。更为重要的是,利用英语这种"通用语"地位,全球理解课程设计了不同的话题,这些话题涉及社会现象和热点、科技教育、心理和精神、世界发展等,让学生在交流沟通中丰富了文化知识,加深了对世界的了解。全球理解课程让学生在练习语言和提升交际能力的同时,了解其他国家的文化、经济、社会发展状况,理解对方同龄人的思想,并推介了自己国家的文化。

由于网络语境的局限性,在短时间内达到深度沟通难度较大。如果连线前的准备工作,如词汇查找、背景收集、问题思考等做不好,再加上学生在沟通时非语言交流、辅助语言使用不当等,会妨碍课程的效果,这也是做好全球理解课程所要避免的。

(三)全球理解课程对中国大学英语教学的启发

全球理解课程的出现给我国大学英语教学以启示,那就是要深刻把握大学英语教学的目的,将工具性与人文性有机结合,改善英语教学效果,切实提高学生在英语学习中的主动性。

1. 在重视大学英语教学工具性的同时关注人文性

大学英语教学是我国英语教育的重要部分,学生在这一阶段开始专业训练、继续提高和准备就业,学生学习目标逐渐分化,大学英语教学的应用性开始凸显出来。这时,大学英语教学一定要在实现其工具性的同时,增强其人文性。对于英语教学的工具性,不论是教师还是学生,一直予以很高的关注,并形成了听说读写译能力培养的课程体系。但对于英语教学的人文性,我们却重视不够。一是忽视英语语言的文化载体性,重"师人之技"轻"究人之理"。二是忽视本国优秀文化的推介,重接纳轻输出。三是急功近利,重视工具性目标的实现而忽视人文性目标的达成。当前,随着国际交往的日益频繁,政治、经济、文化的交流更加密切、快捷,人们对英语的日常运用越来越多,跨文化的社会交往能力越来越重要。除政府、学校外,一些培训机构,甚至企业也积极参与进来,培养适应全球化的熟练使用英语的国际交流人才,但与我国在国际上的地位相比,与社会需求相比,我们仍缺少大量参与国际交流的人才。

2. 加强和改进交际性英语教学课程

我国英语教学的工具性很强,通用英语教学课程、专门英语教学课程很受重视,而且在教学实践中有很多值得继续坚持的好经验。例如,受结构主义影响,英语教学中以英语语法翻译为主线的教学,是许多优秀学者对英语语言规律的总结,应当继续加强。受行为主义的影响,英语教学以大量练习为手段,"熟能生巧"也促进了学生对英语的学习。近些年来,在交际性理念的影响下,一些教师开始强调语境、合作和互动,进行有意义的沟通,在教学实践中不但关注字词的内涵,还关注书面或口头沟通的风格,关注社交合理性和可靠性,同时避免过分强调语法正确。交际性理念指导着各种各样的教学改革,21世纪初,出台的各级外语教育标准、多媒体教学、计算机辅助教学、网络课程以及英语四六级的改革——听力口语从无到有以及从低分值到高分值的变化,甚至还有一些学校开设了跨文化交际英语课程,所有上述这些改革措施在很大程度上推动了英语交际性实践。然而不足的是,大学英语的主要教学方式仍然以传统的灌输式为主。与之不同的是,全球理解课程将以网络视频为媒介的跨文化英语交流沟通扩展到不同国家有着不同文化背景的全球公民,不但为我国大学英语跨文化交际教学提供了一个平台,同时也为交际性英语教学提供了样板。

3. 充分发挥学生的主体作用和教师的主导作用

在大学英语教学中,教师的主导作用和学生学习的主体地位缺一不可。全球理解课程告诉我们,在英语教学中,只要增强了教学的交际性、实践性,学生的主体地位就更加突出,学生内在的学习积极性得到提高,其学习兴趣和参与度大大增加,学习的效果就会增强。同时,教师主导作用和责任更加重要。全球理解课程实践证明,教师在跨文化教学的课程中,要做好主题选择、教学设计,还要"导演"整个过程,以实现教学目标。例如,指导学生批判性反思、讨论、组织考试、必要的现场翻译或将具有地域风格的叙述转换为全球语境中的叙述。教师的经验、智慧和直觉等在这种具有创造性和批判性特征的英语教学中的作用不可低估。因此,好的教师本身就应该具备多元文化素质和良好的沟通能力,他们在多元文化课程中扮演的是指导和咨询的作用,而不是讲解的作用。

需要特别注意的是,跨文化交际中不可避免地存在文化碰撞与意识差异问题。因此,在英语跨文化交际教学中,既要发挥学生的主体作用,又要充分发挥教师的指导和引导作用,教师要对采用的材料、探讨的话题进行充分分析和研判,引领学生克服文化和价值观差异产生的障碍,在展开充分交流的同时,坚守正确的意识和价值观取向。

第三节 跨文化视角下大学英语教学的发展趋势

一、学生自主学习能力的培养

学生的自主学习是针对个人制定的适合自身学习情况的一种教学模式。所谓自主学习,简单地说,就是指学习者控制和管理自己学习的能力,它是一个复杂的概念,包含多个层次,在不同的社会文化和教育环境中呈现不同的形式。

(一)培养自主学习能力的意义

学生自主学习能力的培养成为大学英语教学的个性化发展需求是与跨文化交际日益频繁、知识和信息日新月异、经济和教育全球化不断深入的当今世界形势分不开的,面对这样的形势,培养跨文化交际能力、独立学习能力和终身学习的思想成为教育的首要任务之一。英语教学作为跨文化交际能力培养的重要阵地,理所当然应该承担起这一重任。在英语教学中培养学生自主学习能力的意义体现在以下四个方面。

第一,任何教学,包括英语教学,都不可能也没有必要涵盖一切学生今后所需要的知识和能力,跨文化交际能力的培养尤其如此。在有限的学校学习过程中,学生接触到的交际情景相当有限,不可能为今后可能会参与的跨文化交际场合一一做好准备。所以,最有效的办法是教师和学生共同努力,使学生了解学习的本质,掌握学习的方法,学会控制和管理自己的学习,同时掌握跨文化交际的规律和一定的跨文化交际的技巧,为独立学习和实践打下坚实的基础。

第二,作为学习的主体,学生有权对自己的学习做出选择。在传统英语教学体系下,学生几乎完全依赖教师和教材进行学习,教师怎么教,学生就怎么学;教材里有什么,学生就学什么。这种被动学习的局面不符合学生的主体地位,不能满足英语学习的需要,更不能为他们终身学习做准备。"学校知识"由于是以抽象、非语境化的形式呈现和保留的,所以不仅不可能成为学生自己的知识,而且容易遗忘。"行动知识"不是教师传授给学生的,而是学生通过自己主动参与获取的,与自身的世界观和经历密切联系,所以容易成为学生的一部分,是他们生活方式的基础。学习者积极、主动、独立、自主的学习有利于知识的吸收和能力的提高。

第三,从教学的角度来看,学生参与学习目标的确定、学习进度的规划和学习进步的评价,会使他们对教学目的、内容、活动和要求有更加明确的认识,从而促使学习效果的提高。而且,对自己学习的清楚认识会使学生感到踏实、安全,学生不会因为等待他们不确定的考试而惶恐不安。此外,自主学习还有利于增强学生的学习热情,因为学习成为自己的事情,而不是在家长和教师威严逼迫下不得已而为之。

第四,从实际来看,学生不可能随时得到教师的帮助,毕竟教师不可能一天24个小时都守候在学生的身旁。在学生需要自己学习和练习的时候,如果掌握了独立学习的能力,即使没有教师的帮助也能自己解决问题。

综上所述,无论是从国际形势变化对英语教学,乃至整个教育界的要求来看,还是从英语教学本身的需要来看,培养学生自主学习的能力都势在必行。作为中国的英语教学工作者,我们有责任克服传统文化束缚和师资不足的困难,培养学生自主学习的意识和能力,为他们不断更新知识结构,迎接国际竞争的挑战做好准备。

(二)自主学习中教师和学生的角色

自主学习不是一种新的学习方法,也不是一种新的教学方法,它是对学

第九章　跨文化视角下大学英语教学的改革与发展

习和教学本质的修改。学习不再是简单地听讲、记笔记、做作业、复习、预习、考试等；教学也不再是单纯地检测学习效果。学生的被动地位得以打破，以学生为中心、以学习为中心、以任务为中心的教学思想取代了以教师为中心、以教学为中心、以教材为中心的教学思想。那么，这种转变是否意味着教师的教学变得轻松，而学生的学习压力变大呢？对这个问题的最好回答，就是分析教师和学生在这种教学模式下的作用和他们之间的关系。

1. 教师的角色

自主学习要求学生除了参与确定学习目标、学习内容、学习进度、学习方法、学习评价之外，还要对自己作为一个学习者的感受和经历进行反思和理解，关注学习过程，摸索学习方法。对学生所提出的这些"额外"的要求，实际上也是对教师的要求，因为只有具有自主学习意识和能力的教师才能培养出能够进行自主学习的学生。教师自主学习意识和能力的具体表现是：①主动参与大纲制定、课程设计、教材选择和测试评价活动；②不受大纲的限制，根据教学的具体需要，调整教学内容；③不僵化地使用一种方法和教材，愿意尝试多种方法和教材；④敢于自己设计教学方法，准备教学材料。

教师在教学中如果能有以上表现，就会感染学生，将这种独立意识和自信传给学生。如果教师在教学过程中不注重学生自主学习能力的培养，学生也不可能自动习得自主学习的能力，所以有意识、有计划地进行自主学习能力培养是教师的主要任务之一。在这种教学思想指导下，教师扮演的角色应该是合作者、顾问、协调者和传授者。

首先，教师是学生的合作者。教师与学生一起，确定教学目标、学习内容、评价标准等。这样的合作可以是以班级、小组或个人为单位，在此过程中，虽然教师仍然具有一定的权威性，但他（她）主观上应该将自己看作是学生的朋友和同学，是他们的合作者。

其次，教师是学生学习的顾问。毕竟没有接受过自主学习培训的学生对于如何承担起自己学习的责任往往一无所知，需要教师的鼓励和引导，才能逐渐适应新的角色,所以这时候,教师的作用就是一名顾问,为学生的自主学习提供指导性的帮助。作为顾问,教师的任务是与学生进行交流与沟通,目的是通过向学生提问、采访,督促学生反思自己的学习过程、学习方法和学习态度,了解学生的学习进展情况和学习需要,帮助学生确定新的学习目标。这样的交流使学生真切感受到教师对他(她)的关心,每一个学生的学习特点都得到了尊重,以学生为中心,因材施教的教学思想由此得到很好的贯彻。当然,与每一个学生定期进行这样的对话会花费教师大量的时间,但是考虑到它对于培养学生自主学习能力的作用,还是非常值得的。

再次,教师是学生学习的协调者。学生独立学习不等于孤立地学习,也不等于完全自学。实际上,更多的时候是通过与其他同学一起讨论、做项目、演讲、分享学习经验等教学活动进行学习。在这些活动中,学生的参与和表演是中心,而教师扮演的就是一个协调者的角色,其主要任务就是保证这些活动不偏离其目的,按照已经设计好的步骤进行。

最后,教师是知识和信息的传授者。虽然与传统的教学方式不同,教师不是学生所学知识的唯一源泉,但是相对来说,教师所掌握的知识,特别是专业知识比学生丰富,因此仍然是学生吸取知识、提高能力的渠道。所不同的是,依靠教师传授知识已经不是学生学习的主要内容,在教师指导下,学生学习如何学才是学习的真谛所在。

教师的作用归纳为技术支持和心理支持。技术支持的主要内容包括:①通过分析需求、确定目标、规划时间、选择教材和组织活动等来帮助学生规划和实施自主学习;②帮助学生进行自我评价;③帮助学生掌握完成上述任务的能力和知识。心理支持的内容是:①具有协调者的素质,即要体贴耐心、宽容大度、善解人意、不妄加评判等;②善于调动学生的学习积极性,即要鼓励上进、消除忧虑、愿意与学生交流、不过多干预等;③能够提高学生独立自主的意识。

以上对教师角色和作用的论述表明,以自主学习为特点的教学对教师的要求更高,这不仅体现在教师在时间和精力上付出会更多,而且要求教师在具备必要的业务知识的同时,还要具备与学生沟通和协调的能力。这样一来,教师的任务实际上比原来更重,责任更大,因此教师培训就显得更加必要。

2. 学生的角色

就学生而言,自主学习使得他们从对教师和教材的依赖中解放出来,成为自己学习的主人。这种从被动到主动地位的变化要求学生在教师的引导下,做到:①制定学习计划,确定学习目标和内容,规划学习进程,选择学习方法和策略,确定评价标准;②监控学习过程,记录并与他人分享自己的学习经历和感受,反思并修正自己的学习态度和方法;③评价学习结果,根据先前确定的标准来给自己的学习进行评价,了解自己的进步和不足,确定下一步学习的目标。

总之,自主学习要求学生具有较强的学习意识,重视学习目标实现的过程和方法,通过这样的意识和对学习过程的关注,学生增强对学习、学习者和学习过程的理解,掌握学习的规律和方法,从而提高自己独立学习的能力,为自己承担起学习的责任做好准备。

认识了自主学习能力培养的意义和师生的责任之后,接下来的问题就是如何培养和提高学生自主学习的能力。

(三)自主学习能力的培养

培养自主学习能力需要教师和学生双方共同努力,相互配合。由于自主学习能力包含多个层次,具有多种表现形式,所以对学生进行自主学习的培训也需要从多方面入手。开发和培养学生自主学习能力有以下六个途径:①以资源为基础的方法强调与学习材料之间的独立互动;②以技术为基础的方法强调与教育技术的独立互动;③以学生为基础的方法强调学生在行为和心理上的发展变化;④以课堂教学为基础的方法强调学生对课堂学习的控制;⑤以课程为基础的方法将学生对自己学习的控制延伸到整个课程;⑥以教师为基础的方法强调教师的作用和教师进行学生自主学习能力培养的培训。

以资源和技术为基础的学习(如计算机辅助语言学习、利用学习软件的学习、网络英语学习等)为学生控制和管理自己的学习提供锻炼机会,学生独立面对各种不同形式的学习材料,面对现代技术所提供的学习机会时,势必会自发地对自己的学习进行管理和控制。但是,技术只是为自学提供了机会,并非一定能使学习者自制能力提高,所以对学生进行一定的学习策略培训十分必要,这就是第三种方法的主要内容。以课堂教学为基础进行学生自主能力培养,主要是通过让学生参与对他们日常课堂学习活动的计划和评价,来促进他们对学习过程和学习内容的意识和理解。第五种以课程为基础的方法,强调学生的自主学习应该贯穿整个课程体系,在这种教学模式中学生对自己学习的控制是全方位的,从学习目标和内容的确定,到学习过程的把握,到最后的评价都是由学生自己完成,当然教师适时、适度的帮助仍然是学生自主能力形成的重要保证。以教师为基础的方法显然是从教师对培养学习者自主学习能力的作用出发,对教师进行培训,以帮助他们履行自己的责任,完成对学生自主能力的培养。总之,学生自主学习能力的培养是一个长期、复杂的任务,应该将学生、教师、材料、技术、课堂等各教学要素有机结合,采取多种形式,从不同侧面进行。

此外,培养学生自主学习能力还应该特别注意以下四个方面。

(1)让学生理解自主学习的含义和意义,提高他们自主学习的意识。自主学习是一个近十几年才频频出现的概念,许多教师和学生不知道其中的含义,所以对学生进行培训时,必须首先向他们介绍自主学习的概念和意义。由于自主学习能力的培养是一个长期的过程,贯穿教育的各个阶段,对于年龄较小的学生,空洞的概念解释可能超出了他们的认知理解范围,所以正式介绍自主学习的概念和意义应该等到学生年龄稍长一点以后。但是,

第九章　跨文化视角下大学英语教学的改革与发展

在此之前,教师仍然应该对学生进行有意识的自主学习能力的培养,只是形式不同而已。另外,引导学习者关注和反思自己学习的过程,提高自主学习的意识也是十分关键的,因为自主学习能力的培养在很大程度上取决于学习者自己的努力,一旦他们意识到独立自主能力培养的重要性,善于反思自己的学习过程,那么自主学习能力培养的目标就更加容易实现。

(2)帮助学生认识到自己作为一个学习者的特点和学习风格及策略,同时了解成功的学习者通常表现出来的特征,以便取长补短。自我认识是自主学习的基础,教师应该设计一些教学活动来帮助学生反思自己的学习态度和方法,了解自己的学习特点。英语学习者大致可以分为四类:①具体型学习者,喜欢通过游戏、图片、电影、录像等途径学习英语;②分析型学习者,喜欢通过学习语法、阅读英语书籍和报纸,找出自己的错误,攻克难题等方式学习英语;③交际型学习者,通过观察和聆听以英语为母语国家的人们的谈话,用英语与朋友交谈,课外大量使用英语等方式学习英语;④依赖权威型学习者,喜欢听教师讲解,有自己的教材,将一切都记录在笔记本里,通过阅读学习。

有关学习风格和策略的研究还有很多,这些研究成果对于学习者认识自我,了解和拓展自己的学习策略有很大的帮助。学习者在了解了自己学习特点的基础上,可以相互交流,并通过观察一些成功者的学习行为,总结经验,供大家学习和借鉴。值得注意的是,学习风格存在个性差异,不能用好坏去衡量,每种学习风格都有其优点和缺点,好的学习者善于保持自己原有学习风格的优点,有意识地克服其中的缺点,并通过借鉴其他学习风格的长处,使自己的学习风格更加能够满足学习的需要。

(3)对学生进行学习策略培训。以学生为中心、以学习为中心、以任务为中心的现代教育思想开始生根发芽之后,对学生进行学习策略培训的呼声越来越高,学习策略已经成为英语教学研究的一个重要课题。自主学习在很大程度上依赖于学习者对学习策略的掌握,目前英语教学研究中普遍接受的学习策略包括认知策略、元认知策略和社会或情感策略。认知策略指的是学习者为了更好、更快地掌握所学知识和能力所采用的技巧,如记忆术、逻辑分析、综合归纳等。元认知策略是对学习过程的规划、管理和评价等。社会或情感策略相对来说更为复杂,因为它涉及学习者的心理和情感层面,是学习者在与他人交往和合作时所采用的策略,同时也包括学习者对自我态度和情感的调整和控制的策略。美国学者奥克斯福(Rebecca L. Oxford)将社会或情感策略归纳为提问、合作和移情三项社会策略以及减轻忧虑、自我鼓励和自我认识三项情感策略。这些学习策略应该作为教学内容的一部分列入教学大纲,只有这样才可能系统、有序地对学习者进行学习策略培训。

(4)鼓励学生进行自主学习和体验式学习的实践。任何能力的培养都离不开亲身实践,体验式学习以学习者的亲身体验为基础,抽象的概念经过学习者的体验和主观理解得以具体化、形象化,体验与反思、思维和实践共同构成学习的一个循环系统,促进知识的理解吸收,能力的培养和提高。为了培养学生自主学习能力,教师可以布置一些类似于民族文化学家经常进行的参与观察的任务或项目,让学生或以小组为单位去完成。为了完成这个学习任务,学生必然要对自己的学习过程进行规划、管理和评价,同时也会采用各种学习策略,这样的学习实践是培养自主学习能力所不可缺少的。

(四)自主学习与跨文化英语教学

自主学习能力的培养对于任何科目、任何形式的学习都是非常重要的,而在跨文化英语教学中培养学生自主学习能力更有着特别的意义。这一方面是因为跨文化英语教学的实施对学生的自主学习能力有很高的要求,由于语言和文化的学习与其他科目(如数学、物理、化学、生物等)不同,它在很大程度上取决于学生的主观认识和亲身体验,仅凭教师或教材给予的间接经验,不具备一定的自主学习能力,学生无法完成从一个单一文化背景的人过渡到具备双文化(或多文化)知识和能力的人,更不可能掌握跨文化交际能力。因此,培养学生自主学习能力是进行跨文化英语教学的前提。另一方面,跨文化英语教学将提高英语交际能力和跨文化交际能力作为目的,以培养学生的综合素质(包括立体思维和独立学习的能力等)为目标,这与自主学习能力培养的目标是一致的。从某种程度上来说,跨文化交际能力的培养就是自主学习能力的培养,一个具备了跨文化交际能力的人一定具有较强的自主学习能力,自主学习能力的培养是跨文化英语教学的有机组成部分。

二、翻转课堂教学模式的发展趋势

在新媒体背景下,翻转课堂式教学发展迅速,被比尔·盖茨(Bill Gates)誉为"预见了教育的未来"的教学模式。翻转课堂,就是在信息化环境中,课程教师提供以教学视频为主要形式的学习资源,学生在上课前完成对教学视频等学习资源的观看和学习,师生在课堂上一起完成作业答疑、协作探究和互动交流等活动的一种新型的教学模式。这种教学模式的特征正呼应了大学英语教学中逐渐普及的自主学习方式,为改革带来新的启示。大学英语教学在跨文化教育中处于前沿阵地,如何通过这一新兴模式实现有效的跨文化英语教学,满足新时期对国际化人才的需求,具有重要的战略意义。通过实行翻转课堂教学,培养学生自主学习意识,自行获取文化知识信息,在课堂上为学生提供交流机会以及模拟互动环境,确保跨文化交际课程的有效实施。

(一)翻转课堂优化大学跨文化交际英语教学的必要性与可行性

1. 大学跨文化交际英语教学应用翻转课堂模式的必要性

培养自主学习能力是进行跨文化英语教学的前提,英语交际能力和跨文化交际能力的提高在很大程度上要依靠学生的主观认识和亲身体验,自主学习能力是跨文化教育中学习活动、实践体验、探索深化等环节顺利完的重要保证。在新媒体技术的支持下,翻转课堂将传统的知识传递过程放在课下,学生在教师提供的资料辅助下,可以倒退快进地自主安排学习知识、解决问题、完成任务,其主体地位得以体现,推动自主学习能力的发展。同时,在这一个性化的学习过程中,学生可以从容做足参与跨文化英语学习的课堂准备。在心理上,减少了传统课堂上因为基础差异等因素而形成自卑或自负等不良情绪;在知识准备上,先排除主题语言和文化认知的障碍,学生在课堂上就能畅通无阻地进行深入的跨文化思考、辩证探讨、交流与合作。学生的主观能动性得到提高,他们变得更自信、更主动,更积极地参与到跨文化英语教学的课堂中。

跨文化英语教学中不仅包含语言基础知识,而且涵盖了社会人文素质培养的高级内容。大学生经过中小学的英语学习,已经具备基本的语言能力,原则上这一阶段应以人文素质的培养为主。然而,在大学的跨文化英语教学调查中,教师普遍认为,由于课时有限,无法更好地开展跨文化英语教学。在时间条件有限的情况下,传统的大学英语课堂里,文化教学还是要为语言教学让步。事实上,人文素养和立体思维能力并不像知识教育一样可以单向讲学,而是需要建立在参与、体验、反思、领悟的基础上。翻转课堂将基础知识传授环节安排在课外,教师在课堂上组织活动、个别指导、小组协调、答疑解惑,专注于引导学生对知识的吸收内化,通过协作互动做深入探究,在情境创设里加强跨文化交际能力。这一模式有利于优化课堂资源分配,实现跨文化英语课堂的有效教学。跨文化英语教学所测试和评价的内容不仅包括具体的语言知识、语言技能、文化认知,还包括情感交际、文化意识、思辨能力等复杂层面,因此采取的评价和测试方法也应该多元化。而翻转课堂的特点之一就是多维度、多层次地评估学生的学习成果,从课前的网络平台自我测验到课上活动的多向互动和评估、小组合作时的互评,以及教师对学生课上活动表现的评价、对项目成果和任务的评估,都能弥补传统教学考试所未有的测评客观全面性。

2. 翻转课堂模式在大学跨文化交际英语教学中的可行性

翻转课堂是新媒体冲击下跨文化英语教学的必然趋势,大学英语教学必须探索信息化教学的新模式。现代教育技术的发展为学生自主学习语言和文化资料提供方便的学习资源,也为跨文化英语教学中师生之间、学生之间的协作提供了互动平台和交流工具。大学跨文化英语教学较之中小学英语教学更有条件实现翻转课堂,这是因为大学排课相对于中小学来说不那么密集,大学生具有更充足的课外时间和更灵活的时间安排,允许他们在课外完成预制板块的学习。大学生相比于中小学生,具有更强的自我约束力和行动力,更具备网络学习所需的技术和实际操作能力,有利于他们顺利完成个性化自主学习。

(二)大学跨文化交际英语翻转课堂教学目的

(1)提高学生的跨文化交际意识:通过翻转课堂,学生可以更加深入地了解不同文化之间的差异,增强对文化多样性的认识和尊重。

(2)培养跨文化交际能力:翻转课堂模式鼓励学生在课前自主学习,课堂上通过互动和讨论,提升学生在实际跨文化情境中的沟通技巧。

(3)实现教学内容的情景化:翻转课堂通过案例分析和角色扮演等活动,使学生能够在真实的跨文化交际场景中学习和体验,从而更好地理解和应用所学知识。

(4)促进个性化学习:翻转课堂允许学生根据自己的学习节奏和兴趣进行课前学习,课堂上教师可以提供更个性化的指导,满足不同学生的学习需求。

(5)激发学生兴趣和参与度:通过翻转课堂的互动学习活动,学生能够更加积极地参与到课堂中,提高学习动力和参与感。

(6)培养自主学习能力:翻转课堂要求学生在课前独立学习教学内容,课堂上解决疑难问题,这有助于培养学生的自主学习和终身学习能力。

(7)提升批判性思维和解决问题的能力:在翻转课堂中,学生通过小组讨论、案例分析等方式,锻炼分析问题和解决问题的能力。

(8)优化教学效果:翻转课堂模式有助于提高课堂教学效果,使学生能够在课堂上更有效地吸收和消化知识。

(9)实现知识的内化:学生在课堂上通过完成作业、开展协作探究、解决疑难问题,实现知识的内化和深层理解。

(三)翻转课堂在大学英语跨文化交际教学中的实际应用

由于翻转课堂教学模式强调课内与课外相结合,主张学生自主学习与课堂展示、讨论相结合,教师需要提前准备充足的教学资源,包括与课程内容有关的微课、慕课资源以及大量相关的网络语言素材(如视频和音频)。跨文化交际课程涵盖的内容,不仅局限于语言知识的积累和准确性等方面,而且包括历史、人文、艺术、节日等诸多方面的内容,许多语言素材可以通过搜索时事新闻、观看原文电影、阅读原文资料等方式获取。为了确保整个教学过程的完整性和有效性,翻转课堂教学模式在跨文化交际教学中的应用主要包括以下几个方面。

1. 学习单

为了让学生逐步适应自主学习的模式,教师可以根据教学内容设计一套可供学生参考的学习单,引导学生按照教学大纲和教学目的进行有意义的自主学习。在学习单中,列出每单元所涉及的教学内容、学生需要提前完成的自学内容、相关的语言学材料目录、相关的文化积累材料目录,通过完成学习单上的内容,学生对"我知道什么?我想学什么?我发现了什么?"有所了解,逐步实现自主学习的构建,为课堂教学活动奠定必要的信息积累基础。

2. 课外自主学习

教师事先将所有教学内容分解成若干个阶段性、模块性的学习目标,将制作好的短小精悍的微课材料上传到网络平台,并指导学生制订出相应的学习计划。学生既可以利用学校的自主学习网络平台,也可以自主在家完成学习任务。在学习内容的选择方面,学生应根据自身的文化背景知识积累情况以及语言水平等进行适当的选择,既要符合自己的实际需要,也要满足吸收新知识的需求,还要达到通过语言和文化知识的消化和吸收,将新知识转化成已知信息,最终在特定情景下与他人交流和分享,并能够使用目标语进行有效交际的目的。

3. 课堂展示、交流

在学生已经完成自主学习的前提下,教师可以将原本是教师主讲、学生听讲的课堂翻转成教师指导、学生展示学习成果、相互交流学习成果和经验的课堂教学模式。教师不再是课堂教学的主体,身份也由知识传授者转变为知识反馈过程中的指导者、支持者和评价者。学生的身份也从听讲者、被动的知识接受者转变为主动内容设计者、活动参与者。

课堂教学内容和形式应该是多元化的,既可以给学生提供机会展示自主语言学习、文化知识积累的成果,展示通过自主学习微课程和了解西方国家的文化背景知识而总结出的中西方文化冲突、文化比较等内容,也可以为学生提供交流互动平台,组织各种形式的课堂对话活动(如访谈、辩论、讨论、总结、模仿等),相互探讨、补充对西方文化的深层了解以及使用目标语进行有效交流的经验和体会等。

4. 评价体系

翻转课堂教学模式不同于传统的教学模式,跨文化交际课程也不同于普通的语言知识课程。翻转课堂式教学模式需要大量的微课程和慕课等资源以及学生较高的自主学习能力支持,跨文化交际课程不是单纯的语言知识传递,而是在学生完成一定量的文化知识积累之后进行的文化对比和文化交际。将翻转课堂教学模式融入跨文化交际课程,需要学生自主、自觉地完成文化知识积累,再经过翻转课堂上的展示与交流,将自主的信息输入转化为适当、有效的信息输出。其中,自主学习过程、学习效果、课堂活动参与程度等都需要一套完善的评价体系。

评价体系主要是要针对学生的自主学习过程以及学习效果,通过跟踪统计、各种测试手段、成果展示、信息反馈等方式,让教师和学生共同对学生的自主学习具体进展情况有所了解,同时也能逐渐培养学生的自觉性,让学生从适应到养成自行构建学习过程,对整个学习过程负责的好习惯。评价体系还可以让教师实时了解学生在自主学习过程中的问题,为教师以后改进教学设计提供第一手的参考信息。

(四)大学跨文化交际英语翻转课堂教学模式设计

在已有研究成果的基础上,根据英语人文性和工具性的特点,我们结合我国大学实际教学条件,提出在新媒体条件下,以学生为中心、以教学目标为驱动的大学跨文化交际英语翻转课堂教学模式。

教学活动以预定的教学总目标为起点,指导并推动四个教学环节的进行,逐一实现各个环节,再达成最初的总目标。循环过程也是学生学习能量转化的过程,最后转化为能力,实现目标。四个环节依次为课前阶段、第一次课上、课后阶段以及第二次课上,流程之间表明语言文化在翻转课堂过程中得到持续吸收与深化。学生是循环围绕的核心,也是整体教学流程的中心,翻转课堂里的跨文化英语教学以学生为中心,教学过程以学生为本,教师尊重学生的学习方式,引导他们有效学习,培养优秀的学习能力和全面的语言人文素质。

基于翻转课堂的跨文化英语教学总循环流程包含四个基础教学板块,每一板块的教学设计包括组织形式、内容目标、评估方式等。

1. 课前阶段

以个性化的自主学习形式来进行基础信息导入、平台提问、自我评估。

师生先明确这一单元的主题以及切题的教学总目标,总目标包含了提高语言能力和人文素质的培养,从这两个方面来驱动四个教学环节的进展。教师将预制板块内容传至网络平台,包括围绕主题的语言知识技能、文化常识等,语言方面可以是词汇与修辞写作技巧演示,文化方面可以有相关的影视广告等多模态材料。学生独立完成基础知识的学习后,应通过平台向教师反馈疑问,作为教师充分备课的参考项。同时,需要自我评估和测试,测评类型包括在线互动评估、游戏化的闯关等形式。这一环节主要提高学生的自学能力、鼓励解决问题的能力,帮助学生找到适合自己的个性化有效学习习惯。

2. 第一次课上

通过多维互动的课堂活动引导学生对语言文化知识的吸收内化,同时由教师对学生进行课堂表现评价。这一教学板块维度上由两部分构成:语言知识和技能运用、社会人文主题探究。两者有机融合,以单元主题为线索、以学生为中心开展课堂活动。教师在这一过程中是组织者、协调者,带领整个班级进行语言训练和文化探索,引导学生积极主动地思考,并将对课前收集的关键问题的解惑及个性化指导串联进对应的活动环节。学生是跨文化课堂的主角,运用所学语言交流探讨、协作探究加深对语言文化的理解。在此基础上,能够批判地看待、理解不同文化思想和事实,并将升级的认知运用到由问题、图片、影视、音乐、演讲、新闻、口译模拟等创设的情境里。

这一阶段的学习评估以教师的评价为主,以组员之间的互相评分为辅。在课堂第二语言氛围里,学生进行关联主题的视听说、读写、口笔译等语言应用练习的同时,潜移默化地提高了自身的跨文化交际能力,完成了有效交际和深度学习。

3. 课后阶段

以合作学习方式围绕主题进行实践与拓展,将相关成果大纲提交给教师,组员之间进行互评。拓展形式包括扩展阅读、PPT演讲展示、专题写作、跨文化交际项目、主题口笔译任务、电影配音、课文改编角色扮演等,这些语言文化实践都应与本单元的主题紧密相连。这一过程将引导学生将习得的知识和能力运用到实际中,语言文化与现实生活的结合使主动运用英语的激情与创新的火花迸发出来。这是深度学习后的实践阶段,是提升语言综合应用能力和跨文化交际能力的关键环节。合作学习的最后,学生必须总结实践拓展过程中的收获及疑难点,连同将在第二次课上展示的主要内容提交给老师,教师据此做好更有针对性的评析和反馈准备。

这一阶段,学习小组的组员共同参与了语言实践和文化拓展过程,身临其境地了解同伴的付出,彼此监督评估、互相鼓励进步,这一过程培养了学生积极探索以及交流协作的精神。

4. 第二次课上

进行小组成果展示、小组之间效果评价和提问交流,教师对这个主题单元进行画龙点睛的深化总结。经过课后阶段的精心设计与准备,各个小组在规定的时间内用英语展示文化实践果实,小组之间可以互问或辩论以进一步深入主题。教师最大限度地拓宽学生的语言应用渠道,除上文提到的延拓形式外,还可以举行报告会、辩论会、演讲比赛、诗歌朗诵会等,邀请外籍教师或留学生到场参与,从异国文化角度对学生的表现进行点评,分享风俗习惯、思维方式等,创建积极真实的跨文化课堂环境,使学生开阔思路,打开国际化视野。之后,教师对单元主题的语言文化系统进行梳理、总结。成果评价是最后的环节,以组间评估为主,实行一组一票制,老师结合学生的个人表现、作为小组成员的参与程度等内容进行评价,以激励为主,以评促学。

这一过程是开放式的交流,师生之间、生生之间、中外之间的语言文化沟通能撞击出更美的智慧火花,学生的创新精神和跨文化能力得到升华。

总之,基于翻转课堂的跨文化英语教学四个教学环节紧密相连,各个环节语言文化知识的内化、人文素质的培养有机结合、逐步深化。

参考文献

[1] 刘婕. 大学英语跨文化教育模式研究[M]. 长春:吉林出版集团股份有限公司,2019.

[2] 王冬梅. 大学英语教学的跨文化教育探析[M]. 长春:吉林科学技术出版社,2019.

[3] 陈爱玲. 跨文化交际语境下的大学英语教学探究[M]. 北京:中国书籍出版社,2019.

[4] 何树勋. 跨文化交际下的大学英语教学改革模式研究[M]. 成都:四川大学出版社,2019.

[5] 霍然. 跨文化英语教学研究[M]. 长春:吉林出版集团股份有限公司,2019.

[6] 王端. 跨文化翻译的文化外交功能探索[M]. 北京:中国广播影视出版社,2019.

[7] 谷萍. 跨文化视野下英语教学研究[M]. 北京:现代出版社,2019.

[8] 郭晶晶. 跨文化交际与英语教学的融合研究[M]. 北京:北京工业大学出版社,2019.

[9] 盛辉. 语言翻译与跨文化交际人才培养策略研究[M]. 长春:东北师范大学出版社,2019.

[10] 李婷. 跨文化交际研究与大学英语教学创新探索[M]. 北京:九州出版社,2019.

[11] 杨敏. 跨文化背景下的大学英语教学[M]. 北京:中国原子能出版社,2020.

[12] 史艳云. 大学英语中的跨文化交际[M]. 长春:吉林人民出版社,2020.

[13]许丽云,刘枫,尚利明.大学英语教学的跨文化交际视角研究与创新发展[M].北京:中国商务出版社,2020.

[14]李攀攀,郝可欣.跨文化视角下的大学英语教学创新研究[M].北京:北京工业大学出版社,2020.

[15]杜芳,王磊.大学英语教学的跨文化转型与创新路径[M].北京:中国书籍出版社,2020.

[16]张鑫,张波,胡小燕.跨文化交际视阈下大学英语教学理论构建与创新路径[M].长春:吉林大学出版社,2020.

[17]李清.大学英语跨文化教学研究[M].长春:吉林人民出版社,2020.

[18]周榕,刘敏,王韵青.英语跨文化教育教学研究[M].长春:吉林人民出版社,2020.

[19]郑春伶.多元社会文化与大学英语教学研究[M].北京:北京工业大学出版社,2020.

[20]魏微.大学英语教学基础理论与实践研究[M].长春:吉林人民出版社,2020.

[21]蔺蕴洲,史雨红.大学英语文化教学理论阐释及创新视角研究[M].长春:吉林大学出版社,2020.

[22]孙博."互联网+教育"视阈下大学英语教学的路径选择与构建[M].长春:吉林科学技术出版社,2020.

[23]胡宇涵.大学英语教学及其媒体融合视角探索[M].长春:吉林人民出版社,2020.

[24]巩坚.跨文化理论与大学英语教学研究[M].武汉:湖北科学技术出版社,2020.

[25]吴艳.跨文化视域下的大学英语文化教学研究[M].北京:北京工业大学出版社,2021.

[26]陶晓莉.大学英语跨文化教学实践探索研究[M].北京:华文出版

社,2021.

[27] 熊文熙,范俊玲,肖玲.大学英语教学与跨文化交际能力培养研究[M].北京:华文出版社,2021.

[28] 朱慧阳.英语教学与跨文化交际研究[M].长春:吉林出版集团股份有限公司,2021.

[29] 秦盼泓.文化自信视域下大学英语教学的策略与路径[M].北京:中国书籍出版社,2021.

[30] 贾芳,王禄芳,刘静.跨文化视域下的大学英语教学探究[M].长春:吉林人民出版社,2022.

[31] 高瑞洁.跨文化视角下的大学英语教育研究[M].长春:吉林出版集团股份有限公司,2022.

[32] 王静.跨文化交际视域下大学英语教学理论与实践融合研究[M].北京:中国书籍出版社,2022.

[33] 赵红卫.大学英语教学模式与跨文化翻译研究[M].延吉:延边大学出版社,2022.

[34] 苗立波.大学英语翻译教学中的跨文化思辨能力培养研究[M].长春:吉林出版集团股份有限公司,2022.

[35] 张蓉.跨文化解构与交际行为再构高校跨文化交际英语教学策略研究[M].北京:中国农业出版社,2022.

[36] 卢杨,夏蒙.大学英语教学方法与策略研究[M].延吉:延边大学出版社,2022.

[37] 黄小琴.跨文化交际语境下大学英语教学生态体系的构建[M].北京:中国原子能出版社,2023.

[38] 邓军莉.英语思维与跨文化交际能力探索[M].长春:吉林出版集团股份有限公司,2023.